Moderne Organisation für Praxis und Studium

Herausgeber Pitter A. Steinbuch

Prof. Dipl.-Ing. Pitter A. Steinbuch
Prozessorganisation
Business Reengineering
Beispiel R / 3

Pitter A. Steinbuch (Hrsg.)

Moderne Organisation
für Praxis und Studium

Prozessorganisation - Business Reengineering - Beispiel R/3

von

Prof. Dipl.-Ing. Pitter A. Steinbuch

Kiehl

Prof. P. A. Steinbuch hat in Berlin, Paris und Karlsruhe Betriebswirtschaft und Maschinenbau studiert. In verschiedenen deutschen und amerikanischen Unternehmen war er als Assistent und in mehreren Managementfunktionen, so beispielsweise als Organisationsleiter, erfolgreich tätig. Er hat in vielen Projekten sowohl als Mitarbeiter wie auch als Projektleiter mitgewirkt. Seit einigen Jahren vertritt er an der FH Heidelberg die Fachgebiete Organisation und Wirtschaftsinformatik.

In der Reihe „Kompendium der praktischen Betriebswirtschaft" hat er beispielsweise die Bände „Organisation", und „Betriebliche Informatik" veröffentlicht.

Die Deutsche Bibliothek – CIP Einheitsaufnahme

Steinbuch, Pitter A.:
Prozessorganisation- Business reengineering - Beispiel R 3 / von Pitter A. Steinbuch. - Ludwigshafen (Rhein) : Kiehl, 1998
(Moderne Organisation für Praxis und Studium)
ISBN 3-470-48461-9

ISBN 3-470-48461-9 · 1998

Druck: Druckerei Wesel, Baden-Baden

Moderne Organisation für Praxis und Studium

Die praktische Organisation der Unternehmen hat sich in den letzten Jahren offensichtlich stark verändert:

- ❑ Mit dem **Business Reengineering** wurde die **Prozessorganisation** für die gesamte Organisation zum Leitbild und zur Maxime.
- ❑ **Integrierte Standardsoftware** wurde oder wird in fast allen größeren Unternehmen in Deutschland eingeführt.
- ❑ **Lean Organisation** war und ist das Ziel einer Vielzahl von Reorganisationsmaßnahmen der Unternehmen.
- ❑ **Objektorientierte Systemanalyse** und **Programmierung** (OOSA und OOP) haben sich im Software Engineering durchgesetzt.
- ❑ **Internet**, **EDI**, **WWW** usw. bieten für die Organisation ganz neue Möglichkeiten.
- ❑ Die Erfolge der **Projektmanagementunternehmen** haben Millionen DM eingespart und Bauzeiten um viele Monate verkürzt.
- ❑ Mit **Centerorganisationen**, **Prozessmanagement** usw. werden neue Organisationsmodelle in den Unternehmen realisiert.

Dazu liegen bisher nur einzelne Monografien vor. Eine Gesamtdarstellung der modernen Organisation fehlt vollkommen. Die neue Fachbuchreihe „**Moderne Organisation für Praxis und Studium**" schließt diese offensichtliche Lücke.

In dieser Fachbuchreihe sollen die neuen Organisationsentwicklungen nicht isoliert - sondern in den Gesamtzusammenhang eingebunden - dargestellt werden:

- ❑ **Prozessorganisation - Business Reengineering**
- ❑ **Projektorganisation und Projektmanagement**
- ❑ **Programmorganisation - Software Engineering.**

Gestaltung und Aufbau dieser Reihe lehnt sich an das im gleichen Verlag erschienene und bewährte „Kompendium der praktischen Betriebswirtschaft" an, berücksichtigt dabei besonders die speziellen Erfordernisse der Organisation.

Auf organisationstheoretische Darstellungen werden in den Bänden dieser Fachbuchreihe so weit wie möglich verzichtet. Die **praktische Nutzung** des Inhaltes jedes Bandes für

- ❏ Organisatoren und Rationalisatoren,
- ❏ Informatiker und EDV-Fachleute,
- ❏ Berater und Consulter,
- ❏ Manager und andere Entscheider,
- ❏ Studenten und Fachschülern sowie
- ❏ jeden mit Organisationsaufgaben Betrauten,

steht immer im Mittelpunkt aller Darstellungen. Durch zahlreiche

- ❏ Strukturierungen,
- ❏ Abbildungen,
- ❏ Beispiele,
- ❏ Aufgaben und Fälle und
- ❏ verschiedene Verzeichnisse,

wird der Inhalt dieser Reihe für den Leser und Studierenden so **transparent** und leicht **verständlich** wie möglich gemacht.

Pitter A. Steinbuch

Vorwort

Business Process Reeningineering, Prozessfokussierung, Workflow Management, Radikales Redesign, Geschäftsprozessoptimierung usw. sind nur einige Begriffe, welche die **moderne Organisation** kennzeichnen.

Die umfassende und leicht verständliche Darstellung der modernen Organisation für den Bereich der Prozessorganisation ist Aufgabe dieses ersten Bandes der neuen Fachbuchreihe „**Moderne Organisation für Praxis und Studium**".

Zu danken habe ich den Kollegen des Fachbereiches Informatik der Fachhochschule Heidelberg, Herrn Prof. R.-J. Gruber von der Fachhochschule des Saarlandes und Herrn V. Buckel, Leiter einer Reihe von R/3 - Einführungsprojekten, sowie einer Vielzahl von Unternehmen und deren Mitarbeitern, die leider hier nicht alle namentlich genannt werden können. Nicht zuletzt gilt mein Dank meiner verständnisvollen und geduldigen Frau.

Für Kritik, Verbesserungsvorschläge und andere Anregungen zu diesem Buch bin ich immer aufgeschlossen und dankbar.

Sandhausen, im Herbst 1997

Pitter A. Steinbuch

Inhaltsverzeichnis

Abkürzungsverzeichnis

ABAP/4	Advanced Business Application Programming (Allgemeiner Berichtsaufbereitungsprozessor) SAP - Programmiersprache der 4. Generation
ADABAS	Datenbanksystem der Software AG
ADD	Aktives Data Dictionary
AFOS	Arbeitsgemeinschaft arbeitsorientierter Forschung und Schulung
AG	Arbeitsgang
ALE	Application Link Enabling
ANSI	American National Standard Institute
AQL	Acceptable Quality Level
ARIS	Architektur integrierter Informationssysteme der IDS Prof. Scheer AG
AS/400	Mittlere Computerserie der IBM
AT	Arbeitstag
AVE	Ausgabe - Verarbeitung - Eingabe
BDSG	Bundesdatenschutzgesetz
BR	Business Reengineering
BPR	Business Process Reengineering
BVG	Betriebsverfassungsgesetz
BVW	Betriebliches Vorschlagswesen
CASE	Computer Aided Software Engeering oder Computer Aided Systems Engineering Computergestütze ingenieursmäßige Softwareerarbeitung
CATT	Computer Aided Test Tool der SAP AG
CBT	Computer Based Training
DD	Data Dictionary
DFD	Dataflow Diagramm
DFP	Datenflußplan
DIN	Deutsche Industrienorm
DR	Data Repository
EDI	Electronic Data Interchange
EPK	Ereignisgesteuertes Prozesskettendiagramm
ERM	Entity Relationship Modell
EVA	Eingabe - Verarbeitung - Ausgabe
F4F	Faktor 4 Forderung
GKR	Gemeinschaftskontenrahmen

GOE	Gesellschaft für Organisationsentwicklung
HIPO	Hierarchical Input Process Output
ICASE	Integrated Computer Aided Software Engineering
IDES	International Demostration and Education System der SAP AG über das R/3 - System
IFD	Informationsflußdiagramm
IKR	Industriekontenrahmen
IMG	Implementation Guide
ISA	Industrie Solution Automotive der SAP
ISDN	Integrated Services Digital Network
ISO	International Organization for Standardization
ISS	Integriertes Standardsoftwaresystem
JiT	Just in Time
JSP	Jackson Struktured Programming
KVP	Kontinuierlicher Verbesserungsprozess
LAN	Local Area Network
MA	Mitarbeiter
MIT	Massachussetts Institute of Technology
MOPS	Moderne Organisation für Praxis und Studium - Fachbuchreihe
NFP	Null - Fehler - Programm
OLE	Object Linking Enabling
OOP	Objektorientierte Programmierung
OOSA	Objektorientierte Systemanalyse
OSI	Open System Interconnection
PerVG	Personalvertretungsgesetz
QC	Quality Circle
QMS	Quality Management System
PAP	Programmablaufplan
REFA	Verband für Arbeitsgestaltung, Betriebsorganisation und Unternehmensentwicklung e. V.
RFC	Remote Function Call der SAP
R/2	Realtime System für Großrechner der SAP AG
R/3	Realtime System für Client - Server - Netzwerke der SAP AG
SAA	Systemanwendungsarchitektur (IBM)

SB	Sachbearbeiter
SERM	Strukturiertes Entity Relationship Modell der SAP
TQM	Total Quality Management
UDM	Unternehmensdatenmodell
VDMA	Verband deutscher Maschinenbauanstalten
VKD	Vorgangskettendiagramm
WFC	Workflow Management Coalition
WFMS	Workflow Managementsystem
WGS	Workgroupsoftware
WWW	World Wide Web - Subnetz des Internet
ZDP	Zero Defects Programm
1NF	1. Normalform
2NF	2. Normalform
3NF	3. Normalform

A. Einführung

1. „Neue" Organisation

In den letzten Jahren hat sich die Organisation nachhaltig geändert. Dafür gibt es eine Reihe von Belegen:

- **Dynamisches Prozessdenken** hat das frühere statische Problemlösen abgelöst.
- Im Mittelpunkt des Interesses steht nicht mehr die Arbeitsdurchführung, sondern das **Arbeitsergebnis**.
- Nicht mehr nur die Lösung umfassender organisatorischer Aufgaben, sondern auch die **kontinuierliche Organisationsverbesserung** ist das erklärte Ziel.
- Die Organisation konzentriert sich auf die Hauptaufgaben - die **Kernprozesse** - während früher das Interesse dem ganzen Unternehmen gleicherweise galt.
- Das Primat der Aufbauorganisation wurde abgelöst, jetzt steht im Mittelpunkt die **Prozessorganisation,** und die Aufbauorganisation wird ihr untergeordnet.

Für diese Veränderungen gibt es eine Reihe von Gründen. Sie haben in den letzten Jahren Organisation und die Organisationsarbeit grundlegend geändert.

1.1 Gründe

Insbesondere aus drei Bereichen kommen die Gründe, welche für die **„neue"** Organisation maßgeblich sind:

- Wirtschaft
- Unternehmen
- Organisation.

Daneben hat natürlich der gesellschaftliche Wandel der letzten Jahre ebenfalls seine Spuren in der Organisation hinterlassen.

1.1.1 Wirtschaftsgründe

Bei den Wirtschaftsgründen stehen im Mittelpunkt die nachstehenden Punkte für die Veränderungen im Bereich der Organisation:

- **Wettbewerb**

  Der wirtschaftliche Wettbewerb ist in den letzten Jahren deutlich stärker geworden. Aus einem nationalen Wettbewerb ist ein globaler Konkurrenzkampf geworden. In der Zukunft wird sich dieser Wettbewerb noch verstärken. Die Anforderungen an die Unternehmen werden folglich noch wachsen.

- **Kundenfokussierung**

  Die Vorrangstellung der Kunden hat sich voll durchgesetzt. Der Kunde diktiert oftmals die Bedingungen, zu denen Aufträge erteilt werden:

  - Preise
  - Termine
  - Qualität
  - Lieferbedingungen usw.

  Wer hier nicht mithalten kann, verliert bisher sichere Aufträge. Neue Kunden werden von ihm nur noch selten gewonnen.

- **Wandel**

  Der Wandel in der Wirtschaft ist ein kennzeichnendes Merkmal geworden. Die Veränderungen erfolgen in mehreren Dimensionen:

  - Der Wandel hat immer gravierendere Auswirkungen.
  - Die Geschwindigkeit des Wandels nimmt deutlich zu.
  - Alle Bereiche wurden vom Wandel erfaßt. Es gibt keine unberührten Inseln mehr.

  Bekannt wurde die Aussage von *Necker*: „Das einzige Stabile ist der immer schnellere Wandel". „Wandel ist die Norm" steht auf Seite 1 des bekannten Buches von *Bill Gates*, dem Gründer von Microsoft.

Diese Wirtschaftsgründe sind so einschneidend, daß sie alle Unternehmensbereiche - also auch die Organisation - nicht nur berühren, sondern sie maßgeblich bestimmen.

1.1.2 Unternehmensgründe

Weiterhin sind eine Reihe von Gründen, die im Unternehmen liegen, für die „neue" Organisation von erheblicher Bedeutung:

- **Effizienz**

  Die Wirtschaftlichkeit des Leistungsangebots an die Kunden bestimmt den Erfolg jedes Unternehmens. Unwirtschaftlichkeit wird mit Verlusten und in der Folge mit einem Konkurs bestraft. Deswegen ist es notwendig, alle Maßnahmen zu ergreifen, um wirtschaftlich zu arbeiten. Dafür ist aber besonders die Organisation zuständig. Aus ihrer Sicht wird dieser Grund mit Effizienz bezeichnet.

- **Personalminimierung**

  Um Wirtschaftlichkeit zu erreichen, wurden in der Vergangenheit und werden auch in der Zukunft die Personalzahlen deutlich abgebaut. **Minimale Personalausstattung** bleiben unbeeinflußbare Bedingungen für die Zukunft. Das gilt in zweifacher Weise:

  - Die Arbeitsprozesse müssen mit minimalen Mitarbeiterzahlen auskommen.
  - Die Organisationsarbeit muß ebenfalls mit ganz wenigen Mitarbeitern erfolgen.

- **Rentabilität**

  Früher war das Unternehmenswachstum ein typisches Merkmal erfolgreicher Unternehmen. In Zukunft wird die Unternehmensrentabilität das Merkmal für die Marktbehauptung sein.

  Nur wer sich am Markt behauptet, hat Zukunftschancen. Mit dem in Mißkredit gekommenen Begriff des Shareholder Value wird dieser Grund ebenfalls ausgedrückt.

Diese Unternehmensgründe verlangen von der Organisation ganz erhebliche Verbesserungen. Das Wort **„Quantensprünge“** steht hier zur Debatte.

1.1.3 Organisationsgründe

Jedoch auch die Organisation begründet das Schlagwort von der „neuen“ Organisation. Die Organisation selbst liefert Gründe für ihre Änderungen:

- **Organisationsmittel**

  Neue Modelle und Methoden, Techniken und Tools stehen bei der Organisationsarbeit zur Verfügung. Diese **Ressourcenausweitung** bedingt bessere Arbeitsergebnisse mit geringerem Arbeitsaufwand.

- **Informatik**

  Die Informatik hat sich in den letzten Jahren grundlegend geändert. **Hard- und Software** wurden in erheblichem Maße

  - integrierter,
  - besser und
  - bedienungsfreundlicher.

  Die Informatik ist aber heute und in der Zukunft sowohl Werkzeug als auch Mittel der Organisation.

- **Organisationsbewußtsein**

  Nicht zuletzt hat sich auch das Bewußtsein und das Selbstverständnis des **Organisators** geändert. Während er früher oftmals ein „Selfmade"- Fachmann war, da Organisation nur im Nebenfach gelernt oder studiert werden konnte, ist er heute in der Regel ein gut ausgebildeter Informatiker von einer Fachschule, Fachhochschule oder Universität. Systemanalytiker, Systemgestalter und EDV-Organisatoren kommen üblicherweise nicht nur von der Informatik, sondern sie beherrschen sie auch.

Diese Organisationsgründe bedingen nicht zuletzt die „neue" Organisation.

1.2 Begriffe

Mit der „neuen" Organisation kamen auch eine Vielzahl neuer Begriffe in Gebrauch. So werden hier Bezeichnungen gebraucht wie beispielsweise:

- Prozessorganisation
- Geschäftsprozessoptimierung
- Business Reengineering
- Business Process Redesign
- Prozessorientierte Unternehmensorganisation
- Workfloworganisation
- Kernprozessfocussierung
- Businessworkflow.

Diese Begriffe sind zu definieren und zu erläutern. Aber nicht jede einzelne Begriffskombination braucht erklärt zu werden.

1.2.1 Organisation

Der Organisationsbegriff hat sich nicht gewandelt, so daß seine häufig gebrauchte Definition auch weiter benutzt werden kann:

Organisation - Definition von *Grochla*:

Strukturierung von Systemen zur Erfüllung von Daueraufgaben.

Diese Begriffsdefinition ist bewußt zweideutig. Beide Bedeutungen sind auch für die „neue" Organisation wesentlich:

- Organisation ist eine **Aktion**, also eine
  - Arbeit,
  - Tätigkeit,
  - Aufgabenausführung.

- Organsation ist weiterhin eine **Vorgabe**, also eine
  - Regelung,
  - Anweisung,
  - Vorschrift.

System wird üblicherweise als eine Menge von Elementen, die miteinander in Verbindung stehen, definiert. Typische organisatorische Systeme sind zum Beispiel:

- Funktionssystem: Die betriebswirtschaftlichen Aufgaben und ihre Abhängigkeiten.
- Prozessystem: Die Arbeitsabläufe und ihre Verknüpfungen.
- Datensystem: Die Strukturierung der Daten und ihre Beziehungen.

Das **Systemdenken** ist weiterhin ein wesentliches Merkmal der Organisation. Nicht nur die einzelnen Systemelemente sind zu betrachten, sondern auch die

- Systenbeziehungen,
- Systemziele und das
- Systemverhalten.

Deswegen findet sich auch der Begriff „System“ sehr häufig in der Prozessorganisation.

1.2.2 Prozess

Die Prozesse spielen in der „neuen“ Organsation eine zentrale Rolle:

Prozess - Definition nach *Hammer und Champy*:

Bündel von Aktivitäten zur Aufgabenerledigung

Der Begriff „Bündel“ wurde hier deswegen gewählt, weil die Aktivitäten in unterschiedlicher Weise in ihrer Ablauflogik angeordnet werden können:

- Folge
- Parallele
- Wiederholung
- Auswahl.

Prozesse spielten in der Vergangenheit in der Organisation eine untergeordnete Rolle. Das ist auch in der betrieblichen Praxis zu erkennen, denn dort gab es bisher keine verantwortlichen Leiter für die Geschäftsprozesse. Die Gliederung von Leitungsaufgaben erfolgte bisher nach Funktionen, also in Verkauf, Fertigung, Verwaltung usw., oder nach Produktgruppen, so beispielsweise in PKW, LKW und Busse.

Durch die Prozessorganisation der Unternehmen gibt es nun Prozessverantwortliche wie **Center**- der **Prozessmanager**.

1.2.2.1 Prozessgliederung

Eine Reihung von Prozessen wird als **Prozesskette** bezeichnet. Teilprozesse werden oftmals mit dem Begriff **Subprozess** benannt.

Prozesskette - Definition:

Organisatorischer Verbund von Prozessen

Subprozess - Definition:

Teil eines Prozesses, der aus mehreren Aktivitäten besteht.

Zwischen den verschiedenen Prozesselementen kann folgende hierarchische Gliederung gesehen werden:

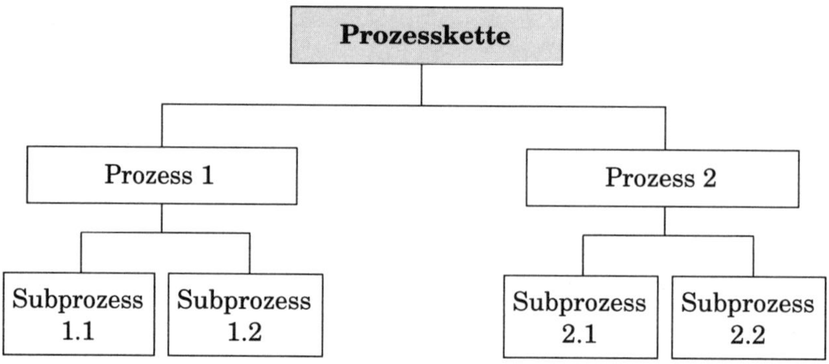

1.2.2.2 Prozessarten

Häufig wird nicht nur von Prozess, sondern von **Geschäftsprozess** oder von Business Process gesprochen. Hier erfolgt eine Einengung auf **Informationsverarbeitungsprozesse** oder Büroprozesse.

Informationsverarbeitungsprozesse sind aber nicht nur mit dem Computer ausgeführte Arbeitserledigungen, sondern auch manuelle Verarbeitungen von Informationen.

Verschiedene **Prozessarten** können in einem Unternehmen unterschieden werden:

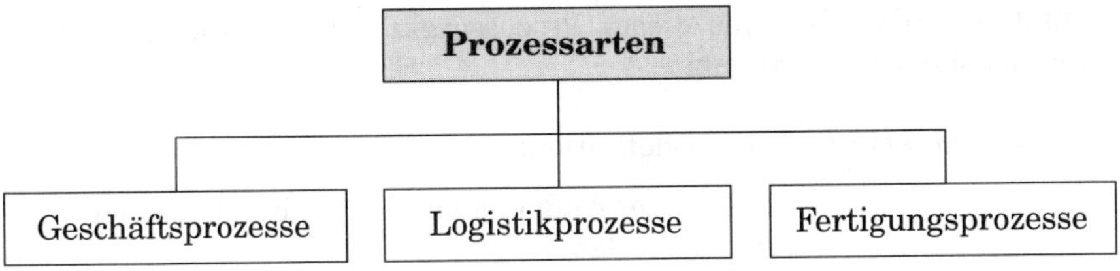

Diese verschiedenen Prozessarten haben folgenden Inhalt:

- **Geschäftsprozess**: Informationsverarbeitung, gleichgültig ob sie von Computern oder von Mitarbeitern ausgeführt wird.
- **Logistikprozess**: Materialhandling wie Transportieren, Bereitstellen, Lagern, Kommissionieren usw.
- **Fertigungsprozess**: Wertschöpfung durch Transformation von Material in Enderzeugnisse.

Neben solchen Routineprozessen gibt es auch eine Vielzahl von Prozessen, die sich nicht in gleicher Weise wiederholen. Zu diesen **Individualprozessen** gehören beispielsweise

- Organisationsprozesse
- Kontinuierliche Veränderungsprozesse
- Nichtroutineentscheidungsprozesse.

Außerdem ist zwischen Kern- und Nebenprozessen zu unterscheiden. Auf diese Begriffe wird anschließend ausführlich eingegangen.

1.2.3 Prozessorganisation

Zu dem Begriff der Prozessorganisation gibt es eine Reihe sinnverwandter Bezeichnungen:

- Prozessgestaltung
- Prozessmodellierung
- Prozessoptimierung.

Allen diesen Begriffen ist eigen, daß hier eine Folge von Aktivitäten zur Aufgabenerledigung ausgearbeitet wird, wenn man die Organisation ebenfalls als Aktion oder Prozess sieht:

Prozessorganisation - Aktionsdefinition:

Aus- und Bearbeitung einer Folge von Aktivitäten zur Aufgabenerledigung.

Betrachtet man das Ergebnis dieser Prozessorganisation, so kommt man zum Organisationsbegriff als Vorgabe:

Prozessorganisation - Vorgabedefinition:

Vorgabe der Aufgabenerledigung in Form einer Aktivitätsfolge

Da mit ganz wenigen Ausnahmen alle Arbeitsprozesse in unserer Zeit arbeitsteilig organisiert werden, *umfaßt die Prozessorganisation folglich* die übliche Arbeitserledigung in Unternehmen.

1.2.4 Reengineering

Die Begriffe „Business Reengineering" (BR) und „Business Process Reengineering" (BPR) haben im deutschen Sprachraum einen zweideutigen Inhalt.

Einmal sind diese Begriffe ein **Synonym** zum Begriff „Prozessorganisation". Zum anderen wird unter „Business Reengineering" ein bestimmtes **Verfahren** der Prozessorganisation verstanden. Beide Begriffsinhalte werden hier verwendet:

Business Reengineering - Definition von *Hammer* und *Champy*

Fundamentales Überdenken und radikales Redesign von Unternehmen oder von Kernprozessen

und außerdem

Prozessneuorganisation = Prozessorganisation.

Nach *Derszteler* steht der Begriff „**Business Process Reengineering**" für „eine grundlegende und kompromißlose Erneuerung der Unternehmensstrukturen mit dem Ziel, kundenorientierte Geschäftsprozesse zu gestalten".

1.2.5 Redesign

Während unter Reengineering die umfassende Organisation von der Prozessanalyse bis zur Prozesseinführung verstanden wird, umfaßt das Redesign nur den Bereich der Prozessgestaltung:

Redesign - Definition:

Prozessneumodellierung = Prozessmodellierung.

Im deutschen Sprachraum hat sich auch der Begriff der „**Geschäftsprozessmodellierung**" durchgesetzt. Business Process Modelling ist der entsprechende englische Ausdruck.

1.2.6 Workflow

Ein weiterer, sehr häufig gebrauchter Begriff in der Prozessorganisation ist der des „Workflow". Direkt übersetzt bedeutet Workflow „Arbeitsfluß" bzw. „Prozessablauf".

Der Workflow wird oftmals als die Steuerung des Geschäftspozesses interpretiert:

Workflow - Definition nach *Rusinkiewicz*:

Aktionen, welche die koordinierte Ausführung von Prozessketten durch unterschiedliche Verarbeitungseinheiten umfassen.

Verarbeitungseinheiten können bei Informationsprozessen beispielsweise sein:

- Mitarbeiter
- Softwaresysteme
- E-Mail-Systeme
- Dokumentenbanken.

Die Begriffsbildung im Bereich von Workflow ist noch nicht abgeschlossen. Eine Reihe von Unternehmen haben sich in der „Workflow Management Coalition" (WMC) zusammengeschlossen, um hier begriffsbildend und standardisierend tätig zu sein.

1.3 Geschäftsprozesse

Geschäftsprozesse können gegliedert werden in

- Kernprozesse und
- Supportprozesse.

Im Mittelpunkt der Prozessorganisation stehen die Kernprozesse bzw. die Kerngeschäftsprozesse. Solche Prozesse sind dadurch gekennzeichnet, daß sie entweder eine besondere Bedeutung im Wertschöpfungsprozess des Unternehmens haben und/oder kundenfokussiert sind:

Kernprozesse - Definition:

Kundennahe und/oder wertschöpfungsintensive Geschäftsprozesse.

Wertschöpfung wird üblicherweise als Differenz von Betriebsertrag und Vorleistungen definiert:

Wertschöpfung - Definition nach dem Verband Deutscher Maschinenbauanstalten (VDMA):

Wertschöpfung = Betriebsertrag - Vorleistungen.

Als Kunden werden beim Business Reengineering nicht nur die Vergeber von Aufträgen gerechnet, sondern auch die Lieferanten und die Finanzdienstleister wie Banken, Versicherungen usw. des Unternehmens. In einer weitergehenden Auslegung zählen auch die Mitarbeiter zu den Unternehmenskunden.

Jedoch auch **Nichtkerngeschäftsprozesse** - also **Supportprozesse** - müssen von der Prozessorganisation betreut werden, denn sonst verzehrt die Ineffizienz dieser Prozesse den Nutzen der neumodellierten Kernprozesse. Ihre Priorität ist jedoch für die Prozessorganisation wesentlich geringer.

1.3.1 Kerngeschäftsprozesse

Kundennahe Kerngeschäftsprozesse sind beispielsweise in Industrieunternehmen:

KUNDENNAHE KERNPROZESSE	
Kundenbetreuung	Kundenkontakte - Anfragebearbeitung - Projektierung - Angebotsausarbeitung - Vertragsverhandlungen - Auftragserteilung
Auftragsbearbeitung	Kundenauftragsannahme - Auftragsklärung - Auftragsbestätigung - Auftragseinplanung - Auftragsabwicklung
Außenmontage	Montageplanung - Erzeugnisversand - Kundenmontage - Auftragsabnahme
Ersatzteilversorgung	Auftragsannahme - Verfügbarkeitsprüfung - Bonitätsprüfung - Kommissionierung - Versand
Wartungsabwicklung	Wartungswerbung - Wartungsvertragsabschluß Wartungsdurchführung - Ersatzteilabwicklung
Zahlungsabwicklung	Fakturierung - Zahlungseingangsbearbeitung - Zahlungseingangsüberwachung - Mahnwesen

Dazu können weitere kundenahe Kernprozesse kommen wie beispielsweise Kundenschulung, Reklamationsabwicklung, Simultaneous Engineering usw.

Wertschöpfungsintensive Kerngeschäftsprozesse sind in Industrieunternehmen zum Beispiel:

WERTSCHÖPFUNGSINTENSIVE KERNGESCHÄFTSPROZESSE	
Erzeugnisentwicklung	Erzeugnisanalyse - Konstruktion - Berechnung - Zeichnungserstellung - Stücklistenerarbeitung - Prototypenfertigung - Erzeugnistest - Nullserie - Erzeugniseinführung
Disposition	Bruttobedarfsrechnung - Nettobedarfsrechnung - Bestellrechnung - Fertigungsauftragserstellung
Beschaffung	Beschaffungsdatenermittlung - Lieferantenverhandlungen - Lieferantenauswahl - Bestellung - Auftragsbestätigungsbearbeitung - Terminüberwachung - Wareneingang - Wareneingangsprüfung - Einlagerung
Fertigung	Fertigungsplanung - Fertigungssteuerung - Teilefertigung - Baugruppenmontage - Erzeugnismontage - Versand
Eingangsrechnungsbearbeitung	Rechnungseingang - Rechnungsprüfung - Rechnungsbuchung - Zahlungsabwicklung

Selbstverständlich gibt es Kerngeschäftsprozesse, die nicht eindeutig einer Prozessart zugeordnet werden können.

Mehrere der hier genannten Prozesse können natürlich auch zu einem einzigen Prozess zusammengefaßt werden, so beispielsweise die Prozesse Auftragsbearbeitung und Zahlungsabwicklung.

1.3.2 Supportprozesse

Zu dieser Gruppe von Geschäftsprozessen mit geringerer Bedeutung für die Prozessorganisation gehören beispielsweise:

- Buchführung
- Kostenrechnung
- Lohn- und Gehaltsrechnung
- Vorkalkulation.

Daneben gibt es in jedem funktionalen Bereich eines Industrieunternehmens weitere Geschäftsprozesse, die von geringerer Bedeutung für die Prozessorganisation sind.

Für das **Personalwesen** können das beispielsweise folgende Supportprozesse sein:

- Bewerbungsabwicklung
- Mitarbeitereinstellung
- Arbeitsvertragsänderung
- Sonderzahlungen
- Reisevorbereitung und Reisekostenabrechnung
- Mitarbeiterversetzung
- Lohn- und Gehaltsrechnung
- Mitarbeiterfreistellung.

Werden nicht nur Auftraggeber und Lieferanten als Kunden interpretiert sondern auch die **Mitarbeiter**, so gehören die genannten Geschäftsprozesse des Personalwesens ebenfalls zu den Kernprozessen.

1.4 Inhalt

Die Prozessorganisation bedarf einer mehrdimensionalen Betrachtung. Das bedeutet, daß auch die Organisationsarbeit mehrdimensional erfolgen muß.

Der Inhalt der Prozessorganisation ist gekennzeichnet durch die zwei Aspekte, die auch in der Doppeldeutigkeit des Organisationsbegriffes zum Ausdruck kommen:

- **Aufgabe** - Definition

  Verpflichtungen zur Vornahme bestimmter Verrichtungen.

- **Vorgabe** - Definition

  Verpflichtende Festlegungen für alle Beteiligten.

Die Aufgaben bestimmen folglich, **was** organisiert werden muß und die Vorgaben zeigen auf, **wie** die Organisation auszuführen ist.

1.4.1 Organisationsaufgaben

Die Prozessorganisation hat insbesondere die nachstehenden Aufgaben zu erledigen:

- **Prozessgestaltung**

  Die vorgegebenen Geschäftsprozesse sind zu gestalten und in allen Aspekten auszuarbeiten.

- **Informatiksysteme**

  Geschäftsprozesse ohne Einsatz der Informatik sind heute nicht mehr vorstellbar. Deswegen müssen die notwendigen Informatiksysteme entweder erarbeitet oder erworben und angepasst werden.

- **Informationsorganisation**

  Die Daten und die Texte der Dokumente, die an einem Geschäftsprozess beteiligt sind, müssen strukturiert und üblicherweise in Daten- und/oder Dokumentenbanken der Informationsverarbeitung mit Hilfe der Informatiksysteme zur Verfügung gestellt werden.

- **Büroorganisation**

  Die in den neuen Prozessen arbeitenden Mitarbeiter brauchen, um die Prozesse möglichst effizient durchzuführen zu können, bestgeeignete Sachmittel und eine entsprechende Arbeitsumgebung.

- **Aufbauorganisation**

  Da die Prozessorganisation der Aufbauorganisation übergeordnet ist, muß nach dem Redesign der Prozesse die Aufbauorganisation gemäß diesen neuen Prozessen umgestaltet werden.

Diese Aufgaben müssen in verschiedenen Schritten erarbeitet werden.

1.4.2 Organisationsvorgaben

Die Prozessorganisation wendet sich an verschiedene Adressaten, die in unterschiedlicher Weise in einen neuen Geschäftprozess eingebunden sein können:

- Prozessmitarbeiter
- Prozessmanager
- Prozessorganisatoren
- Softwarebetreuer
- Anwenderbetreuer.

Für diese Adressaten mit unterschiedlichen Aufgaben und auch andersartigen Betrachtungsweisen werden verschiedenartige Organisationsvorgaben benötigt:

- **Prozessvorgaben**

  Hier werden insbesondere Handbücher, Organisationsrichtlinien, Arbeitsplatzbeschreibungen usw. zu erstellen sein.

- **Prozessdokumentation**

  Die Dokumentation des Prozesses und seiner Detailorganisation stehen hier im Mittelpunkt.

- **Softwaredokumentation**

  Programm- und Datenorganisation sind hier der Schwerpunkt der erforderlichen Dokumentation.

- **Aufbaudokumentation**

  Die geänderte Aufbauorganisation sind mit Organisationsplänen, Funktionendiagrammen usw. zu beschreiben.

Die Ausarbeitung dieser Dokumentationen und Vorgaben sind natürlich ebenfalls wieder arbeitsintensive Aufgaben.

1.5 Ziele

Bei der Ausführung ihrer Aufgaben müssen die Mitarbeiter vorgegebene Ziele anstreben, damit das Unternehmen seine Ziele ereichen kann:

Ziele - Definition:

Bei der Aufgabenerledigung zu erreichende Aspekte.

Für die Prozessorganisation werden drei **Zielarten** unterschieden:

- Strategische Ziele
- Taktische Ziele
- Operative Ziele.

Soweit das möglich ist, sollten Ziele üblicherweise nicht nur qualitativ, sondern auch quantitativ - also in konkreten Zahlenvorgaben festgelegt werden.

1.5.1 Qualitative Ziele

Qualitative Ziele sind die vorgebenen oder gewünschten Vorstellungen, die durch die Prozessorganisation erreicht werden sollen. Fehlt die Quantifizierung der Ziele, so ist das Optimum der Ziele anzustreben.

1.5.1.1 Strategische Ziele

Insbesondere folgende Ziele müßen als „strategisch“ bezeichnet werden:

- **Ökonomisches Prinzip**, nachdem entweder mit vorgegebenen Mitteln ein größtmöglicher Nutzen oder ein bestimmter Nutzen mit minimalem Mitteleinsatz zu erreichen ist.

- **Konsequente Kundenfokussierung** aller neu zu gestaltenden Prozesse bedeutet, daß sowohl bei den Prozessen als auch bei den Mitarbeitern im Mittelpunkt immer die Befriedigung der Kundenbedürfnisse und -wünsche stehen muß.

- **Systematische Prozessorientierung** bedeutet, daß immer die Prozesse und nicht funktionale, produktionale oder andere Gesichtspunkte Priorität haben müssen.

- **Quantensprünge** sind bei der Organisationsarbeit zu erzielen und nicht nur Verbesserungen um 10 oder 20 %.

Diese strategischen Ziele haben bei allen Bemühungen der Prozessorganisation übergeordnete Bedeutung.

1.5.1.2 Taktische Ziele

Im Mittelpunkt der taktischen Ziele steht die Forderung nach Minimierung des Ressourceneinsatzes:

- **Kostenminderung** bedeutet, die Kosten durch die Prozessorganisation nachhaltig und auf Dauer zu senken.

- **Zeitminimierung** fordert, daß alle Prozesse so schnell wie möglich auszuführen sind. Durch die Zeitminimierung ergeben sich eine ganze Reihe von Vorteile.

- **Qualitätsrichtigkeit** ist die Forderung, den Prozess so zu gestalten, daß keine Qualitätsmängel auftreten, aber auch so, daß keine Überqualitäten entstehen.

- **Mitarbeiterschonung** ist das Ziel, Prozesse so zu gestalten, daß die Mitarbeiter effizient und ergonomisch arbeiten können, aber auch so, daß keine unnötigen Personalressourcen eingesetzt werden.

Die Quantifizierung der taktischen Ziele ergibt die Priorititätsvorgabe für die Prozessorganisation.

1.5.1.3 Operative Ziele

Bei der Prozessorganisation können eine ganze Reihe von operativen Ziele angestrebt werden, so beispielsweise

- Anpassungsfähigkeit der Prozesse
- Schlanke, natürliche Prozesse
- Minimierung der Schnittstellen
- Papierarme Prozessdurchführung
- Schutz der Umwelt und Schonung der Ressourcen
- Minimierung von Überwachung und Kontrolle
- Einheitliche Prozessanlaufstellen
- Entscheidungen auf der niedersten Ebene
- Minimierung der Abstimmungen.

Für die einzelnen Aufgaben der Prozessorganisation sind wieder spezielle Ziele anzustreben.

1.5.2 Quantitative Ziele

Die Prozessorganisation ist die zentrale Aufgabe der Organisation. Zu jeder Aufgabe müßen Ziele vorgegeben werden, damit die beauftragten Mitarbeiter nicht nur wissen, was sie anzustreben haben, sondern auch in welchem Umfang sie diese Ziele zu erreichen haben.

Diese Ziele sollten in **Zahlenwerten** genannt werden, damit die Ziele auch im erwarteten Umfang angestrebt werden können und damit das Ergebnis der Prozessorganisation mit den Vorgaben verglichen werden kann.

Dazu ist es notwendig, eine geeignete Meßlatte für die anzustrebenden Ziele zu finden, damit die Zielvorgaben in Zahlenwerten erfolgen kann.

Die Zielvorgaben müssen realistisch sein, weil sonst die Mitarbeiter auf die Zielanstrebung verzichten.

Für die genannten taktischen Ziele können beispielsweise folgende **Zahlenvorgaben** gemacht werden:

- Kostenminderung um DM 120.000 auf DM 300.000
- Durchlaufzeitminimierung um 7,5 Arbeitstage auf 1,5 Arbeitstage
- Senkung der Fehlerquote um 95 % auf 0,05 % Fehler, das bedeutet ein Fehler auf 2.000 Vorgänge
- Reduzierung des Arbeitszeitbedarfs um 50 % auf 60 Minuten je Vorgang.

Natürlich können nicht alle Ziele quantifiziert werden. Hier sollte jedoch versucht werden, Ersatzvorgaben zu machen.

2. Projekt

Prozessorganisation wird in der Regel in Projekten durchgeführt. Nur bei den kontinuierlichen Verbesserungsprozessen kommen andere Arbeitsformen zum Einsatz.

Projekt - Definition:

Einmaliges Vorhaben einer Aufgabenausführung.

Projekte sind durch eine ganze Reihe von Eigenschaften gekennzeichnet:

- **Bedeutung**

  Eine Projektaufgabe muß für das Unternehmen eine gewisse Wichtigkeit haben. Durch ein Projekt muß folglich ein Einfluß auf die Erreichung der Unternehmensziele gegeben sein.

- **Komplexität**

  Ein hoher Schwierigkeitsgrad ist ein besonderes Merkmal eines Projekt. Handelt es sich um eine einfache Aufgabe, wird nicht von einem Projekt gesprochen.

- **Umfang**

  Nur wenn es sich um eine umfangreiche Aufgabe handelt, ist der Begriff des Projektes angebracht. Eintagesprojekte sind begrifflicher Unsinn.

- **Vielseitigkeit**

  Unterschiedliche Fachgebiete und verschiedene Bereiche sind immer ein kennzeichnendes Merkmal eines Projektes. Diese Vielseitigkeit empfiehlt auch, mit einer Projektgruppe die Projektlösung zu erarbeiten.

- **Einmaligkeit**

  Eine Projektaufgabe kehrt in der vorliegenden Form nicht mehr wieder oder zumindest ist eine Wiederholung nicht absehbar.

- **Begrenztheit**

  In zeitlicher Hinsicht ist ein Projekt immer begrenzt, d. h. es gibt ein definiertes Projektende und damit auch einen Endtermin.

- **Risiko**

  Nur wenn die Durchführung einer Aufgabe mit Unsicherheit verbunden ist, wird von einem Projekt gesprochen.

Im Band „**Projektorganisation und Projektmanagement**“ dieser Reihe „Moderne Organisation für Praxis und Studium“ wird ausführlich auf Projekte eingegangen.

3. Vorgehensweise

Prozessorganisation ist in der Regel eine komplexe Aufgabe. Komplexität kann bekanntermaßen dadurch reduziert werden, daß die komplexe Aufgabe in Teilaufgaben gegliedert wird, sie also in einer geeigneten Projektstruktur bearbeitet wird.

Für die Prozessorganisation können verschiedene **Projektstrukturen** gewählt werden. Üblicherweise empfiehlt es sich, eine **Phasenstruktur** zu wählen. Folgende Hauptaufgaben und damit Hauptphasen müssen üblicherweise von der Prozessorganisation geleistet werden:

(1) **Projektierung**

(2) **Projektauslösung**

(3) **Prozessanalyse**

(4) **Prozessredesign**

(5) **Prozesssicherung**

(6) **Prozesseinführung.**

Bei der Prozessorganisation kann die eingesetzte Projekt- oder Arbeitsgruppe in der Regel autonom arbeiten und die Organisationsergebnisse ohne äußere Einflussnahmen erzielen. In einigen Punkten wird es aber bei der Durchführung der Projektphasen notwendig sein, von externen Entscheidungsträgern **Genehmigungen** einzuholen:

- Projektierungsentscheidung
- Projektentscheidung
- Prozesskonzeption
- Prozesseinführung.

Diese Genehmigungen sollten sowohl als **Bestätigung** der Organisationsarbeit und der -ergebnisse als auch der **Rückversicherung** für die weiteren Organisationsaufgaben gesehen werden.

3.1 Projektierung

Projektvorbereitung oder Projektierung eines Prozessprojektes ist zwingend erforderlich. Solche bedeutsame Aufgaben wie die Neugestaltung von Geschäftsprozessen müssen umfassend, gründlich und möglichst fehlerfrei vorbereitet werden.

Zur Projektierung gehören folgende **Aufgaben**:

(1) Problemanalyse

(2) Projektierungsentscheidung

(3) Projektplanung

(4) Projektentscheidung.

Diese Aufgaben werden hier nur kurz behandelt. In dem Band „Projektorganisation und Projektmanagement“ dieser Reihe „Moderne Organisation für Praxis und Studium“ wird ausführlich und umfassend darauf eingegangen.

Die Projektierung wird im Kapitel B behandelt.

3.2 Projektauslösung

Die Auslösung eines Großprojektes, das für das gesamte Unternehmen und seine Zukunft von großer Bedeutung ist, muß mit viel Fingerspitzengefühl und wohl vorbereitet erfolgen.

Eine mißlungene Projektauslösung läßt für das Projekt bereits das „Schlimmste“ befürchten und wird oftmals auch so von den Mitarbeitern interpretiert. „Wenn der Start schon nicht gelingt, wie kann dann das Projekt erfolgreich sein!“ Dies ist die Meinung vieler Mitarbeiter, die häufig solchen Projekten mit Vorbehalten und teilweise auch mit Widerstand gegenüberstehen.

Die Projektauslösung umfaßt mehrere **Hauptaufgaben**:

(1) Risikoanalyse

(2) Projektinformation

(3) Projektbegründung

(4) Projektauftrag

(5) Motivation.

Hinzu kommt die Bereitstellung aller erforderlichen Projektmittel.

Die Auslösung eines Großprojektes ist nicht nur eine Deklaration, sondern der faktische Start der Projektarbeit.

Auf die Projektauslösung wird im Kapitel C ausführlich eingegangen.

3.3 Prozessanalyse

Das Redesign von Geschäftsprozessen setzt nicht voraus, daß die bisherige Organisation in allen Details und Fassetten bekannt ist und deswegen oftmals langwierig und aufwendig ermittelt werden muß. Es ist aber notwendig, daß sich die Projekt- oder Arbeitsgruppe ausreichende Kenntnisse und Informationen über die bisherige Organisation verschafft.

Von besonderer Bedeutung sind für die Prozessanalyse folgende Aspekte der aufzunehmenden, derzeitigen Organisation:

- Prozessorganisation
- Aufbauorganisation
- Auftretende Probleme
- Organisatorische Schwachstellen
- Verbesserungsideen und -vorschläge.

Die Prozessanalyse erfolgt üblicherweise in zwei Schritten:

(1) **Istaufnahme**

Für die Istaufnahme der aktuellen Organisation gibt es mehrere Quellen:

- Organisationsunterlagen
- Mitarbeiterkenntnisse
- Arbeitsunterlagen.

Vornehmlich mit den Methoden der Unterlagenauswertung und des Mitarbeiterinterviews wird bei der Istaufnahme gearbeitet.

(2) **Istanalyse**

Zur kritischen Analyse und Prüfung von Organisationsprozessen gibt es eine Reihe von Methoden, Techniken und Tools, die in Abhängigkeit von den zu untersuchenden Geschäftsprozessen eingesetzt werden müssen. Beispiele für diese Verfahren sind:

- Workflowanalyse
- Benchmarking
- Normalisierungsanalyse.

Die Istanalyse dient vornehmlich dazu, zu ermitteln, welche Ansatzpunkte für das Redesign gegeben sind und welche Ansatzpunkte besonders vielversprechend sind.

Die Prozessanalyse wird im Kapitel D umfassend behandelt.

3.4 Prozessredesign

Das neue Design des oder der zu verbessernden Geschäftsprozesse ist natürlich die Kernphase der Prozessorganisation.

Grundsätzlich werden drei **Organisationsverfahren** zum Redesign von Geschäftsprozessen eingesetzt:

- Radikales Redesign
- Softwarebezogenes Redesign
- Kontinuierliches Redesign.

Mit allen drei Verfahren wurden von vielen Unternehmen hervorragende Ergebnisse erzielt. Für einen Geschäftsprozess kann jedoch gleichzeitig nur eines dieser Verfahren eingesetzt werden. Deswegen handelt es sich hier um **alternative Verfahren**. Die Geschäftsleitung muß die Entscheidung treffen, welches Verfahren zur Prozessorganisation genutzt werden soll.

Die Unterschiede in den genannten **Verfahren** des Redesigns sind erheblich:

- Organisatorischer Ansatz
- Vorgehensweise
- Arbeitsaufgaben
- Projektdurchführung
- Mitarbeitereinbindung.

Alle drei Verfahren werden im Kapitel E ausführlich behandelt.

3.4.1 Radikales Redesign

Diese von *Hammer* und *Champy* propagierte Form des **Business Reengineering** (BR) fordert eine radikale Neuorganisation der Kerngeschäftsprozesse und damit für das gesamte Unternehmen: „Erneuern Sie Ihre Firma!“ ist der Slogan für diese Form des Business Reengineering.

In einer Vielzahl von Unternehmen wurden mit dem radikalen Redesign grundlegende Verbesserungen erzielt. Oftmals waren aber auch solche Projekte absolute Misserfolge.

Das radikale Redesign ist eine revolutionäre Prozessorganisation im Gegensatz zu einer evolutionären Organisationsentwicklung. Sie wird deswegen auch als „**Bombenwurfstrategie**“ bezeichnet. Ziel des radikalen Redesign sind organisatorische Quantensprünge.

Natürlich werden sich solche Forderungen nicht in jedem Fall realisieren lassen. Das sollte jedoch ein Unternehmen nicht daran hindern, zu versuchen, ihre Organisation grundlegend zu verbessern.

3.4.2 Softwarebezogenes Redesign

Eine integrierte Standardsoftware ist hier die Basis des Redesigns. Durch eine Reihe von Maßnahmen wird ein geignetes Standardsoftwaresystem auf einen unternehmensspezifischen, optimalen Organisationsprozess angepasst. Solche **Anpassungsmaßnahmen** können zum Beispiel sein:

- Funktionsauswahl
- Customizing
- Individualergänzungen
- Einbindung anderer Fremdsoftware.

Voraussetzung ist dabei natürlich, daß optimalen Organisationsprozesse erarbeitet werden, die dann mit der Standardsoftware mit entsprechenden Anpassungen abgebildet werden.

Statt von softwarebezogenem wird auch von softwarebasiertem Redesign gesprochen.

3.4.3 Kontinuierliches Redesign

Nicht das durchschlagende Reengineering oder Redesign mit dem Ziel, „Quantensprünge“ an Verbesserungen zu erreichen, stehen hier zur Debatte, sondern die schrittweise, aber trotzdem nachhaltige Verbesserung von Geschäftsprozessen und Prozessaktivitäten, so daß hier auch mit der Zeit und nach einigen Verbesserungen optimale Organisationsprozesse erreicht werden.

Solche **Teilverbesserungen** können beispielsweise sein:

- Einsparungen von Aktivitäten
- Softwareverbesserungen
- Vereinfachung des Prozessablaufes.

Der kontinuierliche Verbesserungsprozess ist dadurch gekennzeichnet, daß die Mitarbeiter des Prozesses umfassend in die Organisationsarbeit einbezogen sind.

Für das kontinuierliche Redesign werden auch solche Bezeichnungen benutzt wie

- Kontinuierlicher Verbesserungsprozess,
- Kaizen oder
- evolutionäre Organisationsentwicklung.

Da sich der Begriff „Kontinuierlicher Verbesserungsprozess“ (KVP) allgemein durchgesetzt hat, wird er hier weiterhin benutzt.

Der kontinuierliche Verbesserungsprozess ist das Organisationsverfahren, das die Ergebisse des radikalen und des softwarebezogenen Redesigns nachbessert und im Detail optimiert. Selbstverständlich kann es auch ohne vorausgehendes Redesign angewandt werden.

3.5 Prozessicherung

Das durch das Redesign erarbeitete und genehmigte neue Prozessdesign muß in allen Details gesichert werden, damit es dann problemlos genutzt werden kann.

Zur Prozessicherung müssen beispielsweise folgende **Aufgaben** ausgeführt werden:

- Aufbauorganisationsdesign
- Organisationsentwicklung
- Betriebsratbeteiligung
- Berechtigungsregelung
- Dokumentation
- Organisationsvorgaben.

Mit der Prozessicherung muß aus den Redesignlösungen eine verläßliche Praxislösung werden, die problemlos eingeführt werden kann.

Im Kapitel F wird ausführlich auf die Prozessicherung eingegangen.

3.6 Prozesseinführung

Der mit den verschiedenen Organisationsverfahren gestaltete und gesicherte Prozess mit allen seinen Ausprägungen muß nun in der betrieblichen Praxis eingeführt werden.

Erst die Einführung liefert den Beweis für die **Güte** der organisatorischen Lösung oder für die **Miserabilität** der geleisteten Organisationsarbeit.

So berichten beispielsweise *Hammer und Champy*, daß 50 bis 70 % der Unternehmen, die den Weg des Business Reengineering wählen, nicht die beabsichtigten durchschlagenden Resultate erzielt haben.

Die **Prozesseinführung** umfaßt eine Vielzahl von Aufgaben. Von besonderer Bedeutung sind beispielsweise folgende Aufgaben:

- Einführungsplanung
- Information der Beteiligten und der Berührten
- Erstellung aller erforderlichen Unterlagen

- Hard- und Softwarebereitstellung und -installation
- Schulung und Umschulung der Mitarbeiter
- Einführungssicherung und Ausfallplanung
- Prozessanlauf
- Prozesskontrolle.

Mit der Prozesseinführung schließt jedes Organisationsprojekt ab. Im Anschluss an Projekte, die mit den Organisationsverfahren

- radikales Redesign oder
- softwarebezogenes Redesign.

durchgeführt wurden, wird oftmals ein **weiteres Projekt** mit dem Organisationsverfahren „Kontinuierlicher Verbesserungsprozess" für den gleichen Geschäftsprozess angeschlossen. Denn die betriebliche Praxis zeigt, daß es in der Regel nicht gelingt, Prozesse in einem einzigen Projekt so neuzugestalten, daß sie anschließend keiner Verbesserung in Teilbereichen bedürften.

Eine Optimierung und das Tuning der Geschäftsprozesse gelingt oftmals erst mit dem zweiten, dritten und vielleicht auch erst mit dem vierten Verbesserungsprozess für einen bestimmten Geschäftsprozess.

Die Prozesseinführung wird im Kapitel G behandelt.

4. Arbeitsorganisation

Prozessorganisation sollte immer **Gruppenarbeit** sein. Dafür gibt es eine Vielzahl von Gründen:

- Der Arbeitsumfang ist erheblich
- Die Kreativität einer Gruppe ist üblicherweise größer
- Das Projektrisiko ist geringer
- Verschiedenartige Fachleute können eingebunden werden
- Die Projekteinführung soll so schnell wie möglich erfolgen
- Fachabteilungen und Betriebsrat können beteiligt werden.

Deswegen werden für die Arbeitsausführung der Prozessorganisation fast immer Gruppen eingesetzt. Dabei werden zwei verschiedene **Gruppenarten** benutzt:

- Projektgruppen und
- Arbeitsgruppen.

Von Projektgruppen wird ausschließlich die Projektarbeit ausgeführt. Arbeitsgruppen führen ihre Geschäftsprozesse hauptamtlich aus und sind zusätzlich mit der Verbesserung ihres Geschäftsprozesses beauftragt.

Ausführlich wird auf diese Arbeitsorganisation und die Projektarbeit eingegangen im Band „**Projektorganisation und Projektmanagement**" dieser Reihe „Moderne Organisation für Praxis und Studium".

4.1 Projektgruppe

Sowohl beim „radikalen Redesign" als auch beim „softwarebezogenen Redesign" wird ausschließlich mit Projektgruppen gearbeitet:

Projektgruppe - Definition:

Personenmehrheit, die gemeinsam und überwiegend hauptamtlich ein Projekt durchführt.

Eine Projektgruppe ist folglich durch mehrere **Eigenschaften** gekennzeichnet:

- Mehrere Mitarbeiter erarbeiten die Projektlösung
- Auch externe Berater können in eine Projektgruppe aufgenommen werden
- Die Gruppe erarbeitet gemeinsam, jedoch nur teilweise in Teamarbeit das Projektergebnis
- Grundlegende und grundsätzliche Aufgaben werden gemeinsam ausgeführt
- Die Mehrzahl der Gruppenmitglieder sind vollzeitlich und hauptamtlich tätig
- Zur Projektarbeit können Spezialisten mit Aufträgen eingesetzt werden. Damit müssen sie nicht zur Projektgruppe zählen.
- In deutschen Unternehmen werden in aller Regel Projektleiter eingesetzt.

Da Projekte entweder mit der Erledigung der Projektaufgaben oder durch Abbruch wegen Erfolglosigkeit endigen, ist eine Projektgruppe immer auch eine Organisationseinheit auf Zeit.

4.2 Arbeitsgruppe

Bei „Kontinuierlichen Verbesserungsprozessen" werden üblicherweise Mitarbeiter des Geschäftsprozesses in Form einer Arbeitsgruppe oder Verbesserungsgruppe eingesetzt. Zur Prozessorganisation werden sie zusätzlich mit Verbesserungsaufgaben beauftragt:

Arbeits- oder Verbesserungsgruppe - Definition:

Mitarbeitermehrheit, die in einem Geschäftsprozess arbeitet und zusätzlich beauftragt sind, diesen Prozess kontinuierlich zu verbessern.

Im Rahmen der Prozessorganisation sind Arbeitsgruppen durch die nachstehenden **Eigenschaften** gekennzeichnet:

- Ein Teil oder alle Mitarbeiter eines Geschäftsprozesses werden als Gruppe mit der Verbesserung ihres Geschäftsprozesses beauftragt.
- Die Arbeitsgruppe koordiniert sich selbst oder wird durch einen Moderator unterstützt.
- Die Projektarbeit erfolgt nur mit einem geringen Arbeitszeitanteil, so beispielsweise ein- oder zweimal in der Woche mit jeweils einer Stunde.
- Zur Prozessverbesserung können Spezialisten wie Organisatoren oder Informatiker hinzugezogen werden.
- Arbeitsgruppen haben in manchen Unternehmen die Kompetenz, ihre Verbesserungen unmittelbar umzusetzen.

Arbeits- bzw. Verbesserungsgruppen sollen kontinuierlich, also immer wieder Prozessverbesserungen erreichen. Sie sind folglich nicht wie Projektgruppen nur für eine Zeitdauer im Einsatz, sondern ohne zeitliche Begrenzung.

4.3 Mitarbeiter

Zur Organisation von Geschäftsprozessen werden üblicherweise Mitarbeiter benötigt, die unterschiedliche Eigenschaften, wie

- Ausbildung
- Kenntnisse
- Erfahrungen
- Funktionen

in die Projektarbeit einbringen sollen.

Besondere Bedeutung haben dabei Mitarbeiter aus den Bereichen:

- **Informatik**

  Da sich die Informatik heute bereits in mehrere Spezialisierungen gliedert, werden zur Geschäftsprozessorganisation solche Fachleute benötigt wie:

  - Systemspezialisten, so beispielsweise für SAP R/3
  - Anwendungsprogrammierer, also z. B. für ABAP/4
  - Datenbankspezialisten, beispielshalber für ADABAS
  - Netzwerkmanager, so zum Beispiel für ETHERNET

- **Organisation**

  Organsationsfachleute für Geschäftsprozesse kommen heutzutage überwiegend aus dem Bereich der Informatik oder der Betriebswirtschaft, da es kein hauptberufliches Studium der Organisation gibt.

- **Fachabteilung**

  Mitarbeiter aus den Fachabteilungen oder aus den Geschäftsprozessen sind wichtig für die Prozessorganisation, denn sie bringen die Praxisanschauung und/oder die Prozesserfahrung ein.

- **Management**

  Da die Prozessorganisation eine erhebliche Bedeutung für die Zukunft des Unternehmens hat, muß auch das Management aktiv in die Organisationsarbeit einbezogen werden.

- **Betriebsrat**

  Soweit wie möglich sollte auch der Betriebsrat direkt an der Prozessorganisation beteiligt werden, um ihm ein unmittelbares Bild von den angestrebten Veränderungen zu verschaffen.

Häufig werden auch **unternehmensexterne Experten** wie Unternehmensberater, Freelancer, Consultants usw. zur Prozessorganisation eingesetzt. Dafür gibt es eine Reihe von **Gründen**:

- Fehlende Mitarbeiterkapazität
- Einbringung von Erfahrung aus anderen Projekten
- Verzicht auf arbeitsrechtliche Wirkungen
- Nutzung des Expertennimbus
- Höheres Durchsetzungsvermögen von Externen
- Verminderung der bekannten betrieblichen „Scheuklappen".

Die Kosten für externe Projektmitarbeiter liegen üblicherweise deutlich über den Mitarbeiterkosten.

4.4 Projektleitung

In der Prozessorganisation wird überwiegend mit hierarchischen Projektgruppen gearbeitet. Nur beim Einsatz von Arbeitsgruppen beim „kontinuierlichen Verbesserungsprozess" sind auch **hierarchiefreie Gruppen** vorzufinden. Hier koordinieren die Gruppenmitglieder die Verbesserungsarbeit unmittelbar.

Bei den **hierarchischen Projektgruppen** werden mehrere Arten in Abhängigkeit von der Stellung des Leiters unterschieden:

- **Gruppensprecher**

  Die Koordination der Projektgruppe erfolgt bei dieser Gruppenart gemeinsam von allen Gruppenmitgliedern. Der Gruppensprecher vertritt die Projektgruppe nur nach außen. Er ist folglich für solche Aufgaben zuständig wie:

- Kommunikation mit Fachabteilungen, Management usw.
- Verfügbarkeit der Gruppenressourcen wie Budgets, Sachmittel usw.
- Herbeiführung von Entscheidungen, die zur Projektfortführung benötigt werden

- **Gruppenkoordinator**

  Von einem Gruppenkoordinator wird zusätzlich die Gruppenarbeit organisiert. Er hat folglich weiterhin solche Aufgaben zu übernehmen wie:

  - Verteilung der Aufgaben auf die Gruppenmitarbeiter
  - Inhaltliche Abstimmung der Arbeitsergebnisse
  - Terminliche Koordination der Arbeitsdurchführung.

- **Gruppenleiter**

  Während Gruppensprecher und Gruppenkoordinatoren keine Personalkompetenzen und damit auch keine Personalverantwortung besitzen, ist er der direkte Vorgesetzte der Gruppenmitarbeiter. Folglich ist er verantwortlich für die

  - Arbeitsverteilung
  - Arbeitserledigung
  - Budgetüberschreitungen im personalen Bereich.

  Der Gruppenleiter besitzt jedoch kein Weisungsrecht im Hinblick auf die Projektergebnisse und er hat keine Verantwortung für die Arbeitsergebnisse der Projektgruppe. Die Projektlösungen werden hier von den Projektgruppenmitgliedern gemeinsam verantwortet.

- **Projektleiter**

  Alle Kompetenzen und Verantwortungen für das gesamte Projekt hat in dieser Organisationsform der Projektleiter. Er ist folglich sowohl Fach- als auch Disziplinarvorgesetzter. Projektdurchführung und -ergebnisse sind von ihm zu verantworten.

In der Prozessorganisation wird überwiegend mit der Organisationsform des Projektleiters gearbeitet.

4.5 Gruppenarbeit

Die Arbeit in einer Projektgruppe und auch in einer Verbesserungs- oder Arbeitsgruppe bei dem „kontinuierlichen Verbesserungsprozess“ sollte durch die nachstehenden Merkmale gekennzeichnet sein:

- **Zielerreichung**

  Der Lösungserfolg steht im Mittelpunkt der Arbeit. Es ist eine möglichst optimale Prozessorganisation auszuarbeiten, welche dadurch gekennzeichnet ist, daß die angestrebten Ziele möglichst weitgehend erreicht werden.

- **Wirtschaftlichkeit**

  Die neue Prozessorganisation muß mit möglichst geringem Mitteleinsatz erreicht werden. Die Projektarbeit ist so ressourcenschonend wie möglich auszuführen.

- **Kundenfokussierung**

  Die anzustrebende Prozesslösung muß auf die Kunden ausgerichtet sein. Prozesslösungen, welche die Kundeninteressen hintanstellen, sind zu verwerfen, weil sie ein strategisches Hauptziel nicht berücksichtigen.

- **Aufgabenangemessenheit**

  Während früher oft mit geschlossenen Projektgruppen gearbeitet wurde, bei denen die Gruppenmitarbeiter von Projektanfang bis Projektende in gleicher Zusammensetzung die Projektaufgaben durchführten, werden in der Prozessorganisation offene Projektgruppen eingesetzt. In Abhängigkeit von

  - Projektaufgaben
  - Aufgabenumfang
  - Aufgabendringlichkeit

  stoßen in offenen Projektgruppen Mitarbeiter nach Bedarf hinzu oder scheiden aus der Projektgruppe aus.

Nicht jeder Unternehmensmitarbeiter ist für die Projektarbeit geeignet. Projektarbeit erfordert eine Reihe von **Eigenschaften** von den Projektmitarbeitern:

- Teamfähigkeit
- Teamwilligkeit
- Entscheidungsfähigkeit
- Kreativität
- Initiative
- Kooperationsfähigkeit.

Die optimale **Größe** für Projektgruppen wird in der Prozessorganisation bei 4 bis 6 Mitarbeitern gesehen.

4.6 Projektorganisation

Projekte in der Prozessorganisation müssen in Abhängigkeit vom Organisationsverfahren,

- Radikales Redesign,
- Softwarebezogenes Redesign und
- Kontinuierlicher Verbesserungsprozess,

unterschiedlich organisiert werden, um ihre Spezifika zu berücksichtigen.

4.6.1 Business Reengineering

Von *Hammer* und *Champy* werden für das Business Reengineering folgende Organisationseinheiten für die Projektorganisation empfohlen:

- **Leader**

  Ein Manager aus der Geschäftsführung, der immer wieder die Botschaft aussendet, wie wichtig die Reengineeringanstrengungen für das Unternehmen sind.

- **Gesamtprojektleiter**

  Ein weiterer hochrangiger Manager des Unternehmens leitet und verantwortet das Gesamtprojekt.

- **Projektgruppen**

  Für jeden neu zu organisierenden Geschäftsprozess ist eine Projektgruppe einzurichten, welche die Prozessorganisation von der Prozessanalyse bis zur Prozesseinführung ausführt.

- **Lenkungsausschuß**

  Ein aus oberen Führungskräften bestehendes Kollegium, das solche Aufgaben hat, wie

  - Festlegung der Redesignstrategie,
  - Treffen von Richtlinienentscheidungen,
  - Überwachung des Projektfortschrittes,

  lenkt die Projektarbeit.

- **Reengineeringzar**

  Ein Organisationsfachmann wird eingesetzt für die Festlegung aller Organisationsmittel, mit denen die einzelnen Projektgruppen einheitlich ihre Aufgaben erledigen sollen:

  - Maßnahmen
  - Methoden
  - Techniken
  - Tools.

Da beim Business Reengineering grundsätzlich neue Lösungen erwartet werden, ist es wichtig, daß

- unkonventionelle,
- kreative und
- durchsetzungsstarke

Mitarbeiter für alle Projektgruppen gewonnen werden.

Üblicherweise werden radikale Redesignprojekte nicht deswegen ein **Mißerfolg**, weil keine außergewönlichen Lösungen gefunden werden, sondern weil sie gegen eine Vielzahl der „Bedenkenträger“ im Unternehmen nicht durchgesetzt werden können.

4.6.2 Softwarebezogenes Redesign

Bei dem Organisationsverfahren des „softwarebezogenen oder softwarebasierten Redesign“ wird häufig empfohlen, mit drei Organisationseinheiten die Prozessorganisation durchzuführen. *Götzer* befürwortet folgende Einheiten:

- **Lenkungskollegium**

  Dieses hochrangige Gremium übt alle externe Leitungsaufgaben für das Projekt aus und trägt damit natürlich auch die Gesamtverantveranwortung:

  - Projektauftrag
  - Projektsteuerung
  - Projektkontrolle
  - Projektergebnisse

- **Projektleiter**

  Für jeden Softwaremodul, der benutzt werden soll, wird in der Regel eine eigene Projektgruppe eingerichtet:

  - Finanzwesen
  - Controlling
  - Materialwirtschaft usw.

  Jeder dieser Projektgruppen steht ein verantwortlicher Projektleiter vor, der dem Lenkungskollegium berichtet. Er ist Disziplinar- und Fachvorgesetzter der Projektgruppenmitarbeiter.

- **Projektgruppen**

  Die Projektgruppen setzen sich üblicherweise zusammen aus:

  - Informatikern
  - Organisatoren
  - Fachabteilungsmitarbeitern.

  Manager und Betriebsratmitglieder können ebenfalls hier einbezogen werden.

Auch beim softwarebezogenen Redesign kommt es wesentlich auf die Qualität und Qualifikation der Mitarbeiter an. Hier steht jedoch die Kreativität weniger im Mittelpunkt. Besonders wichtig sind für diese Mitarbeiter, daß sie folgende **Eigenschaften** haben:

- Softwaresystemkenntnisse
- Pragmatismus
- Überzeugungsfähigkeit

Selbstverständlich kann ein softwarebezogenes Redesign wegen des Aufgabenumfanges nur mit mehreren hauptamtlichen und vollzeitlichen Mitarbeitern geleistet werden.

4.6.3 Kontinuierlicher Verbesserungsprozess

Bei diesem Organisationsverfahren ist die Organisationsarbeit in die normale Arbeitsabwicklung eingebunden. Es werden die bestehenden Organisationeinheiten genutzt:

- **Arbeitsgruppe** oder **Verbesserungsgruppe**

  Die Arbeitsgruppen haben hier den Auftrag, ihre Geschäftsprozesse kontinuierlich zu verbessern. Dazu wird ihnen entsprechende Arbeitszeit eingeräumt. Aus ihrer persönlichen Arbeitserfahrungen und ihren Fachkenntnissen

  - erkennen sie Verbesserungsnotwendigkeiten,
  - entwickeln sie Verbesserungsideen,
  - arbeiten sie die Verbesserungslösungen und
  - führen die ausgearbeiteten Verbesserungen ein.

  Das kann vollkommen autonom erfolgen, kann aber auch unter Einsatz eines Moderators sowie unter Einschaltung von Spezialisten, wie Organisatoren und Informatikern, vorgenommen werden.

- **Moderator**

  Um den kontinuierlichen Verbesserungsprozess in den Arbeitsgruppen möglichst zielgerichtet und effizient durchzuführen, wird oftmals ein Gruppenmoderator eingesetzt, der mehrere Aufgaben hat:

  - Betreuung der Gruppenarbeit
  - Hinzuziehung von Spezialisten
  - Steuerung des Verbesserungsprozesses.

- **Prozessmanager**

  Sind Center- oder Prozessmanager eingesetzt, so werden ihnen häufig folgende Aufgaben zugeordnet:

  - Durchführungsgenehmigungen für die Verbesserungen,
  - Entscheidung über die Mittelverfügung und
  - Kontrolle über die Verbesserungsgruppen.

Kennzeichen eines kontinuierlichen Verbesserungsprozess ist es, daß hier mit Ausnahme der Moderatoren keine besonderen Organisationseinheiten für die Prozessorganisation eingerichtet werden müßen.

5. Organisationsmittel

Für die Prozessorganisation steht eine Vielzahl von Organisationsmitteln zur Verfügung. Insbesondere im Bereich der Organisationssoftware kann derzeitig eine ganze Palette von computergestützten Werkzeugen in Anspruch genommen werden:

Organisationsmittel - Definition:

Immaterielle und materielle Werkzeuge zur Durchführung des Organisationsprozesses.

Verschiedenen **Arten** von Organisationsmitteln können unterschieden werden:

- Vorgaben
- Modelle
- Verfahren
- Tools
- Maßnahmen
- Sachmittel.

Die Organisationsmittel sind zu unterscheiden von den Systemmitteln, die in dem neuen Organisationsprozess eingesetzt werden. Ein Organisationsmittel ist beispielsweise ein CASE - Programm, während das Anwendungssystem SAP R/3 ein Systemmittel für den Geschäftsprozess darstellt.

5.1 Vorgaben

Vorgaben geben den Projektmitarbeitern an, wie sie

- zu arbeiten haben und
- die Geschäftsprozesse zu gestalten haben.

Zu den wesentlichen Organisationsvorgaben zählen insbesondere:

- **Prinzipien**

  Typische prinzipielle Vorgaben für Projektmitarbeiter sind zum Beispiel:

  - Kundenfokussierung
  - Schlanke Organisation
  - Prozessdominanz.

- **Normen**

  Im Bereich der Prozessorganisation gibt es zwischenzeitlich eine Reihe von nationalen und internationalen Normen. Normen werden beispielsweise erlassen von solchen Institutionen wie

  - Deutsches Institut für Normung (DIN)
  - American National Standard Institute (ANSI)
  - International Standardization Organization (ISO).

  Bekannte Normen im Bereich der Prozessorganisation sind beispielsweise:

  - Datenflußplan - DIN 66 001
  - Entscheidungstabellen - DIN 66 241
  - Qualitätsmanagement - DIN/ISO 9000ff.

- **Standards**

  Diese Art von Vorgaben ist dadurch gekennzeichnet, daß sich hier Gestaltungsarten oder Vorgehensweisen allgemein durchgesetzt haben und als gute Lösungen anerkannt sind.

  Bekannte Standards sind zum Beispiel:

  - WINDOWS - Bildschirmgestaltung der Firma Microsoft
  - Systemanwendungsarchitektur (SAA) der Firma IBM
  - ISO/OSI - Referenzmodell bei der Rechnerkommunikation.

Prinzipien, Normen und Standards müssen nicht genutzt werden, aber ihr Übergehen bedingen häufig eine Reihe von Nachteilen. Deswegen sollte sehr gut abgeschätzt werden, ob auf die Einhaltung solcher Vorgaben verzichtet wird.

5.2 Modelle

Mit Modellen wird in der Prozessorganisation sehr häufig und in verschiedenen Bereichen gearbeitet:

Modell - Definition:

Allgemeingültige, vereinfachte Organisationslösung.

Bei der Arbeit mit Modellen ergibt sich eine Reihe von **Vorteilen**:

- Geringerer Arbeitsumfang
- Nutzung von erfolgreichen Erfahrungen
- Komprimierte Darstellung größerer Informationsmengen
- Indirekte Nutzung von Normen und Standards
- Geringere Gefahr von fehlerhaften Lösungen.

Einige oftmals genutzte Modelle in der Prozessorganisation sind:

- **Vorgehensmodelle**

  Diese Modellart weist die Beschreibung der notwendigen Aktivitäten und ihrer Abhängigkeiten zur Durchführung eines Prozessorganisationsprojektes aus. Im Rahmen des softwarebezogenen Redesign wird oftmals mit dem SAP R/3 - Vorgehensmodell gearbeitet. Das in dieser Schrift empfohlene Phasenmodell ist ein weiteres Beispiel.

- **Referenzmodelle**

  Der betriebswirtschaftliche Leistungsumfang eines Softwareanwendungssystems wird oftmals in einem Referenzmodell dargestellt. Referenzmodelle stellen die Wissensbasis über die betriebswirtschaftlichen Funktionen und die integrierten Geschäftsvorgänge zur Verfügung.

  Typisches Beispiel ist das Referenzmodell des SAP R/3 - Anwendungssystems.

- **Informationsmodelle**

  Daten- und Informationsmodelle sind ebenfalls in der Prozessorganisation häufig gebräuchlich. Insbesondere durch die objektorientierte Programmierung (OOP) werden Daten- und Informationsobjekte in Informationsmodellen dargestellt. Auch hier ist das SAP R/3 - Datenmodell wieder ein gutes Beispiel.

- **Kommunikationsmodelle**

  Besonders bekannt wurde das ISO/OSI - Kommunikationsmodell. Mit definierten Regeln, die zwischen den Kommunikationspartnern mit Hilfe dieses Modelles vereinbart sind, wird der Aufbau, die Durchführung und der Abbau von Datenübertragungen festgelegt. Die Protokolle werden mit Hard- oder mit Software realisiert.

Die Prozessorganisation kann mit weiteren Modellen arbeiten.

5.3 Verfahren

Die Prozessorganisation definiert Verfahren als:

Verfahren - Definition:

Organisatorische Vorgehensweisen.

Dabei werden insbesondere zwei Arten von Verfahren häufig benutzt:

- **Organisationsmethoden**

  Handelt es sich um Verfahren, bei denen schrittweise vorgegangen wird, so spricht man von Methoden. Methoden regeln folglich die Vorgehenssystematik. Bekannte Methoden sind beispielsweise:

  - Prozessgestaltungmethoden
  - Entscheidungsmethoden
  - Benchmarking.

- **Organisationstechniken**

  Als Handlungsweisen zur Lösung organisatorischer Teilaufgaben können die Organisationstechniken bezeichnet werden. Sie sind folglich Fachverfahren, die nach *Schmidt* Hilfsmittel der praktischen Arbeit sind:

  - Datenflußplan
  - Entscheidungstabellen
  - Petrinetze.

Die Organisationsverfahren sind logische Hilfsmittel der Organisationsarbeit, während unter Tools softwaregestützte Hilfsmittel verstanden werden.

5.4 Tools

Die Organisationsarbeit ist heute ohne Computerhilfe nicht mehr vorstellbar. Eine Vielzahl unterschiedlicher Organisationssoftware steht heute zur Verfügung:

Tool - Definition:

Softwaregestützte Organisationsverfahren.

Von *Bachmann* und *Wenzel* werden die folgenden Toolgruppen unterschieden:

- **Darstellungstool**

  Zur grafischen Darstellung von Teilaspekten der Organisation sind diese Tools ausgelegt. Mit ihnen können Organisationsgrafiken mit geringem Arbeitsaufwand ausgearbeitet werden, so zum Beispiel

  - Geschäftsprozesse
  - Ablauflogik
  - Aufbaustrukturen.

  Nicht nur zur Darstellung, sondern auch zu weiteren Zwecken kann diese Softwaregruppe eingesetzt werden:

- Organisationsgestaltung
- Präsentation
- Dokumentation.

- **Prozessorganisationstool**

  Diese Toolgruppe dient speziell der Prozessorganisation. Mit ihr können solche Aufgaben ausgeführt werden, wie beispielsweise:

  - Analyse von Prozessen und Prozessketten
  - Modellierung und Redesign von Prozessen
  - Dokumentation von Geschäftsprozessen.

  Das Einsatzgebiet der Prozessorganisationstools ist üblicherweise eng begrenzt.

- **CASE-Tool**

  Die gängige Abkürzung CASE ist abgeleitet von

  - Computer Aided Software Engineering oder
  - Computer Aided Systems Engineering.

  Außerdem wird die Kurzbezeichnung ICASE, hergeleitet von

  - Integrated Computer Aided Software Engineering,

  benutzt.

  Diese computergestützten Software- oder Systemkonstruktionstools haben ihren Schwerpunkt in der **Softwareerarbeitung**. Nicht die Analyse und Modellierung von Geschäftsprozessen steht bei ihnen im Mittelpunkt, sondern die Optimierung der Softwareerstellung.

  Da die meisten CASE-Tools ihren Ursprung noch in den achtziger Jahren haben, sind die Prozessorganisationsmöglichkeiten bei ihnen noch wenig ausgeprägt. Deswegen sind solche Tools nur mit erheblichen Einschränkungen und Mehraufwand zur Prozessorganisation einsetzbar.

- **Workflowtool**

  Diese auch als „Reine Workflowtools“ bezeichneten Softwaresysteme enthalten nach *Götzer* folgende Hauptkomponenten:

  - Generierung des Workflowprozesses
  - Prozessdarstellung mit grafischem Editor
  - Abbildung solcher Strukturen wie
    + Aufbau
    + Ablauf
    + Archive und Ablagen

- Aufbau der Schnittstellen zu anderen Systemen
- 4GL - Skriptsprache
- Masken- und Reportgenerator
- Simulation der spezifizierten Prozesse.

Mit Workflowtools können üblicherweise die Prozesse automatisch generiert und getestet werden.

Im SAP R/3 - System steht seit der Version 3.0 ein ausgebautes Workflowtool zur Verfügung.

- **Workgroupsoftware**

  Diese Software, die auch mit **Groupware** bezeichnet wird, ist dadurch gekennzeichnet, daß hier entsprechend der Bezeichnung „Workgroup", also bei

  - Projektgruppen,
  - Arbeits- und Verbesserungsgruppen oder
  - anderen Teamarten,

  gemeinsam und integriert gearbeitet werden kann. Das läßt auch zu, daß die Gruppenmitglieder an unterschiedlichen Orten ihren Arbeitsbeitrag leisten.

  Workgroupprogramme haben unterschiedliche **Funktionen**. Häufig sind vorhanden:

  - Electronic Mail
  - Kalendermanagement
  - Computerunterstützte Konferenzen
  - Verteiltes Editieren
  - Kollektive Dokumentenbearbeitung
  - Informationsverteilung
  - Schwarzes Brett
  - Dokumentenmanagement.

Auf die allgemeinen Softwarewerkzeuge der Projektarbeit, wie beispielsweise

- Textverarbeitung
- Tabellenkalkulation
- Projektorganisation

wird hier nicht eingegangen. Sie sind hinlänglich bekannt und benutzt.

5.5 Maßnahmen

Zur Prozessorganisation wird in der Regel auch eine Reihe von Maßnahmen erforderlich:

Maßnahmen - Definition:

Ausführungserfordernisse.

Häufig notwendige und durchgeführte Maßnahmen zur Prozessorganisation sind beispielsweise:

- **Motivationsmaßnahmen**

  Sowohl die Projektmitarbeiter wie auch die vom Reengineering betroffenen Mitarbeiter müssen zur Durchführung der Prozessorganisation und zu den neuen Geschäftsprozessen motiviert werden. Dazu können unterschiedliche Maßnahmen getroffen und durchgeführt werden, so zum Beispiel:

  – Projektkonferenzen mit Motivationsinhalten
  – Geschäftsleitungserklärungen zur Prozessorganisation
  – Exkursionen zu beispielhaften Reengineeringergebnissen
  – Systematische Einbindung der Mitarbeiter in das Reengineeringprojekt
  – Initiierung eines Ideenwettbewerbs zum Prozessprojekt
  – Zusicherung der Geschäftsleitung, keine projektbedingten Entlassungen vorzunehmen

  Mit Motivationsmaßnahmen wird versucht, eine Änderung der Einstellung, der Einsichten, des Bewußtseins und der Ziele der Mitarbeiter zu erreichen.

- **Informationsmaßnahmen**

  Zur Vermittlung der notwendigen Vertrautheit mit der Prozessorganisation und ihren angestrebten Ergebnissen bei den Mitarbeitern und auch zu deren Motivation muß eine Reihe von Informationen erfolgen:

  – Mündliche Informationen bei
    + Dienstbesprechungen
    + Betriebsversammlungen
    + Feiern wie Jubiläen, Beförderungen usw.
  – Schriftliche Informationen, wie z. B.
    + Berichte in der Mitarbeiterzeitschrift
    + Herausgabe einer Projektbroschüre
    + Aushänge an den schwarzen Brettern usw.

- **Schulungsmaßnahmen**

  Zur Prozessorganisation ist in der Regel eine Reihe von Schulungs- und Trainingsmaßnahmen erforderlich:

  – Die **Projektmitarbeiter** müssen in der Prozessorganisation und in dem ausgewählten Standardsoftwaresystem geschult und trainiert werden.

  – Die **Prozessmitarbeiter** des neuen Geschäftssprozesses müssen für ihre Aufgaben und Arbeitsbelange intensiv trainiert und eingearbeitet werden.

- Die **versetzten Mitarbeiter**, die für andere Arbeitsaufgaben eingesetzt werden, weil in der neuen Prozessorganisation für sie keine Aufgaben mehr vorhanden sind, müssen umgeschult werden.

- Die **Prozessmanager** bedürfen umfassender Schulungen in allen Bereichen der Prozessorganisation.

Neben den genannten Maßnahmen gibt es bei Prozessprojekten üblicherweise eine Reihe weiterer Ausführungserfordernisse.

5.6 Sachmittel

Nicht zuletzt werden zur Prozessorganisation entsprechende Sachmittel benötigt und eingesetzt. Vornehmlich sind das:

- **Büroräume und -ausstattung**

  Zur Durchführung der Prozessorganisation ist zur optimalen Gruppenarbeit ein Projektarbeitsraum mit der projektnotwendigen Ausstattung erforderlich:

  - Arbeitsplätze
  - Besprechungseinrichtungen
  - Pausenraum

- **Hard- und Software**

  Natürlich braucht jeder Projektmitarbeiter einen eigenen, vernetzten Computer mit den erforderlichen Tools.

- **Kommunikationsmittel**

  Für die Kommunikation der Projektgruppe werden unterschiedliche Kommunikationssachmittel benötigt:

  - Zur **gruppenexternen** Kommunikation werden beispielsweise Telefon, Telefax, Teletext usw. benötigt.
  - Zur **gruppeninternen** Kommunikation sind solche Sachmittel wie Overheadprojektor, Flipchartständer oder Whiteboard erforderlich.

- **Büromaschinen**

  Durch die universelle Einsatzmöglichkeit des Personalcomputers werden zur Prozessorganisation üblicherweise nur noch Kopiergeräte benötigt.

Daneben werden mit Ausnahme von Büromaterialien keine weiteren Sachmittel zur Prozessorganisation eingesetzt.

6. Organisationspartner

Zum Business Reengineering bietet sich eine Reihe von **Partnern** an, die entweder vollständig oder teilweise den Unternehmen Hilfestellung oder umfassende Durchführung des Business Reengineerings anbieten:

- Unternehmensberatungen
- Softwarehäuser
- Consultingunternehmen
- Verbände
- Freelancer.

Besonders im Bereich des **softwarebezogenen Redesigns**, das natürlich besondere Kenntnisse, Erfahrungen und Fertigkeiten erfordert, ist eine Hilfestellung durch externe Dienstleister oftmals zwingend notwendig.

Deswegen und zum Vertrieb ihrer integrierten Standardsoftwaresysteme haben Softwarehäuser, die solche Systeme entwickelt haben und vertreiben, eine Vielzahl von partnerschaftlichen und vertraglichen Verbindungen zu Informatikservice- und Beratungsunternehmen.

So hat beispielsweise die SAP AG ein mehrschichtiges Partnerkonzept eingführt, das drei Arten von **Dienstleistungspartnern** unterscheidet. Insgesamt sind als Partner der SAP AG ungefähr 500 Dienstleister vertraglich verpflichtet und bieten den reengineeringwilligen Unternehmen Hilfestellungen an:

- Logo - Partner
- R/3 - Systemhäuser
- Implementierungspartner.

Von diesen SAP - Service - Providern werden von den Reengineeringunternehmen unterschiedliche **Leistungen** in Anspruch genommen und deswegen angeboten:

- Projektgeneralübernehmer
- Projektbeteiligung
- Reengineeringberatung
- Outsourcing von R/3 - Leistungen
- Implementierung von R/3.

Namhafte **Dienstleister** bieten zum Beispiel im SAP R/3 - Bereich ihre Hilfestellungen zum Reengineering an, so beispielsweise solche Firmen wie

- Andersen Consulting
- Coopers & Lybrand
- CSC Ploenske AG
- Ernest & Young
- IBM GmbH

- IDS Prof. Scheer AG
- KPMG
- Price Waterhouse
- Siemens Business Service (SBS)
- Software AG.

Selbstverständlich ist die Inanspruchnahme solcher Serviceprovider gut zu planen und vertraglich abzusichern. Die Kosten dafür sind oftmals nicht unerheblich.

B. Projektierung

1. Begriff

Bedeutsame und umfangreiche Projekte müssen umfassend, gründlich und möglichst fehlerfrei vorbereitet werden. Erfolgt das nicht, so ist die Erreichung der Projektziele erheblich in Frage gestellt, ein Misserfolg ist wahrscheinlich.

Für die Vorbereitung eines Business Reengineering-Projektes gibt es eine Reihe von **Bezeichnungen**, die synonym verwandt werden:

- Projektierung
- Projektvorbereitung
- Projektorganisation

Die Projektierung wird hier nur kurz behandelt. In dem Band „**Projektorganisation und Projektmanagement**" dieser Reihe „Moderne Organisation für Praxis und Studium" wird ausführlich und umfassend darauf eingegangen.

2. Vorgehensweise

Ausgangspunkt eines Projektes ist immer die Erkennung eines Problems:

Problem - Definition:

Erhebliche Abweichung zwischen dem Ist und einem erwünschten Soll.

Wird ein organisatorisches Problem von einer kompetenten Stelle des Unternehmens diagnostiziert, so sind üblicherweise folgende Schritte zur Auslösung eines Prozessprojektes durchzuführen:

(1) Problemanalyse

Zunächst ist das Problem zu analysieren, um zu ermitteln, welche

- Bedeutung,
- Ursachen,
- Lösungsmöglichkeiten usw.

bei diesem Problem gegeben sind. Ist das Problem transparent, so muß über das weitere Vorgehen entschieden werden.

(2) Projektierungsentscheidung

In Abhängigkeit der Ergebnisse dieser Analyse kann dann bei einem organisatorischen Problem zwischen mehreren Möglichkeiten entschieden werden:

- Projektplanungsentscheidung
- Improvisation zur Problemlösung
- Ignorieren des Problems.

Erfolgt die Entscheidung zugunsten einer Projektplanung, so ist nun das Projekt in allen wesentlichen Teilen planerisch zu entwickeln.

(3) Projektplanung

Die Planung eines Projektes umfaßt vornehmlich die nachstehenden Aufgaben:

- Aufgabenplanung
- Personalplanung
- Terminplanung
- Sachmittelplanung
- Kostenplanung.

Aus den Ergebnissen der Projektplanung kann die Wirtschaftlichkeit eines Projektes ermittelt werden. Sie wird die Basis für eine Projektentscheidung sein.

(4) Projektentscheidung

Die Ressourcen zur Projektdurchführung sind immer begrenzt, die Zahl der Probleme ist aber groß! Deswegen können nicht alle Probleme mit Projekten sofort gelöst werden. Deswegen muß nun eine Entscheidung unter Berücksichtigung aller anstehenden Probleme getroffen werden:

- Sofortige Auslösung eines Projektes
- Zurückstellung des Projektes auf einen späteren Zeitpunkt
- Verzicht auf ein Projekt und Lösung des Problems mit einer anderen Entscheidung:
  + Lösungsimprovisation
  + Verzicht auf eine Problemlösung.

Wird entschieden ein Projekt durchzuführen, so ist nun dieses Projekt auszulösen und zu starten.

(5) Projektauslösung

Projektaufgaben müssen den Mitarbeitern schriftlich vorgegeben werden. Das genügt jedoch nicht! Zur Projektauslösung müssen weitere Notwendigkeiten in Angriff genommen werden:

- Vorbereitungsmaßnahmen
- Motivationsmaßnahmen
- Informationsmaßnahmen.

Sind solche Maßnahmen erfolgreich vorgenommen worden, kann mit dem ersten Schritt der Projektdurchführung begonnen werden. Wegen der Bedeutung der Projektauslösung wird auf sie im nachfolgenden Hauptkapitel C eingegangen.

Nach der Projektierung beginnt die Projektdurchführung bei der Prozessorganisation mit der Prozessanalyse.

3. Problemanalyse

Bevor man sich mit einem erkannten Problem näher befaßt, sollte das erkannte Problem zunächst in seinen unterschiedlichen Merkmalen untersucht werden. Dabei ist es erforderlich, daß das Problem möglichst objektiv und ohne subjektive Einflüsse betrachtet wird.

Dazu wird eine Problemanalyse durchgeführt:

Problemanalyse - Definition:

Objektive Ermittlung der wesentlichen Ausprägungen eines Problems.

Eine Problemanalyse umfaßt eine Reihe von Aufgaben:

- **Problemdefinition**

  Zunächst ist das Problem eindeutig begrifflich zu benennen. Dabei ist besonders zu prüfen, ob es sich bei dem zu analysierenden Problem um eine organisatorische Problemstellung handelt, oder ob andere Gegebenheiten das Problem verursachen:

  - Personalunverträglichkeiten
  - Kommunikationsschwierigkeiten
  - Technische Fragestellungen.

  Mit der Problemdefinition ist das Problem nicht nur zu benennen, sondern auch genau zu beschreiben.

  Beispiel: Unbestimmtheit der Dispositionsart: Für neue Artikel ist nicht festgelegt, wie sie zu disponieren sind. Aus der willkürlichen Entscheidung des jeweiligen Mitarbeiters kann es zur falschen Dispositionsart mit der Wirkung überhöhter Bestände und daraus resultierender Mehrkosten kommen.

- **Problemabgrenzung**

  Das zu analysierende Problem ist in verschiedener Hinsicht abzugrenzen:

  - Prozessual
  - Sachlich
  - Aufbauorganisatorisch
  - Geografisch
  - Zeitlich usw.

  Besonders die richtige Abgrenzung des Problems ist wichtig, denn daraus ergibt sich wesentlich die Problembedeutung.

  Beispiel: Falsche Dispositionsart ausschließlich bei den B-Artikeln im Geschäftsfeld Auto in Deutschland.

- **Problembedeutung**

  Die Auswirkungen des Problems sind quantitativ zu ermitteln. Dabei sind zu ermitteln, welche zusätzlichen Auswirkungen durch das Problem entstehen:

  - Kostenanfall
  - Zeitbedarf
  - Arbeitsumfang
  - Gewährleistungen
  - Ausschuss oder Nacharbeiten
  - Sonderleistungen.

  Dabei stehen natürlich die Kosten im Mittelpunkt, aber auf die anderen Gesichtspunkte darf auf keinen Fall verzichtet werden, weil sie zur Beurteilung des Problems unverzichtbar sind.

  Beispiel: Mehrkosten von DM 200.000 durch überhöhte Bestände in Höhe von DM 800.000 mit der Gefahr der Veralterung der Bestände und der Verschrottungsnotwendigkeit im Umfang von bis zu DM 350.000.

- **Problemursache**

  Die Ermittlung der Problemursachen ist von besonderer Bedeutung, denn durch ihre Ermittlung kann oftmals bereits die mögliche Problemlösung erkannt werden. Häufige Problemursachen sind:

  - Fehlerhafte Prozessgestaltung
  - Mangelhafte Anwendungsprogramme
  - Bürokratische Verkrustungen
  - Veraltete Software
  - Überhöhte Durchlaufzeit
  - Nichtberücksichtigung von Sonderfällen

- Bedienungsunfreundliche Anwendungssoftware
- Unnötige Bearbeitungserfordernisse.

Manchmal wird erst mit der Ursachenanalyse eindeutig erkannt, ob ein organisatorisches oder ein anderes Problem vorliegt.

Beispiel: Fehlende maschinelle Zuordnung der B-Artikel im Geschäftsfeld Auto zu einer der Dispositionsarten.

- **Problemlösungen**

Da es über den Umfang einer Problemanalyse hinausgehen würde, Lösungsalternativen auszuarbeiten und sich dann für eine der Lösungen zu entscheiden, werden hier nur alle erkannten Problemlösungen ausgewiesen. Solche Lösungen können zum Beispiel sein:

- Einsatz von Standardsoftware
- Verkleinerung der Prozesskette
- Redesign eines Prozesses
- Nutzung von ökonomischen Hebeln
- Einsatz verbesserter Methoden und Techniken
- Fremdvergabe der Aufgaben
- Einsatz von Minimierungs- und Optimierungsmaßnahmen
- Nutzung von Degressionswirkungen.

Das Ergebnis der Problemlösungssuche bei der Problemanalyse werden immer nur **Lösungsideen** sein können.

Beispiel: Ausarbeitung einer Softwareergänzung zur maschinellen Zuordnung der B-Artikel des Geschäftsfeldes Auto oder automatischen Zuordnung zur R12 - Disposition.

- **Problemlösungsnutzen**

Zeichnet sich bei der Suche einer Problemlösung nur eine Lösungsalternative ab und ist diese Alternative beurteilbar, so kann auch noch der Problemlösungsnutzen ermittelt werden:

- Größere Kundenfreundlichkeit
- Kostenminderungen
- Zeitminderungen
- Arbeitseinsparungen
- Geringere Kontrollerfordernisse.

Die Ergebnisse einer Problemanalyse sind schriftlich zu dokumentieren. Sie sind der Ausgangspunkt der zukünftigen Projektdokumentation.

4. Projektierungsentscheidung

Um eine Projektierungsentscheidung treffen zu können, müssen die Ergebnisse der Problemanalyse vorliegen. Weiterhin ist es erforderlich, einige zusätzliche **Erwägungen** in die Projektierungsentscheidung einzubeziehen:

- Wirtschaftlichkeit der voraussichtlichen Projektergebnisse.
- Verfügbarkeit von projektgeeigneten Mitarbeitern zur Projektdurchführung.
- Wahrscheinlichkeit der erfolgreichen Projektdurchführung.

Die Projektierungsentscheidung für grundlegende Projekte muß von der Geschäftsleitung erfolgen, denn mit dieser Entscheidung werden die Eckpfeiler eines Projektes festgelegt. Diese Projektgrundlagen sind:

- Aufgabenumfang
- Projektziele
- Organisationsverfahren
- Projektbedingungen.

Eine der Ursachen mancher „**Projektpleite**" liegt bereits hier begründet, denn eine fehlerhafte Projektierungsentscheidung verschlechtert die Erfolgsaussichten jedes Projektes erheblich.

Inhalt einer Projektierungsentscheidung sollte sein:

- **Projektierungsauftrag**

  Ein solcher Auftrag kann beispielsweise folgende Formulierung haben:

  - Umfassendes Prozessredesign im Geschäftsbereich Auto bei allen Kernprozessen.
  - Grundlegendes Redesign aller Informationsprozesse im Vertrieb.
  - Radikales Redesign aller Lieferantenprozesse für Halbfabrikate und Baugruppen.

- **Projektzielvorgabe**

  Bei Prozessprojekten können quantitative und qualitative Ziele angestrebt und vorgegeben werden, so zum Beipiel:

  - Kundenfokussierung aller Kernprozesse
  - Jährliche Kostenminderung um DM 3.500.000
  - Halbierung der Prozessdurchlaufzeiten.

- **Verfahrensvorgabe**

  Die Entscheidung über das Organisationsverfahren ist ebenfalls von der Geschäftsleitung zu treffen, also beispielsweise:

- Radikales Redesign
- Softwarebezogenes Redesign
- Kontinuierliches Redesign.

- **Projektbedingungen**

  Die Bedingungen für das Projekt sind festzulegen und vorzugeben. Beispiele dafür können sein:

  - Termin für das Projektende: 01.10.200X
  - Kostenmaximum für die Projektdurchführung: DM 4.500.000
  - Projektleiter: Herr Dr. Maier.

Wird auf eine organisatorische Lösung des analysierten Problems verzichtet, so ist zu entscheiden, wie weiterhin mit dem Problem umzugehen ist.

5. Projektplanung

Mit der Projektplanung wird die Projektdurchführung gedanklich vorweggenommen und die wesentlichen Notwendigkeiten ermittelt:

Projektplanung - Definition:

Vorausschauende Festlegung der Projektdurchführung.

Eine Projektplanung umfaßt üblicherweise folgende Aufgaben:

(1) **Verfahrensplanung**

Das Organisationsverfahren für das Projekt ist festzulegen, wenn darüber noch keine Entscheidung vorliegt:

- Radikales Redesign
- Softwarebezogenes Redesign
- Kontinuierlicher Verbesserungsprozess.

(2) **Aufgabenplanung**

Alle im Projekt durchzuführenden Teilaufgaben sind zunächst zu ermitteln. Das kann mit verschiedenen **Methoden** erfolgen:

- Aufgabenanalyse mit dem Verfahren der hierarchischen Strukturierung
- Ableitung der Teilaufgaben von einem erfolgreich durchgeführten vergleichbaren Projekt
- Nutzung eines vorhandenen Vorgehensmodells, wie beispielsweise das R/3 - Vorgehensmodell.

Die Vorteile, die sich aus der Nutzung eines **Vorgehensmodells** ergeben, sind erheblich:

- Verfügbarkeit eines ausgetesteten Projektablaufplanes.
- Nutzungsmöglichkeit aller weiteren Planungsunterlagen und -hilfen.
- Einfache Einbindung von Beraterunterstützung in die Projektdurchführung.
- Nutzung des vorhandenen Erfahrungspotentials.

Natürlich stehen diesen Vorteilen auch Nachteile gegenüber:

- Spezifische Unternehmensbelange sind nicht berücksichtigt.
- Schulungserfordernis der Projektmitarbeiter in dem Vorgehensmodell
- Eventuell geringe Identifikation der Projektmitarbeiter mit dem Vorgehensmodell.

Das Integrierte Standardsoftwaresystem R/3 der SAP besitzt beispielsweise ein solches Vorgehensmodell. Es gliedert sich in folgende Phasen:

1. **Organisation und Konzeption**

   - Festlegung der Projektorganisation
   - Erarbeitung der Fach- und DV-Konzeption
   - Auswahl der R/3 - Module auf der Basis der Konzeption
   - Organisation zusätzlicher Module
   - Planung der Systeminfrastruktur
   - Entwurf der Schnittstellen.

2. **Detaillierung und Realisierung**

   - Verfeinerung der Fach- und DV-Konzeption
   - Gestaltung der Kernprozesse
   - Festlegung der Daten und Felder
   - Customizing des Anwendungssystems
   - Gestaltung der Formulare
   - Test der einzelnen Anwendungen.

3. **Produktionsvorbereitung**

   - Durchführung der Integrationstests
   - Ausarbeitung des Berechtigungssystems
   - Übernahme der Daten und Parameter
   - Schulung und Training der Mitarbeiter.

Das Ergebnis dieser Phase ist dann das **Produktivsystem.** Die nächste Phase im R/3 - Vorgehensmodell ist der Prozessanlauf.

Liegen die Projektteilaufgaben vor, so kann ein **Projektablaufplan** erstellt werden. Das erfolgt üblicherweise mit einem **Projektsoftwaresystem** in einem Netzplan. Mit Projektsoftwaresystemen können dann weitere Planungsaufgaben ausgeführt werden:

- Terminplanung
- Sachmittelplanung
- Kostenplanung.

Weiterhin kann die Projektsteuerung und -kontrolle mit solchen Projektsoftwaresystemen ausgeführt werden.

(3) **Personalplanung**

Die Personalplanung umfaßt mehrere Teilaufgaben:

- Arbeitsaufwandermittlung für jede Projektteilaufgabe
- Feststellung der Qualifikationserfordernis für jede Teilaufgabe
- Namentliche Ermittlung der Mitarbeiter in der Projektgruppe.

Die **Mitarbeiterplanung** ist für ein Projekt von besonderer Bedeutung, denn die Projektmitarbeiter entscheiden über Erfolg oder Mißerfolg eines Projektes. Projektmitarbeiter müssen solche Eigenschaften besitzen wie

- Teamfähigkeit und Teamwilligkeit
- Kreativität und Initiative
- Durchsetzungs- und Entscheidungsfähigkeit.

Zur Mitarbeiterplanung gehört auch die Prüfung der Mitarbeiterverfügbarkeit und die Einholung des Mitarbeitereinverständnis für die Projektmitarbeit.

(4) **Terminplanung**

Wurde in der beschriebenen Weise vorgegangen, dann liegen alle Voraussetzungen zur Planung der Termine vor:

- Projektvorgänge aus der Aufgabenplanung
- Vorgangsfolge gemäß dem Projektablaufnetzplan
- Vorgangsdauer aus der Personalplanung.

Korrekturen sind dann erforderlich, wenn beispielsweise ein vorgegebener Endtermin mit der Terminplanung nicht eingehalten wird.

(5) **Sachmittelplanung**

Alle für die Projektdurchführung erforderlichen Sachmittel sind nun nach

- Art,
- Menge,
- Einsatzdauer,
- Bedarfsbeginn

zu ermitteln. Üblicherweise sind das die nachstehenden Sachmittel:

- Büro- und Besprechungsraum
- Mobiliar für Arbeitsplätze und Besprechungen
- Hardware einschließlich der Peripherie
- System- und Anwendungssoftware
- Kommunikationsmittel einschließlich ihrer Installation
- Büromaschinen
- Präsentations- und Moderationsmittel
- Arbeitsmittel.

Ergebnis dieser Planung ist die **Projektsachmittelliste.**

(6) **Kostenplanung**

Mit der Kostenplanung wird der Werteverzehr durch das Projekt ermittelt.

Alle **Projektkosten** sind dabei nach Kostenarten zu ermitteln:

- Personalkosten
- Materialkosten
- Sachmittelkosten
- Fremdleistungskosten
- EDV - Kosten bei einem Großrechnereinsatz
- Sonstige Kosten.

Die Projektkostenplanung kann eine Prognose- oder eine Vorgabeplanung sein.

Nach Vorliegen der Projektplanung muß eine Wirtschaftlichkeitsrechnung über das Projekt ausgeführt werden, damit eine Projektentscheidung getroffen werden kann.

6. Projektwirtschaftlichkeit

Nur Projekte, die „rentabel" sind, werden üblicherweise durchgeführt. Dazu ist es notwendig festzustellen, welche Wirtschaftlichkeit ein Projekt erwarten läßt.

Maßgebend für die Wirtschaftlichkeit sind die

- bisherigen Kosten für die betrachteten Geschäftsprozesse,
- zukünftigen Kosten für die neugestalteten Prozesse
- die nicht quantifizierbaren Vorteile des neuen Prozessdesign sowie
- die Projektkosten.

Zur Ermittlung der Projektwirtschaftlichkeit können die bekannten Verfahren der **Investitionsrechnung** nur bedingt eingesetzt werden:

- Statische Verfahren wie beispielsweise
  - Kostenvergleichsrechnung
  - Gewinnvergleichsrechnung
  - Rentabilitätsrechnung
  - Amortisationsrechnung.
- Dynamische Verfahren wie zum Beispiel
  - Kapitalwertrechnung
  - Interne Zinsfußmethode
  - Annuitätenmethode
  - MAPI - Verfahren.

Sollen auch die nicht quantifizierbaren Faktoren in einem **Entscheidungsverfahren** berücksichtigt werden, dann können eingesetzt werden:

- Entscheidungsbilanz
- Nutzwertanalyse.

Im Band „Projektorganisation und Projektmanagement“ dieser Reihe „Moderne Organisation für Praxis und Studium“ wird auf diese Verfahren ausführlich eingegangen.

7. Projektentscheidung

Projekte der Prozessorganisation, wie beispielsweise Projekte des radikalen oder softwarebezogenen Redesigns sind besonders bedeutsam. Dafür gibt es vielfältige **Gründe**:

- Das Unternehmen wird in seinen Kernprozessen umfassend verändert.
- Die Erreichung der Unternehmensziele wird von solchen Projekten merklich beeinflußt.
- Durch die Projektergebnisse wird das Unternehmen für die Zukunft besser gerüstet sein.
- Die Kosten für eine Projektdurchführung mit Ausnahme des kontinuierlichen Verbesserungsprozesses sind erheblich.
- Die Widerstände in der Belegschaft und auch im Management können so groß sein, daß das Projekt mißlingt.
- Ein Mißlingen des Projektes schädigt das Unternehmen auf lange Dauer erheblich.

Deswegen ist die Projektentscheidung fundiert zu treffen. Es müssen alle **Begleitumstände** in diese Entscheidung einbezogen werden:

- Uneingeschränkte Überzeugung des Managements für die Projektdurchführung.
- Eindeutige und wiederholte Aussagen des obersten Managements für das Projekt.
- Verfügbarkeit eines dynamischen und durchsetzungsfähigen Projektmanagers.
- Willen zur Durchsetzung der Projektergebnisse auch gegen erhebliche Widerstände bei den Mitarbeitern und/oder beim mittleren und unteren Management.
- Zusage der qualifiziertesten Mitarbeiter zur Projektmitarbeit
- Entschlossenheit zur Vermeidung der Hauptfehler des Business Reengineerings.

Fällt die Entscheidung für die Projektdurchführung, so muß diese Projektdurchführung intensiv vorbereitet, gekonnt ausgelöst und professionell durchgeführt werden.

C. Projektauslösung

Die Vorbereitung des Projektstarts und die Initiierung des Projektbeginns wird als Projektauslösung bezeichnet:

Projektauslösung - Definition:

Start eines Projektes mit allen erforderlichen flankierenden Maßnahmen.

Der Projektauslösung muß die Projektierung vorausgegangen sein:

(1) Problemanalyse

(2) Projektierungsentscheidung

(3) Projektplanung

(4) Projektentscheidung.

Bedeutsame und umfassende **Großprojekte**, wie es Projekte des

- radikalen Redesign und des
- softwarebezogenen Redesign

sind, müssen gut vorbereitet und gekonnt ausgelöst werden. Fehler, die hier gemacht werden, erweisen sich oftmals als schwere Hypotheken für die weitere Projektdurchführung. Sie tragen den Keim des Mißerfolges bereits in dieser Phase in das Projekt.

Um ein Großprojekt richtig und mit allen flankierenden Maßnahmen auszulösen, sind vornehmlich die folgenden **Aufgaben** durchzuführen:

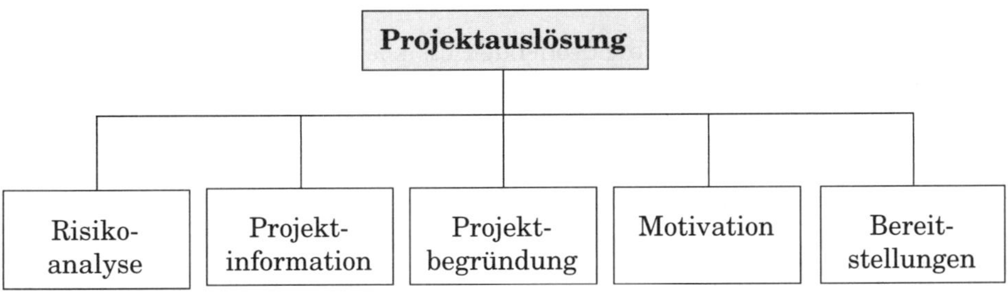

Die Projektauslösung kann als ein Teil der **Organisationsentwicklung** gesehen werden (Siehe Kapitel F.2).

1. Risikoanalyse

Projekte werden von verschiedenen Risiken bedroht, die den Projekterfolg verhindern oder wesentlich vermindern können. Deswegen ist es notwendig, von Anfang an die Projektrisiken zu erkennen und gegen sie anzukämpfen.

Risikoanalyse - Definition:

Ermittlung und Einschätzung der einem Projekt drohenden Gefahren.

Es ist eine bekannte Tatsache, daß die wesentlichen Gefahren, die einem Projekt drohen, von den Mitarbeitern ausgehen. Diese Risiken aus den Reihen der Mitarbeiter müssen bereits vor der Projektauslösung ermittelt worden sein, damit Abwehrmaßnahmen bereits in dieser Projektphase festgelegt und ergriffen werden können.

Bei einer Risikoanalyse empfiehlt es sich, in den nachfolgenden Schritten vorzugehen:

(1) **Risikoquellen**

Zunächst sind die Risikoquellen zu ermitteln. Im Mitarbeiterbereich sind das alle vom Projekt berührten Mitarbeiter. Besonders bedeutsam als Risikoquellen sind jedoch

- Projektmitarbeiter
- Prozessmitarbeiter
- Management
- Betriebsrat.

(2) **Risikoarten**

Für jede Risikoquelle sind die drohenden Risikoarten zu ermitteln. Oft auftretende Risikoarten sind beispielsweise:

- Innere Kündigung von Mitarbeitergruppen
- Mangelnde Motivation
- Konflikt zwischen Mitarbeiter- und Unternehmenszielen.

(3) **Risikeneinschätzung**

Die Gefahren, die von Risiken gegenüber Projekten ausgehen, können unterschiedlich sein. Deswegen ist es notwendig, die Risikobedeutung zu ermitteln. Das kann dadurch erfolgen, daß folgende Risikofaktoren erwogen werden:

- Auswirkungen des Risikos bei seinem Eintreten
- Auftretenswahrscheinlichkeit des Risikos
- Wirksamkeit der ergreifbaren Gegenmaßnahmen.

Da die Bedeutung dieser Risikofaktoren nur schlecht quantifizierbar ist, empfiehlt es sich, die Risikofaktoren jeweils einer Rangreihung zu unterwerfen. Ein Gesamtergebnis kann durch Addition oder durch Multiplikation der Rangreihungsergebnisse ermittelt werden.

(4) **Maßnahmenermittlung**

Für die als bedeutsam erkannten Projektrisiken sind nun die möglichen Gegenmaßnahmen zu ermitteln. Für die unterschiedlichen Mitarbeitergruppen können beispielsweise Gegenmaßnahmen sein:

- Mitarbeitercoaching
- Motivationsmaßnahmen
- Intensivschulung
- Prämienzahlungen
- Beförderungen usw.

(5) **Maßnahmenfestlegung**

Über die zu ergreifenden Maßnahmen müssen nun Entscheidungen getroffen werden, die dann umzusetzen sind. Eine wesentliche Phase zur Umsetzung der Maßnahmen ist natürlich die Projektauslösung.

Eine Risikoanalyse und ein dazugehöriger Maßnahmenplan kann beispielsweise den folgenden Inhalt haben:

Risikoanalyse						
Risikoquelle	Risikoart	Risikoauswirkungen	Auftretenswahrscheinlichkeit	Maßnahmenwirksamkeit	Wert	Rang
Projektgruppe	Zusammensetzung Zusammenarbeit	8 6	7 4	7 4	392 96	8 5
Prozessmitarbeiter	Prestigeminderung Innere Kündigung Fluktuation Umschulungsfähigk.	5 1 7 4	6 1 8 2	6 3 5 8	180 3 280 64	6 1 7 4
Management	Motivationsmängel Führungsfehler	3 2	5 3	1 2	15 12	3 2

Der Maßnahmenplan für dieses Ergebnis einer Risikoanalyse kann beispielsweise folgenden Inhalt haben:

Maßnahmenplan			
Rang	Risikoquelle	Risikoart	Gegenmaßnahmen
1.	Prozessmitarbeiter	Innere Kündigung	Motivationskonzeption Mitarbeitercoaching Pilotmitarbeiter
2.	Prozessmitarbeiter	Umschulungsfähigkeit	Intensivtraining Anwenderbetreuer Jobrotation
3.	Management	Führungsfehler	Crashkurs Managementwettbewerb Managementcoaching
4.	Management	Motivationsmängel	Managementcoaching Prämienauslobung Motivationskonzeption

Eine Risikoanalyse und ein davon abgeleiteter Maßnahmenplan ist sowohl für die Projektauslösung, aber auch für alle nachfolgenden Projektschritte erforderlich.

2. Projektinformation

Wo Informationen über ein Großprojekt fehlen, welches alle Mitarbeiter im Unternehmen berührt, werden

- oftmals falsche Vermutungen angestellt,
- Gerüchte erzeugt, aufgebauscht und weitergegeben,
- Ängste erweckt und geschürt,
- Vorurteile und Vorverurteilungen über das Projekt erzeugt.

Das darf nicht erfolgen! Deswegen müssen alle Mitarbeiter des Unternehmens von Anfang an umfassend und auf verschiedenen Kanälen informiert werden.

Daß damit trotzdem nicht alle Befürchtungen der Mitarbeiter ausgeräumt werden können, ist bekannt. Jedoch kann es gelingen, durch eine richtige Information der Mitarbeiter eine **positive Grundeinstellung** zum Projekt bei den Mitarbeitern zu erreichen.

Die Information der Mitarbeiter muß durch folgende **Merkmale** gekennzeichnet sein:

- Die ausgegebenen Informationen müssen wahr sein. Auch unwichtige Unwahrheiten können dem Projekt schwer schaden.
- Die Information muß schnell erfolgen. Nach einer Woche haben sich bereits Gerüchte gebildet, die nicht oder nur sehr schwer wieder ausgeräumt werden können.
- Projektinformationen müssen alle Unternehmensmitarbeiter erreichen. Managementdienstbesprechungen genügen nicht, um alle Mitarbeiter zu informieren.

Zur Information über ein Projekt und über den Projektfortschritt bietet sich eine Reihe von **Informationsaktivitäten** an:

- Projektinformationsbesprechungen
- Persönliche Anschreiben der Geschäftsleitung
- Veröffentlichung des Projektauftrages
- Regelmäßig angesprochener Punkt in Dienstbesprechungen
- Herausgabe einer Projektbroschüre
- Plakataktion begleitend zur Projektdurchführung
- Regelmäßige Berichte in der Mitarbeiterzeitschrift
- Mitarbeiteraufforderungen zur Mitarbeit durch Ideensuche
- Belegschaftsbefragungsaktionen zu verschiedenen Projektphasen
- Ständige Projektinformation auf Betriebsversammlungen.

Vor allem die Vorgesetzten müssen verpflichtet werden, ihre Mitarbeiter regelmäßig positiv über das Projekt zu informieren.

3. Projektbegründung

Zur Überzeugung der Mitarbeiter eines Unternehmens, in welchem mit einem Großprojekt vieles geändert werden soll, bedarf es zumindest zweier Begründungen:

(1) Beweis der Projektnotwendigkeit - das Projekterfordernis

(2) Darstellung der Projektwirkung - die Unternehmensvision.

3.1 Projektnotwendigkeit

Es genügt nicht zu sagen: „Wir müssen ein Projekt machen, durch das sich alles zum Besseren wendet!" Vielmehr ist es unbedingt erforderlich, den Mitarbeitern zu vermitteln, warum das Projekt zwingend notwendig ist.

Nur wenn die **Mitarbeiter** überzeugt sind, daß nur durch ein solches Projekt das Unternehmen und auch sie - also jeder Mitarbeiter unmittelbar - einen gewichtigen Nutzen und/oder keine gravierenden Nachteile haben, werden sie das Projekt aktiv oder zumindest tolerierend unterstützen.

Mitarbeiter haben gegenüber Neuerungen häufig eine Reihe von Befürchtungen - und Prozessorganisationsprojekte lassen sie Neuerungen erwarten. Solche **Mitarbeiterprobleme** können beispielsweise sein:

- Befürchtung des Verlustes von Einfluß und Macht
- Die Erwartung, bei neuen Prozessen nicht mehr mitzukommen
- Mangelnde Identifikation mit der eigenen Arbeit und dem Unternehmen
- Vertrauensverlust zum Vorgesetzten und/oder zur Geschäftsleitung
- Aversionen gegen den Arbeitgeber und innere Kündigung
- Anspruchsdenken und die Meinung, durch die Leistungen in der Vergangenheit bestimmte Rechte erworben zu haben

Deswegen ist ein solches Projekt sehr sorgsam zu begründen. Jedem Mitarbeiter muß einleuchten, daß das Projekt erhebliche Vorteile dem Unternehmen und auch ihm persönlich bringt.

Einleuchtende Gründe für die Durchführung eines Großprojektes der Prozessorganisation sind beispielsweise:

- Schlechte **Zukunftserwartungen** für das Unternehmen, wie
  - Abnehmende Marktanteile
  - Fallende Gewinne oder steigende Verluste
  - Verlust von Stammkunden.
- Gegenwärtige **Situation** des Unternehmens, so
  - Stark steigende Kosten bei geringeren Erlösen
  - Verlust von Wettbewerbsvorteilen
  - Neue Wettbewerber und Produkte durch den Wettbewerb.
- Schlechte **Organisation** des eigenen Unternehmens, also
  - Auftragsbearbeitung in 5 Arbeitstagen - beim Wettbewerb in nur 2 Arbeitstagen
  - Reklamationsquote von 3 % - der Wettbewerb hat eine Quote von 0,8 %
  - Kundenservice zu überhöhten Kosten von durchschnittlich DM 85,-. Der Wettbewerb erhebt nur in Ausnahmefällen für den Service einen Preis

Die genannten Gründe müssen natürlich nachvollziehbar sein. Auf dem Hintergrund eines solchen Faktenscenarios muß nun das Topmanagement eine Unternehmensvision aufbauen.

3.2 Unternehmensvision

Die Mitarbeiter müssen wissen wohin der Weg geht. Deswegen muß das Management, das gravierende Änderungen durch die Projektentscheidung fordert, auch darstellen, wie das Unternehmen nach diesen Änderungen aussehen soll.

Das **Topmanagement** muß eine Vision für die Zukunft entwickeln und diese den Mitarbeitern verdeutlichen. Diese Vision muß durch solche **Eigenschaften** gekennzeichnet sein, wie beispielsweise:

- Die Vision muß verständlich und damit nachvollziehbar sein
- Sie muß für jeden Mitarbeiter persönlich positiv beurteilt werden
- Die Vision muß durch operative Aussagen gekennzeichnet sein
- Sie sollte quantitative Zielvorgaben enthalten
- Die entwickelte Vision muß die Mitarbeiter überzeugen, daß damit ein Weg zum Besseren eingeschlagen ist.

Eine Vision sollte die **Mitarbeiter** auch davon überzeugen, daß sie sich verbessern und sich ihre Arbeit verbessert:

- Befriedigung durch die Arbeit
- Bestmöglicher Einsatz der eigenen Fähigkeiten
- Möglichst wenig Hemmnisse und Stress
- Aus eigenem Antrieb Leistungen erbringen
- Besseres Betriebsklima.

Eine Vision kann beispielsweise durch solche **Kernaussagen** bestimmt werden wie:

- Bei uns ist der Kunde zwar nicht König, aber er wird durch uns wesentlich besser behandelt als durch die Wettbewerbsunternehmen.
- Unsere Kunden erhalten ihre bestellten Waren in 1 Arbeitstag, Reklamationen bearbeiten wir sofort und Ersatz gibt es ebenfalls in 1 Arbeitstag.
- Wir steigern unseren Umsatz jährlich um mindestens 5 %, unseren Gewinn um 6 % und unsere Mitarbeitereinkommen um 7%.
- Unsere Mitarbeiter arbeiten in Zukunft nicht härter, sondern intelligenter. Alle ziehen bei uns am gleichen Strang und zwar in gleicher Richtung.

In die Unternehmensvision können auch zukünftige **Unternehmensstrategien** einbezogen werden, so beispielsweise Umweltschutz und ein Mitarbeiterentwicklungsprogramm.

Wichtig ist, daß die Unternehmensvision bei jedem Mitarbeiter ankommt und als unmittelbare Handlungsanweisung für die Zukunft und für jeden Mitarbeiter verstanden wird.

Selbstverständlich muß die Unternehmensvision vom Vorsitzer der Geschäftsführung verkündet und als zukünftige, verbindliche **Unternehmensmaxime** deutlich benannt werden. Es darf sich kein Zweifel an der Ernsthaftigkeit dieser Aussage bei der Belegschaft einstellen.

4. Projektauftrag

Projekte des Business Reengineering sind besonders bedeutsame Aktivitäten für das Unternehmen. Hier ist es zwingend notwendig, den Projektauftrag schriftlich auszuarbeiten und diesen Auftrag unternehmensintern zu veröffentlichen.

Der Projektauftrag wird auch mit synonymen Begriffen bezeichnet:

- Organisationsauftrag
- Reengneeringauftrag
- Redesignanweisung.

Die **Ausarbeitung** eines Projektauftrages kann auf verschiedene Weise erfolgen:

- Im Anschluss an die Projektentscheidung wird der Projektauftrag auf der Basis der Projektplanungsergebnisse und des Projektentscheidungsinhaltes von dem oder den Projektplanern ausgearbeitet.
- Als Ergebnis der Projektplanung wird ein Projektauftragsentwurf ausgearbeitet und in die Projektentscheidung miteinbezogen. Nach der Projektentscheidung wird der Vermerk „Entwurf“ getilgt und eventuell noch erforderliche Änderungen werden eingearbeitet.

Ein Projektauftrag sollte folgenden **Inhalt** haben:

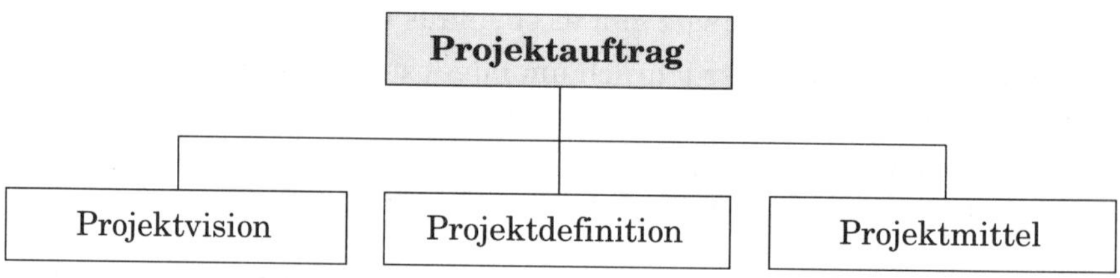

In vielen Unternehmen werden zur Ausarbeitung und Vorgabe von Projektaufträgen Formulare eingesetzt.

4.1 Projektvision

Die Projektvision ist die „Seele" des Projektes. Deswegen muß der Projektvision am Anfang des Projektauftrages breiter Raum eingeräumt werden.

Im vorausgegangenen Kapitel wurde ausführlich auf die Unternehmensvision eingegangen. Die Projektvision muß immer ein Teil der Unternehmensvision sein.

Wird die Unternehmensvision allein durch dieses Projekt zu erreichen versucht, so sind die Projekt- und die Unternehmensvision identisch.

4.2 Projektdefinition

Die Projektdefinition sollte eine Reihe von Punkten umfassen:

- **Projektaufgabe**

  Eine ausführliche Beschreibung der auszuführenden Aufgaben hat hier zu erfolgen.

  Beispiele:

  - Reengineering aller kundenberührten Geschäftsprozesse
  - Unternehmensweite Einführung eines integrierten Softwaresystems
  - Kontinuierliches Redesign der Fertigungskernprozesse.

- **Projektabgrenzung**

  Ein Projekt ist immer dann abzugrenzen, wenn es nicht unternehmensweit realisiert werden soll.

  Beispiele:

  - Ausschließlich für die deutschen Unternehmensbereiche.
  - In den Geschäftsbereichen A, C und D, jedoch nicht für die Bereiche B und E.
  - Alle Service-, Instandhaltungs- und Wartungsprozesse, nicht jedoch die Vertriebs- und Beratungsprozesse.

- **Projektziele**

  Die anzustrebenden und zu erreichenden Ziele des Projektes sind in Zahlen zu nennen.

  Beispiele:

  - Kostenminderung um 1,2 Mio. DM auf 3 Mio. DM
  - Verminderung der Durchlaufzeit von 7,5 Arbeitstage auf 1,5 Arbeitstage
  - Reduzierung der Arbeitszeit um 60 % auf 75 Minuten je Vorgang

- **Projektvorgaben**

  Oftmals sind Projekte mit Vorgaben befrachtet. Diese sind in jedem Fall auszuweisen.

  Beispiele:

  - Nutzung des integrierten Softwaresystemes XYZ
  - Einbeziehung der Unternehmensberatung D4B in die Projektdurchführung
  - Ablösung des Großrechners durch ein Client-Server-System.

Einem Projekt mit radikalem Redesign kann üblicherweise keine Lösungskonzeption vorgegeben werden. Bei softwarebezogenen Redesignprojekten ist oftmals das Softwaresystem vorbestimmt.

4.3 Projektmittel

Im Projektauftrag sind insbesondere die dem Projekt zur Verfügung stehenden Mittel auszuweisen und damit dem Projekt vorzugeben:

- **Projektmitarbeiter**

  Neben dem Projektleiter sind hier alle Projektmitarbeiter zu nennen.

Beispiel:	Projektleiter:	Herr Müller-Vorturner
	Projektmitarbeiter:	Frau Ehrgeiz
		Herr Schüller
		Herr Mai (Unternehmensberatung D4B)

- **Projekttermine**

  Alle vorzugebenden Termine sind hier auszuweisen und auf ihre Verbindlichkeit ist hinzuweisen.

Beispiel:	Prozessanalyse:	31.03.
	Prozessredesign:	30.06.
	Prozesssicherung:	31.10.
	Prozesseinführung:	31.01.

- **Projektsachmittel**

  Die dem Projekt zur Verfügung stehenden Sachmittel sind hier vorzugeben.

Beipiel:	Projektraum:	Haus 7, Zimmer 132
	Projektmobiliar:	4 Arbeitsplätze, 1 Konferenztisch
	Projekthardware:	4 PC mit entsprechender Konfiguration, 1 Drucker

Projektsoftware:	4 mal Textverarbeitung, Tabellenkalkulation, Integriertes Anwendungssystem 1 mal Projektsoftwaresystem

- **Projektkosten**

  Die dem Projekt zugestandenen Kosten, also das Kostenbudget, ist ebenfalls im Projektauftrag vorzugeben.

Beispiel:	Personalkosten:	DM	1.160.000
	Sachmittelkosten:	DM	40.000
	Materialkosten:	DM	8.000
	Kommunikationskosten:	DM	30.000
	Fremdleistungskosten:	DM	240.000
	Projektgesamtkosten:	DM	1.478.000

Der Projektauftrag ist natürlich auch ein Mittel zur Motivation von Management und Mitarbeitern für das Projekt. Außerdem können in ihm neben den Zielen auch weitere mit dem Projekt verbundene Erwartungen, Hoffnungen oder Wünsche genannt werden.

5. Motivation

Drei Mitarbeitergruppen müssen besonders für das Projekt motiviert werden:

- Prozessmitarbeiter
- Management
- Projektmitarbeiter.

Ohne entsprechende Motivation für das Projekt ist der Projekterfolg erheblich in Frage gestellt.

5.1 Mitarbeitermotivation

Alle Mitarbeiter des Unternehmens müssen für das Projekt motiviert werden, das erfolgt natürlich unmittelbar durch die bereits genannten Aktivitäten:

- Ausführliche Informationen
- Projektbegründung
- Unternehmensvision.

Das genügt jedoch nicht, Mitarbeitermotivation ist eine Daueraufgabe! Diese Motivation erfordert immer neue **Aktivitäten**, so zum Beispiel:

- Deutliche Abgrenzung von früheren „erfolgslosen“ Projekten
- Ideenwettbewerb zu den Projektaufgaben
- Ausrichtung eines Projektpreisausschreibens
- Mitarbeiterbefragung zu bestimmten Projektpunkten
- Wiederholte positive Geschäftsleitungsaussagen zum Projekt
- Regelmäßige Informationen über Projekterfolge
- Einführung eines Prämiensystems für Mitarbeiter.

Die Motivation der Mitarbeiter bedarf aber besonderer Maßnahmen für eine spezielle Mitarbeitergruppe: Das Management!

5.2 Managementmotivation

Die Motivationsmaßnahmen müssen sich besonders des Managements annehmen. Diese Mitarbeitergruppe ist in vielen Unternehmen das größte Hemmnis für ein Prozessprojekt und die Realisierung des Projekterfolges.

Deswegen ist es erforderlich, ein **Aktionsprogramm** zur Überzeugung des Managements durchzuführen:

- Definition des Managers als Motor des Wandels und nicht als Bremser.
- Ausdrückliche Beauftragung des Managements zur Unterstützung des Projektes.
- Verdeutlichung der Folgen für Manager, welche das Projekt nicht hinreichend unterstützen oder gar bekämpfen.
- Bereitschaft der Geschäftsleitung zu Änderungen im Management, wenn das Projekt verhindert oder aufzuhalten versucht wird.

Die Geschäftsleitung darf auch beim Management keine Zweifel an der Bedeutung des Projektes für alle Bereiche des Unternehmens aufkommen lassen.

5.3 Projektmitarbeiterberufung

Der Projektleiter und die Projektmitarbeiter sind auf ihre verantwortungsreichen Aufgaben vorzubereiten und in geeigneter Form in ihre Aufgabe zu berufen:

- Projektmitarbeiter bedürfen natürlich einer besonderen **Motivation**. Das kann auch dadurch erfolgen, daß ihnen
  - Projekterfolgsprämien ausgelobt werden
  - Berufserfolg bei Projekterfolg zugesichert wird
  - Mitgliedschaft im Eliteclub des Unternehmens eingeräumt wird.

- Projektmitarbeiter brauchen häufig noch **Schulungen**, um im Projekt effizient mitwirken zu können. Deswegen ist zu prüfen, ob jeder Mitarbeiter auch die erforderliche

  - Fachkompetenz
  - Methodenkompetenz
  - Sozialkompetenz

  besitzt. Der ermittelte Schulungsbedarf sollte möglichst vor der Projektauslösung abgedeckt werden, damit das Projekt am Starttermin von der vollzähligen Projektgruppe begonnen werden kann.

- Zur Unterstreichung der Bedeutung des Projektes sollten die Projektmitarbeiter und ihr Projektleiter in feierlicher Form für die neue Aufgabe berufen werden:

  - Feierstunde
  - Ansprache des Vorsitzers der Geschäftsleitung
  - Übergabe des schriftlichen Projektauftrages.

  Der Start des Projektes sollte sich an die Feierstunde unmittelbar anschließen.

Vor der Projektauslösung ist natürlich noch die Versorgung des Projektes mit Sachmitteln zu sichern.

6. Bereitstellung

Die zur Durchführung des Projektes erforderlichen Sachmittel müssen zum Projektstart möglichst vollzählig verfügbar sein:

- Projektarbeitsbüro
- Besprechungsraum
- Arbeitsplätze
- Kommunikationsmittel
- Hard- und Software.

Es ist ein **Kennzeichen** vieler Projekte, daß zum Projektstart die erforderlichen Sachmittel fehlen, diejenigen die vorhanden sind, nicht angeschlossen sind und die angeschlossenen nicht funktionieren.

Dadurch wird der effektive Projektstart oftmals bis zu mehreren Wochen verzögert und die Projektmitarbeiter werden demotiviert. „Wenn schon die Installation eines Textverarbeitungsprogrammes nicht klappt, wie soll dann die bessere Unternehmensorganisation klappen?“

Deswegen sind vor dem Projektstart mehrere Erfordernisse zu sichern:

- Die Verfügbarkeit des Projektarbeitsbüros einschließlich des benötigten Mobiliars
- Das Vorhandensein der restlichen Sachmittel
- Der Anschluss an Netzwerke wie Telefon- und Datennetz
- Der Funktionsfähigkeit der erforderlichen Netzanschlüsse
- Die Installation der Software
- Die Verfügbarkeit aller erforderlichen Dateien
- Die Aufnahme in das Berechtigungssystem
- Die Information aller erforderlichen Stellen über die Arbeitsaufnahme.

Damit kann das Projekt mit der Prozessanalyse begonnen werden.

D. Prozessanalyse

Die Prozess- oder Systemanalyse dient der Erkundung und Begutachtung der eingeführten und benutzten Prozesse:

Prozessanalyse - Definition:

Ermittlung und Beurteilung von Arbeitsabläufen.

Die Prozessanalyse ist die zwingende Voraussetzung für ein erfolgreiches Projekt. Es ist nicht möglich, ohne Kenntnisse über die bisherigen Arbeitsabläufe einen verbesserten Prozess zu gestalten.

Für die Prozessanalyse sind neben der Durchführung der **Hauptaufgaben**,

(1) Istaufnahme und

(2) Istanalyse,

auch die Grundlagen der Prozessanalyse zu betrachten.

1. Grundlagen

Vor dem Beginn einer Prozessanalyse sind für diese einige **Festlegungen** zu treffen:

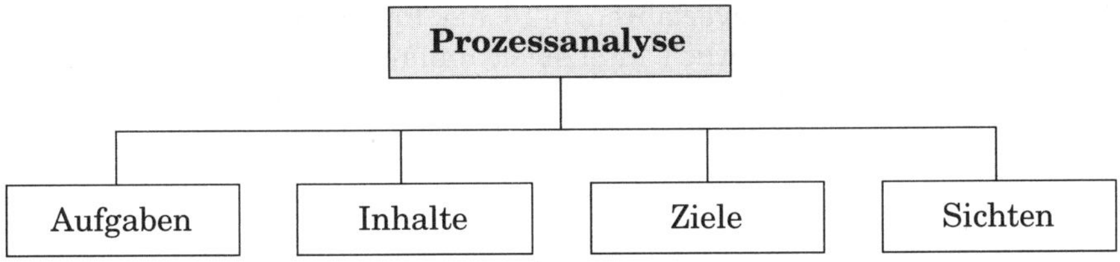

Erst durch diese Festlegungen wird eine Prozessanalyse effizient sein.

1.1 Aufgaben

Durch die Definition des Begriffes „Prozessanalyse“ sind die Aufgaben

(1) Istaufnahme,

(2) Istanalyse

einheitlich bestimmt. Tiefe, Umfang und Intensität der Aufgabendurchführung muß jedoch unterschiedlich in Abhängigkeit vom gewählten Organisationsverfahren durchgeführt werden:

- **Radikales Redesign**

  Bevor ein Redesign der Kerngeschäftsprozesse durchgeführt werden kann, ist es erforderlich, die betrachteten Geschäftsprozesse

  - zu kennen,
  - zu wissen, ob er gut oder schlecht durchgeführt wird und
  - zu erkennen, was gegebenfalls für die schlechte Durchführung maßgeblich ist.

  Dazu ist es aber nicht notwendig, daß der Prozess in allen Einzelheiten ermittelt, analysiert und dokumentiert wird. Zum radikalen Redesign genügt es, die Prozessanalyse mit einer mittleren Genauigkeit durchzuführen. Es genügt folglich, die Analyse auf der Ebene der

  - Prozesskette
  - Prozessinhalte
  - Prozessverfahren
  - Prozessmängel
  - Prozessmängelursachen

  vorzunehmen und zu dokumentieren. Eine weitergehende Prozessanalyse ist nicht zielführend.

- **Softwarebezogenes Redesign**

  Bei diesem Organisationsverfahren muß die Prozessanalyse gegenüber dem radikalen Redesign wesentlich intensiver, umfangreicher und tiefer erfolgen. Hier müssen alle wichtigen Gesichtspunkte der Arbeitsabläufe ermittelt werden. Die Prozessanalyse muß folglich auf der Ebene der

  - Ereignisse
  - Arbeitsgänge
  - Arbeitsabläufe
  - Informationen
  - Informationsflüsse
  - Dokumente

  erfolgen. Sie ist damit wesentlich umfangreicher und damit arbeitsaufwendiger im Vergleich zum radikalen Redesign.

- **Kontinuierlicher Verbesserungsprozess**

  Bei diesem Organisationsverfahren arbeiten überwiegend Mitarbeiter des Prozesses im Projekt. Sie kennen üblicherweise die Istprozesse genau. Für sie ist es folglich nicht erforderlich, eine **Istaufnahme** durchzuführen. Werden mehrere prozessfremde Mitarbeiter eingesetzt, so wird man im Normalfall auch hier nicht auf eine Istaufnahme verzichten können.

Auf die **Istanalyse** kann beim kontinuierlichen Verbesserungsprozess natürlich auf keinen Fall verzichtet werden, denn durch sie werden unter anderem die Verbesserungsnotwendigkeiten ermittelt, so beispielsweise

- Vermeidung von Bearbeitungsfehlern
- Behebung mangelnder Kundennähe
- Verstärkung der Informatikunterstützung
- Ersatz von zufallsabhängigen Bearbeitungen
- Unnötiger Wechsel von Informationsträgern.

Der Schwerpunkt der Prozessanalyse liegt folglich beim „Kontinuierlichen Verbesserungsprozess“ bei der Istanalyse.

Es ist deswegen notwendig, die Prozessanalyse nach dem eingesetzten Organisationsverfahren unterschiedlich zu gestalten.

1.2 Inhalte

Bei der Prozessanalyse stehen eine ganze Reihe von Gesichtspunkten im Mittelpunkt. Vornehmlich sind die nachstehenden Inhalte der betrachteten Prozesse aufzunehmen und einer Analyse zu unterziehen:

- **Verarbeitungen**

  Gleichgültig, ob es sich um

  - Informationsverarbeitungen,
  - Materialbearbeitungen oder
  - Logistikleistungen

  handelt, sind die eingesetzten Verarbeitungsprozesse der Prozessanalyse zu unterziehen.

- **Informationserfassungen**

  Insbesondere die Erfassung von Informationen zur maschinellen Bearbeitung ist häufig verbesserungsfähig. Deswegen sind sie einer systematischen Analyse zu unterziehen, gleichgültig mit welcher Erfassungstechnik gearbeitet wird:

  - Manuelle Dateneingabe
  - Beleglesung
  - Scanning von Dokumenten.

- **Informationsausgaben**

  Die Übergabe von Informationen von der Maschine zum Mitarbeiter ist ebenfalls oftmals verbesserungswürdig und -fähig. Deswegen sind diese Ausgaben ebenfalls zu analysieren:

  - Druckausgaben
  - Bildschirmausgaben
  - Datenfernübertragung
  - Electronic Mail - Austausch
  - Ausgaben an Postdienste
  - Mikrofilmausgaben.

- **Informations- und Gütertransporte**

  Der Transport von Informationen und Gütern ist aufwendig, zeit- und kostenintensiv. Sie sind deswegen im Rahmen einer Prozessanalyse eingehend zu untersuchen:

  - Interne und externe Briefpost
  - Electronic Mail
  - Internetnutzungen
  - Postdiensteinanspruchnahmen
  - Interne und externe Güterbewegungen.

- **Archivierungen und Lagerungen**

  Die Aufbewahrung von Informationen und Gütern für einen kürzeren oder längeren Zeitraum ist selbstverständlich eine häufige Fehlerquelle:

  - Aufbewahrte Objekte
  - Dauer der Aufbewahrung
  - Aufbewahrungsart
  - Technik der Aufbewahrung
  - Umfang der Aufbewahrung.

Die Inhalte der Prozessanalyse werden wesentlich durch die Art der zu untersuchenden Geschäftsprozesse bestimmt.

1.3 Ziele

Bei einer Prozessanalyse sind von der Projektgruppe oder den Projektgruppen vorrangig die nachstehenden Ziele anzustreben:

- **Wirtschaftlichkeit**

  Das Ziel der Wirtschaftlichkeit gilt für jede Organisationsarbeit. Das **ökonomische Prinzip** ist Grundziel jeder Organisation. Für die Prozessorganisation bedeutet dieses Ziel, daß die Prozessanalyse mit so geringem Aufwand wie möglich durchzuführen ist.

Dabei sind natürlich die unterschiedlichen Aufgabenstellungen der verschiedenen Organisationsverfahren zu beachten:

- Radikales Redesign
- Softwarebezogenes Redesign
- Kontinuierlicher Verbesserungsprozess.

- **Richtigkeit**

  Die ermittelten Prozesse und die erkannten Mängel dieser Prozesse müssen im Hinblick auf ihre Ermittlung und ihre Beurteilung fehlerfrei sein. Ursachen für ungenügende oder nur teilweise Richtigkeit der Ergebnisse der Prozessanalyse können sein:

  - Mangelhafte Erkennung von Wirkungen, Abhängigkeiten, Zusammenhängen usw.
  - Fehlerhafte Interpretation von Funktionen, Verfahren, Eigenschaften usw.
  - Falsche Analyse von Informationen, Funktionen, Prozessketten usw.

- **Vollständigkeit**

  Erfolgt die Prozessanalyse unvollständig und/oder werden Teile von Prozessen übersehen, dann besteht die Gefahr, daß auch beim Redesign dieser Prozesse Teile vergessen werden:

  - Aufgaben
  - Arbeitsgänge
  - Aktivitäten
  - Daten
  - Informationen.

- **Verbesserungserkennung**

  Da die Prozessanalyse kein Selbstzweck ist, sondern auch zur Erkennung der Verbesserungsmöglichkeiten des Prozesses dient, muß bei der Prozessanalyse intensiv das Ziel angestrebt werden, Verbesserungsmöglichkeiten zu erkennen oder neue Prozessmöglichkeiten zu sehen.

Die Prozessanalyse ist nur ein Hilfsmittel der Prozessorganisation. Sie sollte mit geringstmöglichem Aufwand durchgeführt werden, entsprechend den Aufgaben der angesprochenen Organisationsverfahren.

1.4 Sichten

Zur **Prozessanalyse** und zum **Prozessredesign** werden üblicherweise verschiedene Sichten unterschieden.

Geschäftsprozesse sind komplex und haben unterschiedliche Ausprägungen. Diese verschiedenen Ausprägungen können getrennt in verschiedenen Sichten analysiert und dargestellt werden:

Sicht - Definition

Betrachtung einer bestimmten Ausprägung eines Geschäftsprozesses.

Durch die Nutzung von Sichten zur Prozessanalyse und zum Prozessredesign ergeben sich wesentliche **Vorteile**:

- Erhebliche Reduktion der Komplexität
- Einsatzmöglichkeit von speziellen, besonders geeigneten Verfahren für die verschiedenen Ausprägungen der Geschäftsprozesse
- Möglichkeit der Fokussierung auf einzelne Ausprägungen von Geschäftsprozessen bei Ausblendung anderer Gesichtspunkte
- Isolierung der verschiedenen Ausprägungen, um Experten gezielt einsetzen zu können
- Durch die Sichtendefinition liegt ein standardisierter Ordnungsrahmen für die Prozessanalyse und das Prozessredesign vor.

So werden nach *Brenner* und *Hamm* von der SAP AG standardisierte Sichten für ihre Softwaresysteme R/2 und R/3 vorgegeben und benutzt:

- Prozessicht
- Funktionssicht
- Datensicht
- Informationsflußsicht
- Organisationssicht.

Daneben können natürlich **weitere Sichten** isoliert und benutzt werden. Dadurch können besondere Ausprägungen von Prozessen fokussiert werden. Solche Sichten können beispielsweise sein:

- Aufgabensicht
- Arbeitsplatzsicht
- Sicherungssicht.

Für spezielle Prozesse kann die Isolierung weiterer Sichten nützlich sein, um so bedeutsame Prozessausprägungen analysieren und gestalten zu können.

1.4.1 Prozessicht

Die Prozessicht kann als „**Übersicht**“ über die Prozessorganisation verstanden werden, denn in sie können andere Sichten eingebunden werden.

So werden beispielsweise in dem für die Prozessicht von der Firma IDS Prof. Scheer AG entwickelten Organisationsverfahren und Tool **ARIS** (Architektur integrierter Informationssysteme) andere Sichten eingebunden:

- Funktionssicht
- Datensicht
- Organisationssicht

Damit werden mit der Prozessicht von ARIS folgende **Fragen** beantwortet:

- Welche Funktionen wirken in dem betrachteten Prozess?
- In welcher zeitlich/sachlogischen Folge werden die Funktionen benutzt?
- Welches Ereignis löst eine Funktion aus?
- Welche Informationsobjekte sind in den Prozess eingebunden?
- In welche Organisationseinheiten sind die betrachteten Prozesse integriert?

Selbstverständlich können auch andere Organisationsverfahren zur Analyse und zum Redesign der Prozessicht, so zum Beispiel „Petrinetze“ eingesetzt werden.

1.4.2 Funktionssicht

Die ausgeführten oder die auszuführenden Tätigkeitsarten betrachtet die Funktionssicht. Die Funktionssicht kann sich auf verschiedene Betrachtungsobjekte beziehen:

- Isttätigkeiten des bisherigen Arbeitsablaufes
- Tätigkeiten des neugestalteten Prozesses
- Funktionen eines einzusetzenden Softwaresystems.

In der Regel werden Funktionssichten hierarchisch dargestellt, da damit auch die Menustruktur von Softwaresystemen ausgewiesen werden kann. So beinhaltet SAP R/3 beispielsweise folgende hierarchische Funktionssicht:

- Ebene 0: **Applikation**,
  z. B. Vertrieb, Produktionsplanung, Finanzwesen, Controlling usw.
- Ebene 1: **Funktionsbereich**,
  für den Vertrieb beispielsweise Stammdatenbearbeitung, Verkauf, Versand usw.
- Ebene 2: **Hauptfunktionen**,
  so im Verkauf zum Beispiel Angebotserstellung, Auftragsbearbeitung usw.

- Ebene 3: **Funktion**,
  bei der Auftragsbearbeitung beispielsweise Streckenauftragsbearbeitung, Terminauftragsbearbeitung usw.
- Ebene 4: **Transaktion**,
  bei der Terminauftragsbearbeitung so beispielsweise Kundenanfragebearbeitung, Erzeugniskalkulation usw.

Die unterste Ebene der Funktionssicht umfaßt üblicherweise einen Dialogschritt, also eine Transaktion.

Die Funktionssicht wird in der Regel in hierarchischen Darstellungen, also beispielsweise in Stukturbäumen oder Dekompositionsdiagrammen, sowie in Matrizen dargestellt.

1.4.3 Datensicht

Die im betrachteten Prozess beteiligten Informationen werden mit der Datensicht analysiert. Informationen, die mit Buchstaben, Ziffern und Sonderzeichen dargestellt werden, gliedern sich in zwei Arten:

Daten - Definition:

Formatierte Informationen, die nur der Rechtschreibung unterliegen.

Texte - Definition:

Unformatierte Informationen, die allen grammatikalischen Regelungen unterliegen.

Unter **Formatierung** versteht man die Strukturierung von Informationen in

- Feldern, so z. B. Nachname, Vorname, Geburtstag usw.
- Feldlängen, beispielsweise Nachname 32 Byte
- Feldfolgen, also die Reihenfolge der Daten auf dem Datenträger usw.

Texte besitzen folglich keine Strukturierung im Sinne der Formatierung.

Sowohl Texte, also Schreiben, Dokumente, Vermerke, Briefe usw. und alle Daten werden mit der **Datensicht** betrachtet und analysiert.

Die Informationsobjekte der Datensicht können zum Beispiel mit Hilfe von „Entity-Relationship-Modellen“ (ERM), „Jackson-Diagrammen“ oder „Hierarchischen Datenmodellen“ analysiert werden.

1.4.4 Informationsflußsicht

Während die Datensicht die Informationen statisch betrachtet, wird bei der Informationsflußsicht die Bewegung der Informationen untersucht. Jede Informationsverarbeitung braucht eine

- Informationseingabe und eine
- Informationsausgabe.

Da üblicherweise mehrere Informationsverarbeitungen bei einem Geschäftsprozess erforderlich sind, ergibt sich eine Informationskette, welche immer diese Folge aufweisen wird:

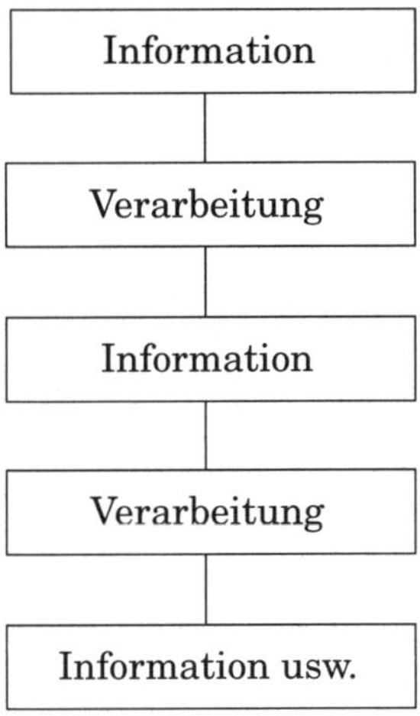

Mit der Informationsflusssicht werden die Informationsprozesse möglichst einfach und transparent aufgezeichnet.

Die Informationsflusssicht kann beispielsweise mit solchen Techniken wie

- Informationsflußdiagramm
- Datenflußplänen
- Dataflowdiagrammen.

dargestellt und untersucht werden.

1.4.5 Organisationssicht

Bei dieser Sicht von Geschäftsprozessen werden die **Organisationseinheiten** betrachtet, von welchen die Arbeitsgänge ausgeführt werden und die für die Arbeitsdurchführung verantwortlich sind. Diese Sicht ist folglich eine Betrachtung der relevanten Aufbauorganisation.

Mit der Organisationssicht können zum Beispiel folgende **Untersuchungen** durchgeführt werden:

- Richtige Zuordnung der Prozesse zu den Organisationseinheiten
- Über- und Unterordnung der Organisationseinheiten
- Minimierung des Wechsels der Organisationseinheiten für jeden Prozess
- Strukturierung der Organisationseinheiten in Abhängigkeit der Prozesse.

Da bei der Prozessorganisation die Aufbauorganisation der Prozessorganisation eindeutig untergeordnet ist, kann die Aufbauorganisation nur in Abhängigkeit von der Prozessorganisation betrachtet, analysiert und gestaltet werden.

Bei der Organisationssicht wird mit solchen Techniken gearbeitet wie dem Organigramm und dem Funktionendiagramm.

1.4.6 Aufgabensicht

Geschäftsprozesse werden zum Zwecke der Aufgabendurchführung organisiert und eingesetzt. Deswegen ist es zunächst notwendig, die Arbeitsaufgaben zu ermitteln, um sie dann untersuchen zu können:

- Bedeutung der Aufgabe beispielsweise im Hinblick auf Kundennähe, Wertschöpfung, gesetzliche Vorschriften usw.
- Gliederung der Aufgaben, z. B. im Hinblick auf Arbeitsteilung und Arbeitsvereinigung
- Stukturierung der Arbeitsaktivitäten im Hinblick auf die Prozesse und die Prozessketten.

Besondere Bedeutung bei der Prozessanalyse hat natürlich immer die Frage, ob eine Arbeitsaufgabe immer durchgeführt werden muß oder ob auf sie auch verzichtet werden kann:

- Statt Reisekostenabrechnung Zahlung eines Pauschbetrages
- Ausdruck von Gehaltsabrechnungen nur bei Gehaltsänderungen
- Verzicht auf rechnerische Rechnungskontrolle bei EDV - Rechnungen.

Die Aufgabensicht wird beispielsweise mit solchen Techniken untersucht wie mit Dekompensationsdiagrammen und Aufgabenmatrizen.

1.4.7 Arbeitsplatzsicht

Hier werden die Arbeitsplätze in Abhängigkeit von ihrer Nutzung und Einbettung in die Geschäftsprozesse betrachtet.

Diese Sicht läßt die Prozessabhängigkeit der Arbeitsplätze untersuchen und dokumentieren. Dabei stehen bei dieser Analyse im Mittelpunkt:

- Art und Zahl der Arbeitsplätze eines Geschäftsprozesses
- Ausstattung und Gestaltung der Arbeitsplätze
- Reihung der Arbeitsplätze im Geschäftsprozess
- Örtliche Lage der Arbeitsplätze und Wege zwischen den Arbeitsplätzen
- Anforderungen des Arbeitsplatzes an den Mitarbeiter dieses Arbeitsplatzes.

Bei der Arbeitsplatzsicht arbeitet man mit solchen **Dokumentationen** wie beispielsweise

- Arbeitsplatz- oder Stellenbeschreibungen
- Datenflußplänen
- Ablaufdiagrammen
- Blockschaltbildern
- Raum- und Belegungsplänen.

Prozessredesign erfordert in aller Regel auch die Änderung der Arbeitsplätze sowohl hinsichtlich Art und Ausstattung als auch im Hinblick auf ihre Zahl.

1.4.8 Sicherungssicht

Geschäftsprozesse müssen nicht nur organisiert und ausgeführt werden, sondern sie müssen auch gegen vielfältige Gefahren und Risiken gesichert werden. Solche Kontroll- und **Sicherungsmaßnahmen** können beispielsweise sein:

- Maßnahmen bei maschinellen Verarbeitungen
- Prüfroutinen zur Eingabekontrolle
- Datenschutzmaßnahmen gemäß den gesetzlichen Vorschriften
- Plausibilitätskontrollen bei der Datenausgaben.

Besonders integrierte Software bedarf einer Reihe von Sicherungsmaßnahmen, da sich hier Fehler durch die Integration im gesamten System fortpflanzen können:

- Eingabefehler wirken sich aus in verschiedenen Verarbeitungen, Ausgaben und Dateien
- Fehlerkorrekturen können nur mehr für direkte Verarbeitungen rückgängig gemacht werden. Die indirekten Wirkungen sind nicht mehr korrigierbar, da sie auch nicht mehr übersehbar sind
- Fehlerwirkungen können durch die Integration nicht mehr abgeschätzt werden.

Bei der Sicherungssicht werden solche Verfahren eingesetzt wie zum Beispiel Berechtigungsprofile, Prüfroutinelisten und solche Aufzeichnungen wie

- Dateiverzeichnis
- Geschäftszweckeverzeichnis
- Empfängerverzeichnis.

Die Sicherungssicht ist nicht nur bedeutsam für die einzelnen Geschäftsprozesse, sondern für die gesamte Informationsverarbeitung. Der Sicherungssicht kommt deswegen besondere Bedeutung zu.

2. Istaufnahme

Bei der Prozessorganisation sind für die Istaufnahme von besonderer Bedeutung:

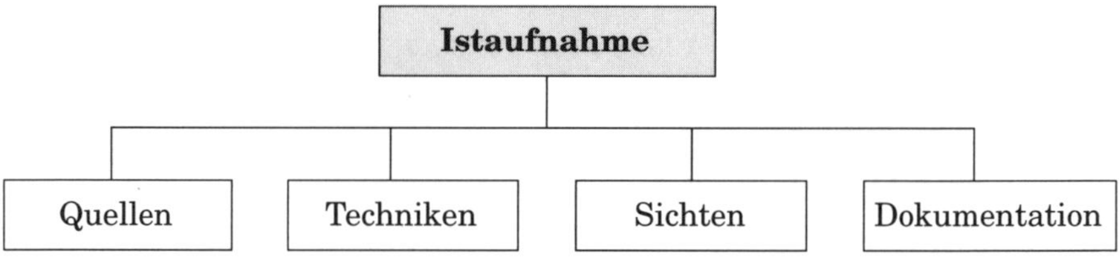

Bei jeder Istaufnahme ergeben sich in der Regel schon wesentliche Ideen, Anstöße und Gesichtspunkte im Hinblick auf die

- Istanalyse und auf das
- Redesign.

Sie sollten unmittelbar aufgegriffen und geprüft werden, um damit Ansatzpunkte für diese Aufgaben zu haben. Sie müssen so dokumentiert werden, daß sie bei der Durchführung der Analyse und des Redesigns nicht unberücksichtigt bleiben.

2.1 Quellen

Nur drei Quellen stehen üblicherweise bei der Prozessorganisation der Istaufnahme zur Verfügung:

Wurde in dem zu untersuchenden Geschäftsprozess bereits mit der Informatik gearbeitet, so steht in der Regel eine hinreichende Systemdokumentation zur Verfügung, die jedoch mit wenigen Interviews ergänzt werden muß.

Liegt keine oder nur eine ungenügende Systemdokumentation vor, dann müssen die anderen Quellen intensiv genutzt werden.

2.1.1 Systemdokumentation

Da sich in den betrieblichen Informatikabteilungen die Ansicht durchgesetzt zu haben scheint, daß sich die Aufgabenlösung für die

- Verbesserung,
- Erweiterungen,
- Anpassung und
- Änderungen

von Software mit weniger Aufwand durchführen läßt, wenn die Programme und ihre Einbindung in die Geschäftsprozesse umfassend und mit geeigneten Techniken dokumentiert sind, findet sich zunehmend eine ausreichende Dokumentation über die eingesetzten Informatiksysteme.

Deswegen können in der Regel solche Dokumentationsunterlagen herangezogen werden wie:

- **Handbücher**

  Neben dem Benutzerhandbuch können das ein Programmiererhandbuch oder ein Operatorhandbuch sein.

- **Programmdokumentation**

  Zu einer Programmdokumentation gehören insbesondere:

  - Programmstruktur
  - Programmlogik
  - Datenorganisation
  - Ein- und Ausgaben wie
    + Masken
    + Druckbilder
    + Formulare
  - Nummernsysteme
  - Prüfroutinen
  - Testvorgaben.

- **Organisationsvorgaben**

  Zu den Vorgaben der Arbeitsablauforganisation gehören beispielsweise

  - Organisationsrichtlinien
  - Arbeitplatz- oder Stellenbeschreibungen
  - Ablauforganisationsvorgaben.

Alle Systemdokumentationen sind darauf zu prüfen, ob die vorgefundenen Unterlagen mit dem tatsächlichen Istzustand übereinstimmen. Das kann mit Stichproben durchgeführt werden. Zeigen sich größere Abweichungen bei der Stichprobenprüfung, so ist eine Gesamtprüfung vorzunehmen und gegebenfalls sind veraltete Organisationsunterlagen ungeeignet für die Istaufnahme.

2.1.2 Mitarbeiter

Im Mittelpunkt der Istaufnahme durch Befragung der Mitarbeiter stehen die qualifizierten **Sachbearbeiter** und, wenn vorhanden, die **Gruppenführer**. Sie können qualifiziert Auskunft geben über solche Tatbestände wie

- Prozessgegebenheitem,
- Prozesserfahrungen,
- Prozessprobleme,
- Anforderungen an ein neues System und die
- Verbesserungsmöglichkeiten.

Weiterhin können für die Istaufnahme folgende Mitarbeitergruppen Auskunft über bestimmte Prozesseigenschaften geben:

- **Abteilungsleitung**

  Insbesondere solche Informationen können von den Abteilungsleitern eingeholt werden, wie

  - Prozesserfahrungen
  - Prozessbedingungen
  - Prozessverbesserungsmöglichkeiten
  - Zukünftige Anforderungen
  - Prozessumgebung.

- **Geschäftsleitung**

  Das Topmanagement kann vornehmlich für solche Informationen dienen, wie

  - Unternehmensentwicklungen
  - Prozessanforderungen
  - Zukünftige Bedingungen.

Die Mitarbeiter sind auch immer die Instanz für die Prüfung von Unterlagen im Hinblick auf ihre aktuelle Richtigkeit und Vollständigkeit.

2.1.3 Arbeitsunterlagen

Die bei der Arbeitsdurchführung entstehenden Dokumente können weiterhin zur Istaufnahme dienen. Solche Arbeitsunterlagen sind beispielsweise:

- Abrechnungen
- Akten
- Aufstellungen
- Belege
- Berichte
- Formulare
- Karteiinhalte
- Pläne
- Listen
- Schreiben.

Auch bei den Arbeitsunterlagen ist zu prüfen, ob sie aktuell sind und außerdem ob die benutzten Unterlagen von der Regelbearbeitung stammen oder ob sie bei einer Sonderbearbeitung entstanden sind.

2.2 Verfahren

Zur Istaufnahme werden in erster Linie zwei Verfahrensarten eingesetzt:

- Unterlagenauswertung
- Interview.

Beide Aufnahmeverfahren kommen in der Regel in **Kombination** zum Einsatz. Die Unterlagenauswertung kann nicht alle notwendigen Informationen liefern und die Interviewmethode ist zu arbeitsaufwendig, um sie ausschließlich zu verwenden.

Nur im Ausnahmefall werden bei der Prozessorganisation weitere Aufnahmemethoden eingesetzt:

- Fragebogenmethode
- Multimomentaufnahme
- Arbeitsbericht.

Die Auswahl der einzusetzenden Verfahren wird durch die Ziele der Prozessanalyse bestimmt.

2.2.1 Unterlagenauswertung

Die Auswertung der vorhandenen und manchmal mühsam aufgespürten Unterlagen orientiert sich an mehreren Gesichtpunkten:

- Unterlagenart
- Inhalt der Unterlagen
- Erforderliche Sichten.

Während aus Systemdokumentationen häufig ohne große Schwierigkeiten die erwünschten Sichten gewonnen werden können, ist das bei dem alleinigen Vorliegen von Arbeitsunterlagen selten möglich. Hier müssen nicht nur zur Aktualitätsprüfung, sondern auch zur Erstellung der erforderlichen Sichten zusätzliche Interviews durchgeführt werden.

Für die Ermittlung und Darstellung der erforderlichen Sichten, also für die

- Prozesse und Prozessketten
- Funktionen
- Daten und Texte
- Informationsfluß
- Aufbauorganisation
- Aufgabenstruktur
- Ressourcen
- Sicherungsmaßnahmen
- Steuerung

sind substanzielle Inhalte erforderlich, die durch mehrere **Eigenschaften** gekennzeichnet sein müssen:

- Hoher Detaillierungsgrad
- Vernetzungsausweis
- Lückenlosigkeit
- Zuordnungsmöglichkeit
- Aktualität.

Die Unterlagenauswertung besitzt eine Reihe von **Vorteilen**:

- Geringer Arbeitsaufwand
- Keine Störung des Arbeitsablaufes
- Teilweise maschinelle Auswertungsmöglichkeit.

Als **Nachteile** müssen gesehen werden, daß mit ihr nicht ermittelt werden können:

- Auftretende Probleme
- Anforderungen an die zu gestaltenden Prozesse
- Verbesserungsmöglichkeiten.

Deswegen ist es nicht möglich, ausschließlich mit der Unterlagenauswertung bei der Prozessanalyse zu arbeiten.

2.2.2 Interview

Im Gegensatz zur schriftlichen Befragung versteht man unter einem Interview eine direkte, persönliche Befragung der Prozessmitarbeiter:

Interview - Definition:

Mündliche Mitarbeiterbefragung.

Das Interview ist eine arbeitsaufwendige Methode, die drei **Teile** erfordert:

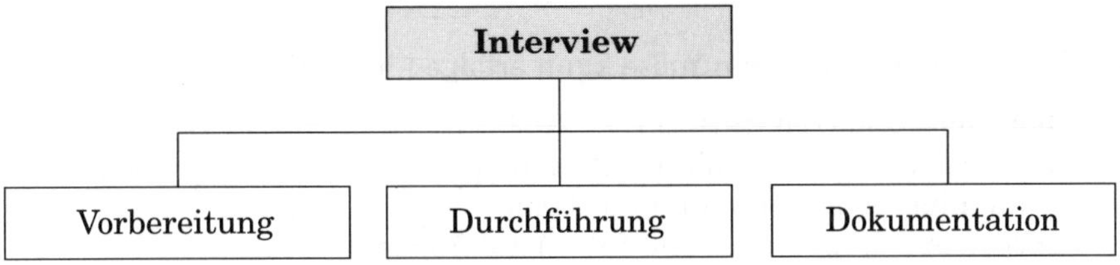

Das persönliche Gespräch ist folglich nur eine unter mehreren Aufgaben beim Interview, denn Interviews müssen umfassend vorbereitet werden und die Ergebnisse müssen in unterschiedlichen Sichten dokumentiert werden.

Die Interviewtechnik hat einige **Vorteile**:

- Gezielte Informationserlangung
- Praxisnähe der Interviewergebnisse
- Motivationsmöglichkeit der Interviewpartner.

Den Vorteilen der Interviewmethode stehen auch einige **Nachteile** gegenüber:

- Erheblicher Arbeitsaufwand und damit hohe Kosten
- Störung der Arbeitsdurchführung
- Hohe Anforderungen an den Prozessorganisator.

Die Interviewmethode wird immer eingesetzt, wenn die anderen Verfahren keine ausreichenden Ergebnisse liefern.

2.2.2.1 Interviewvorbereitung

Die Istaufnahme bei der Prozessorganisation erfordert in der Regel eine Reihe von Interviews. Um sie vorzubereiten sind mehrere **Aufgaben** durchzuführen:

- **Prozessbereichsermittlung**

  Zunächst sind die Bereiche zu ermitteln, für die Interviews zu machen sind. Diese Bereiche sind abhängig von

  - Prozessumfang und -abgrenzung
  - der gegebenen Aufbauorganisation
  - den erforderlichen Sichten
  - dem notwendigen Detaillierungsgrad.

- **Knowhowerwerb**

Es ist verständlich, daß nicht jeder Interviewer in allen Prozessbereichen fundierte Kenntnisse haben kann. Er muß sich jedoch zumindest ein Oberflächenwissen verschaffen, so daß er eine ausreichende Sachkenntnis für das Interview besitzt.

Der Erwerb dieser Sachkenntnisse kann erfolgen mit Hilfe von

- Fachbüchern und -zeitschriften
- Kongressbesuchen und -dokumentationen
- Programmhandbüchern und -unterlagen
- Öffentlichen Datenbanken und Internetabfragen.

Das Ergebnis des Knowhowerwerbs müssen ausgearbeitete **Checklisten** für jedes Interview sein.

- **Interviewpartner**

Die Auswahl der Interviewpartner muß sorgfältig erfolgen. Die Interviewten sollten durch solche Eigenschaften gekennzeichnet sein wie:

- Prozessüberblick
- Detaillierte Prozesskenntnisse
- Urteilsfähigkeit
- Positive Einstellung zum Projekt.

Für jeden Prozessbereich sollte zunächst nur ein Interview geplant und damit nur ein Partner ausgewählt werden.

- **Interviewvorbereitung**

Von den Vorgesetzten sind die Interviewpartner zum Gespräch zu motivieren. Der Interviewtermin ist weiterhin mit dem Interviewpartner zu vereinbaren. Der Interviewort ist immer der Arbeitsplatz des Interviewten:

- Gewohnte Umgebung läßt positive Interviewatmosphäre erwarten
- Unterlagen sind unmittelbar verfügbar
- Arbeitsumgebung kann kennengelernt werden.

Das Ergebnis der Interviewvorbereitung ist der **Interviewplan**. Er kann folgenden Inhalt ausweisen:

INTERVIEWPLAN		**Projekt:** Auftragsbearbeitungsprozess			
Interviewter	Datum	Uhrzeit	Raum	Projektbereich	Checkliste
Herr Mai VK	17.3.	9.30	110	Auftragsannahme	V2
Frau Rein AB	17.3.	14.00	E67	Auftragserfassung	V3/4
Herr Neu FI	18.3.	10.00	212	Bonitätsprüfung	V5
Herr Gaa MA	19.3.	8.30	515	Verfügbarkeitspr.	M3

2.2.2.2 Interviewdurchführung

Jedes Interview sollte in drei Teile gegliedert werden:

(1) **Einführungsteil**

Diese „Warming up-Phase" sollte nur kurz sein. In ihr sollte die Bedeutung von Projekt und Interview dargestellt werden.

(2) **Befragungsteil**

Zur Erlangung aller benötigten Informationen sollten höchstens 90 Minuten in Anspruch genommen werden. Genügt dieser Zeitraum nicht, so ist ein zweiter Interviewtermin zu vereinbaren.

(3) **Schlußteil**

In diesem Teil des Interviews sollte dem Interviewpartner gedankt und er für das Projekt motiviert werden.

Bei der Durchführung der Befragung sollten eine Reihe von **Interviewregeln** eingehalten werden:

- Berichtsstil statt Ja/Nein-Fragen
- Demonstration von Arbeiten und Arbeitsergebnissen
- Keine Suggestivfragen
- Plausibilität der Antworten im Interview prüfen
- Vertiefungs-, Hinterfragungs- und Kontrollfragen stellen
- Keine Beurteilungen abgeben
- Einsehbare Stichwortmitschrift erstellen
- Alle Unterlagen zum Kopieren erbitten.

Auf Tonträgeraufnahmen sollte bei organisatorischen Interviews verzichtet werden.

2.2.2.3 Ergebnisdokumentation

Die Dokumentation jedes Interviews sollte gleich im Anschluß an das Interview vorgenommen werden, um das Kurzzeitgedächtnis noch nutzen zu können.

Bei der Ergebnisdokumentation sind mehrere Aufgaben auszuführen:

- **Sichtenerstellung**

  Die Erstellung der erforderlichen Sichtendarstellungen und Ergebnistabellen wird üblicherweise mit einer geeigneten Software ausgeführt.

- **Plausibilitätsprüfung**

  Auch wenn während des Interviews bereits Plausibilitätsüberlegungen angestellt wurden, so sollten nun solche Prüfungen systematisch vorgenommen werden.

- **Vollständigkeitsinspektion**

  Die Prüfung auf Lücken in den Interviewergebnissen ist in jedem Fall durchzuführen.

Oftmals sind die Interviewergebnisse und die Unterlagen der Systemdokumentation die Basis zur Ausarbeitung der Istdokumentation.

2.2.3 Fragebogenmethode

Nur in Ausnahmefällen wird bei der Prozessorganisation mit Fragebögen gearbeitet:

- Die Notwendigkeit, mehrere Mitarbeiter in gleicher Weise zu befragen, ist nur selten gegeben, da es sich hier um Faktenbefragungen handelt
- Für Einzelbefragungen ist eine ausgearbeitete schriftliche Fragenformulierung zu arbeitsaufwendig
- Nur einfache Fragestellungen können bei Fragebögen verwandt werden.

Oftmals wird mit Fragebögen in räumlich dezentralisierten Unternehmen gearbeitet, wenn also an verschiedenen Orten zum Beispiel Werke, Verkaufsniederlassungen usw. bestehen. Um hohe Reisekosten und -zeiten zu sparen, wird diese Methode eingesetzt, um von allen Unternehmenseinheiten die notwendigen Informationen zu erlangen.

Die Fragebogenmethode ist gekennzeichnet durch solche **Nachteile** wie:

- Die Fragenformulierung und ihr Test ist aufwendig
- Zufällige und absichtliche Mißverständnisse sind nicht auszuschließen
- Auswertung ist arbeitsaufwendig
- Der Gesamtzeitbedarf für Fragebogenaktionen ist hoch
- Oft sind nur geringe Antwortquoten bei anonymen Befragungen erreichbar.

Als **Vorteile** dieser Technik sind insbesondere zu nennen:

- Schriftliche Ergebnisse
- Anwendungsmöglichkeit der Wahrscheinlichkeitsrechnung
- Im Vergleich zu Interviews geringe Kosten.

Die Mitarbeitermeinungsbefragung in Unternehmen ist keine Aufgabe der Prozessorganisation.

2.2.4 Multimomentaufnahme

Bei dieser Technik wird mit der Stichprobenbeobachtung gearbeitet:

Multimomentaufnahme - Definition:

Aus einer Vielzahl von Augenblicksbeobachtungen werden statistisch gesicherte Mengen- und Zeitwerte abgeleitet.

Der Einsatz der Multimomentmethode erfolgt in mehereren Schritten:

(1) **Aufnahmefestlegung**

Zunächst sind die aufzunehmenden Prozesse, Arbeitsgänge, Sachmittelinanspruchnahmen usw. festzulegen. In Abhängigkeit von der Ergebnissicherheit ist dann die Beobachtungszahl zu errechnen. Entsprechende Beobachtungspläne können nun erstellt oder erworben werden.

(2) **Aufnahmevorbereitung**

Zur einfachen Aufnahmedokumentation ist ein Aufnahmeformular auszuarbeiten und der Zeitpunkt des Aufnahmebeginns festzulegen. Die Mitarbeiter sind über die Multimomentaufnahme in geeigneter Form zu informieren.

(3) **Aufnahmedurchführung**

Gemäß dem Beobachtungsplan werden nun die Momentaufnahmen vorgenommen und mit Hilfe des Aufnahmeformulars festgehalten.

(4) **Aufnahmeauswertung**

Aus den Beobachtungsergebnissen können vielfältige Aussagen gewonnen werden, so beispielsweise

- Auslastungsprofile
- Tätigkeitsprofile
- Sachmittelnutzungsprofile
- Verteilzeitstudien.

Die Multimomentaufnahme hat die nachfolgenden **Vorteile**:

- Keine Störungen des Arbeitsprozesses
- Statistisch gesicherte Ergebnisse
- Quantitative, unangreifbare Aussagen zu den Geschäftsprozessen.

Nachteilig ist das aufwendige, mehrwöchige Verfahren dieser Stichprobenbeobachtung.

2.2.5 Arbeitsbericht

Die Technik der Selbstaufschreibung oder des Arbeitsberichtes kann so definiert werden:

Arbeitsbericht - Definition:

Erstellung und Auswertung von Formularberichten über die Mitarbeitertätigkeiten.

Der Arbeitsbericht wird mit Hilfe von Berichtsformularen durchgeführt. Über die Dauer von 1 bis 3 Monaten werden die Mitarbeiter gebeten, jeden Tag einen Arbeitsbericht zu erstellen:

- Tätigkeitsarten
- Auftragsart
- Zeitbedarf
- Sachmitteleinsatz
- Besonderheiten.

Die **Auswertung** kann maschinell in vielfältiger Weise vorgenommen werden:

- Tätigkeitzeitbedarfsprofil
- Tätigkeitsqualifikationsprofil
- Tätigkeitsstellenartenprofil
- Auftragszeitbedarfsprofil
- Auftragsqualifikationsprofil.

Die **Vorteile** dieser Technik liegen insbesondere in solchen Gründen wie:

- Unangreifbare quantitative Ergebnisse
- Geringer Kostenaufwand
- Maschinelle Auswertung.

Nachteilig wird die Möglichkeit der gezielten Verfälschung der Ergebnisse durch die Mitarbeiter gesehen.

2.3 Sichten

Der Ausweis der Ist- und der Sollprozesse in Sichten ist ein Kennzeichen der modernen Art der Prozessorganisation. Damit ist eine differenzierte

- Darstellung,
- Analyse,
- Redesign,
- Sicherung,

von Geschäftsprozessen nicht nur möglich, sondern wesentlich erleichtert. Mit der Prozesssicht können dann die einzelnen Sichten in einer „**Übersicht**“ zusammengeführt werden.

Für die Prozessanalyse sind insbesondere die folgenden **Sichten** von Bedeutung, in Einzelfällen können weitere Sichten nützlich sein:

- Prozesssicht
- Funktionssicht
- Datensicht
- Informationsflußsicht
- Organisationssicht.

Vor Beginn der Prozessanalyse sollte entschieden werden, mit welchen Methoden und Techniken gearbeitet werden soll. Dabei sollte diese Entscheidung für alle **Hauptaufgaben**, also für die

- Prozessdarstellung,
- Prozessanalyse,
- Prozessredesign,
- Prozesssicherung,

einheitlich sein. Die Einheitlichkeit der eingesetzten Verfahren hat bedeutsame **Vorteile,** auf die nicht verzichtet werden soll:

- Geringerer Schulungsbedarf
- Allgemeine Verständlichkeit
- Einheitliche Dokumentation.

Für die **Auswahl** der zu benutzenden Methoden sollten folgende Kriterien maßgeblich sein:

- Verfügbarkeit des Verfahrens in den eingesetzten Tools
- Eignung für die erforderliche Sicht
- Einfachheit und Verständlichkeit
- Einheitlichkeit der eingesetzten Methoden
- Eingeführtheit in der Organisation und Informatik
- Entwicklungsunabhängigkeit.

In einem in Deutschland häufig benutzten Tool - dem **ARIS**-Toolset des Beratungsunternehmens IDS Prof. Scheer AG - sind zum Beispiel neben anderen solche Verfahren verfügbar wie:

- Ereignisgesteuerte Prozessketten (EPK)
- Vorgangskettendiagramm (VKD)
- Funktionsbaum
- Entity Relationsship Modell
- Organigramm.

Häufig eingesetzte und geeignete Methoden zur sichtenbezogenen Erarbeitung, zur Analyse, zum Redesign und zur Sicherung sind nachfolgend ausgewiesen.

2.3.1 Prozessicht

Bei der Prozessicht wird vornehmlich mit solchen Techniken gearbeitet wie:

- Ereignisgesteuerte Prozessketten (EPK)
- Vorgangskettendiagramme (VKD)
- Petrinetze
- Arbeitsablaufdiagramme.

Daneben eignen sich zur Darstellung und Bearbeitung von Prozessen auch die Verfahren der **Informationsflußsicht**:

- Dataflowdiagramm
- Datenflußplan
- Informationsflußdiagramm

Diese Verfahren werden im Kapitel über die „Informationsflußsicht" (D.2.3.4) ausgewiesen.

2.3.1.1 Ereignisgesteuerte Prozessketten (EPK)

Diese von *Scheer* empfohlene Technik wird auch für die integrierten Softwaresysteme R/2 und R/3 von der SAP AG empfohlen und im Analyseprogramm „SAP R/3-Analyzer" eingesetzt.

Die Geschäftsprozesse werden bei dieser Technik durch folgende Elemente repräsentiert:

- **Ereignis** - WANN wird etwas gemacht?
- **Funktion** - WAS wird gemacht?
- **Organisationseinheit** - WER macht etwas?
- **Informationsobjekt** - WELCHE Informationen sind dafür erforderlich?

Ein Ereignis ist der Auslöser von Funktionen, welche von einer Organisationseinheit ausgeführt werden die dafür Informationsobjekte benötigt und erstellt.

Bei der EPK - Technik wird mit den nachstehenden **Sinnbildern** gearbeitet:

Ereignis	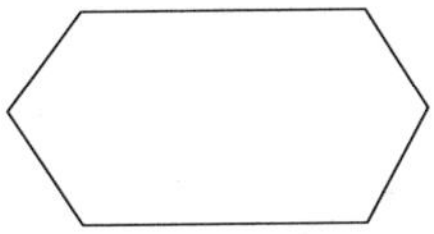	Eingetretensein eines Zustandes, der eine Folge auslöst
Funktion	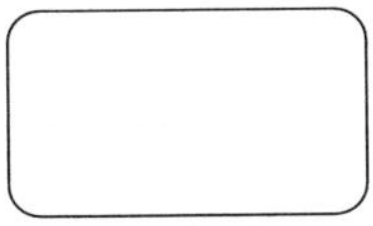	Verarbeitungsaktivität, die eine Transformation vom Eingangszustand in den Zielzustand bewirkt
Objekt	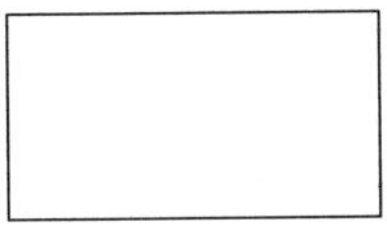	Informations- oder Material- oder Ressourcenobjekt, also die Abbildung eines Gegenstandes der realen Welt
Organisations-einheit	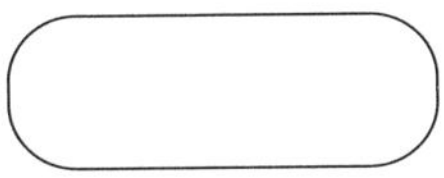	Aufbauorganisatorische Stelle oder Gremium
Prozessweg-weiser	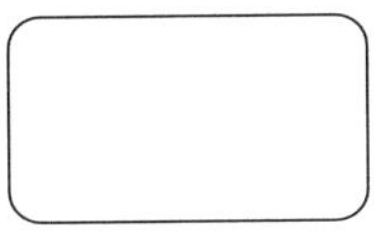	Navigationshilfe, zur Darstellung der Verbindung von einem bzw. zu einem anderen Prozess
UNDoperator	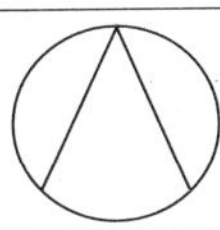	Verknüpfungsoperator UND
ODERoperator	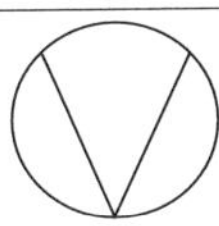	Verknüpfungsoperator ODER
EXKLUSIV-ODER-Operator	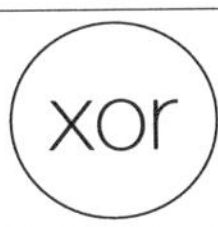	Verknüpfungsoperator EXKLUSIV-ODER
Kontrollfluss		Ausweis der zeitlich-logischen Abhängigkeiten von Ereignissen und Funktionen
Informations- und Materialfluss		Fluss von Informationen oder Materialien
Organisations-einheiten-zuordnung		Zuordnung von Organisationseinheiten oder Ressourcen zu Funktionen

Abb. D01: Symbole Ereignisgesteuerte Prozessketten (EPK)

Die Bedeutung der Operatoren kann einfach aus Wahrheitstabellen abgelesen werden:

• **UNDoperator:**

UND	0	1
0	0	0
1	0	1

• **ODERoperator:**

ODER	0	1
0	0	1
1	1	1

• **EXKLUSIVODER-operator:**

EXKLUSIV-ODER	0	1
0	0	1
1	1	0

Die Verknüpfung von Ereignissen mit Funktionen und umgekehrt mit Hilfe von Operatoren läßt jede Verknüpfungsart mit zwei Ausnahmen zu. Nicht zugelassen sind bei der Funktionsverknüpfung bei auslösenden Ereignissen die Operatoren:

- ODERoperator
- EXKLUSIVODERoperator

Alle **Verknüpfungsmöglichkeiten** werden in der folgenden Darstellung übersichtlich ausgewiesen:

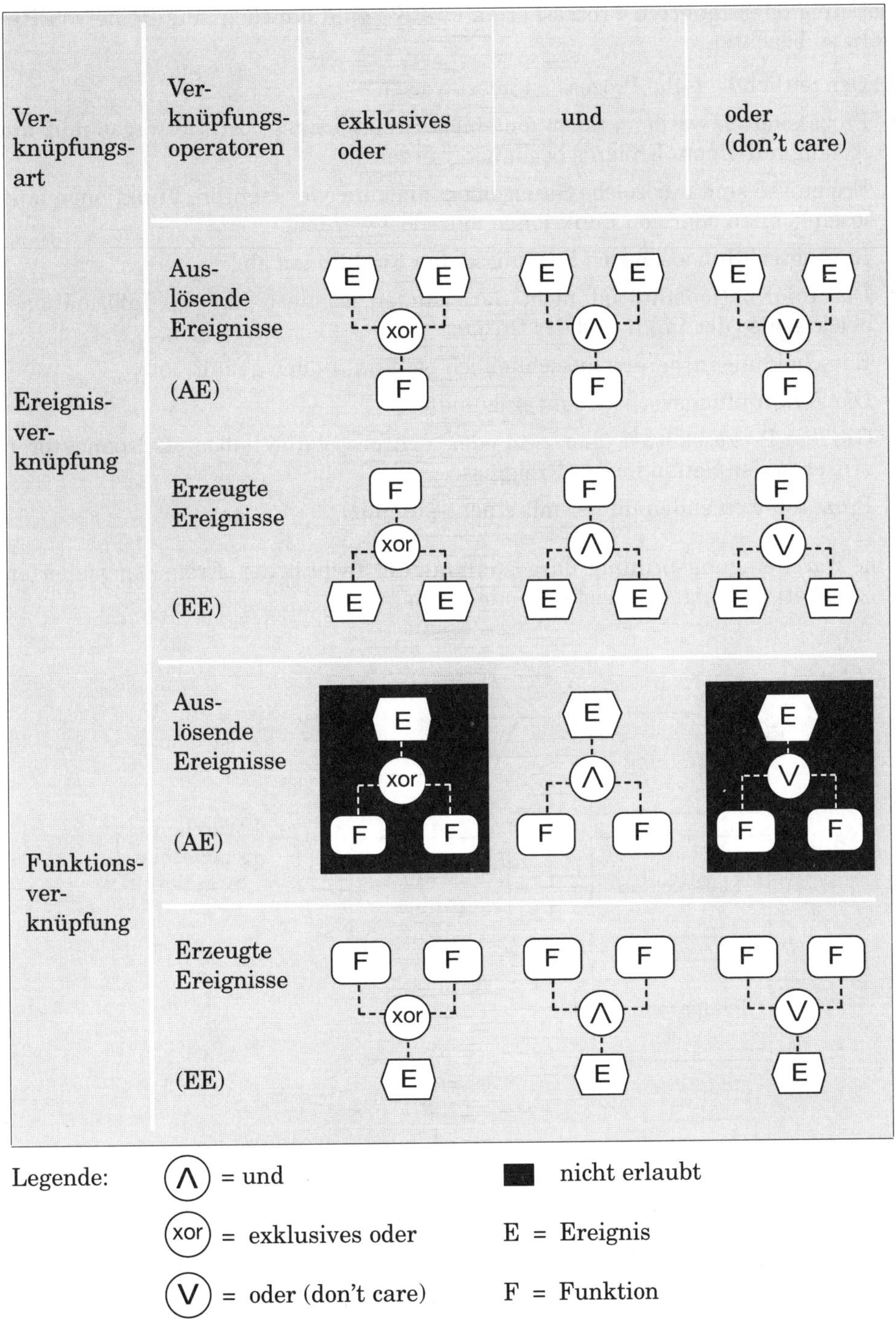

Abb. D02: Verknüpfungsregeln Ereignisgesteuerte Prozessketten (EPK)
Quelle: Keller/Meinhardt: SAP R/3 - Analyzer

Bei ereignisgesteuerten Prozessketten (EPK) sind daneben eine Reihe von **Regeln** zu beachten:

- Der zeitlich/logische Prozess ist auszuweisen.
- Prozessketten werden immer von einem Ereignis ausgelöst. Deswegen muß am Anfang mit einem Ereignis begonnen werden.
- Ereignisse sind nur solche Situationen, die eine oder mehrere Funktionen auslösen können oder von Funktionen ausgelöst werden.
- Im Kontrollfluß lösen sich Ereignisse und Funktionen ab.
- Der Informationsfluß ist nicht darzustellen, sondern nur die Informationsobjekte, also der Input und der Output.
- Entscheidungen werden ausschließlich bei Funktionen gefällt.
- Die Verknüpfungsverbote sind einzuhalten.
- Größere Prozessketten über zwei oder mehrere Seiten haben als Konnektoren zwischen den Seiten immer Ereignisse.
- Prozessketten enden immer mit einem Ereignis.

Eine Wareneingangsprüfung, dargestellt mit der Technik der „Ereignisgesteuerten Prozessketten“, zeigt das nachfolgende Beipiel:

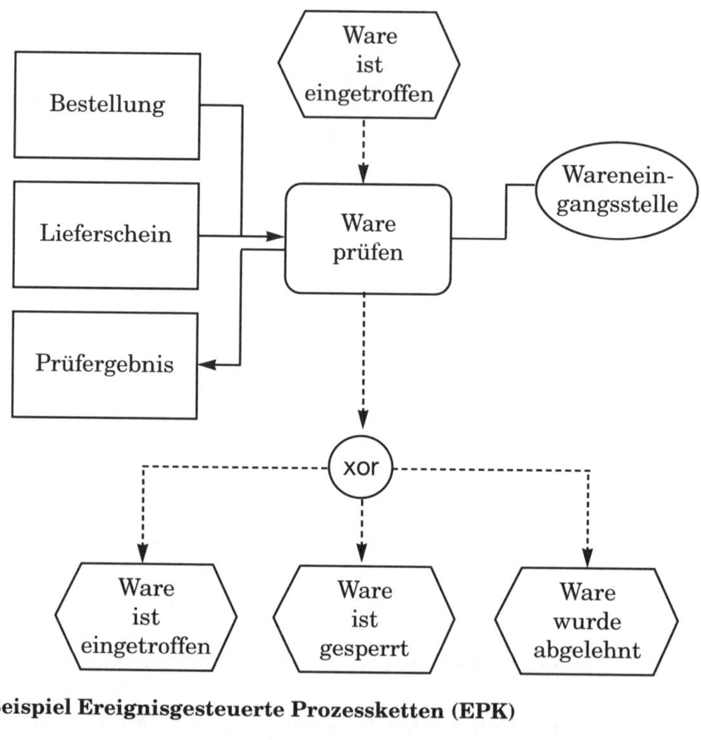

Abb. D03: Beispiel Ereignisgesteuerte Prozessketten (EPK)

Steht im Mittelpunkt der Betrachtung die Analyse und insbesondere beim Redesign der Kontrollfluss, so wird auch mit „Schlanken Ereignisgesteuerten Prozessketten“ gearbeitet.

Bei „**Schlanken ereignisgesteuerten Prozessketten**“ wird auf folgende Ausweise verzichtet:

- Informations-, Material- und Ressourcenobjekte
- Organisationseinheiten.

Diese EPK beinhalten folglich nur noch Ereignisse, Funktionen, Kontrollflüsse und Verknüpfungsoperatoren. Das ausgewiesene Beipiel der „Wareneingangsprüfung“ zeigt bei der Darstellung mit der Technik der „Schlanken ereignisgesteuerten Prozesskette“ folgende Darstellung:

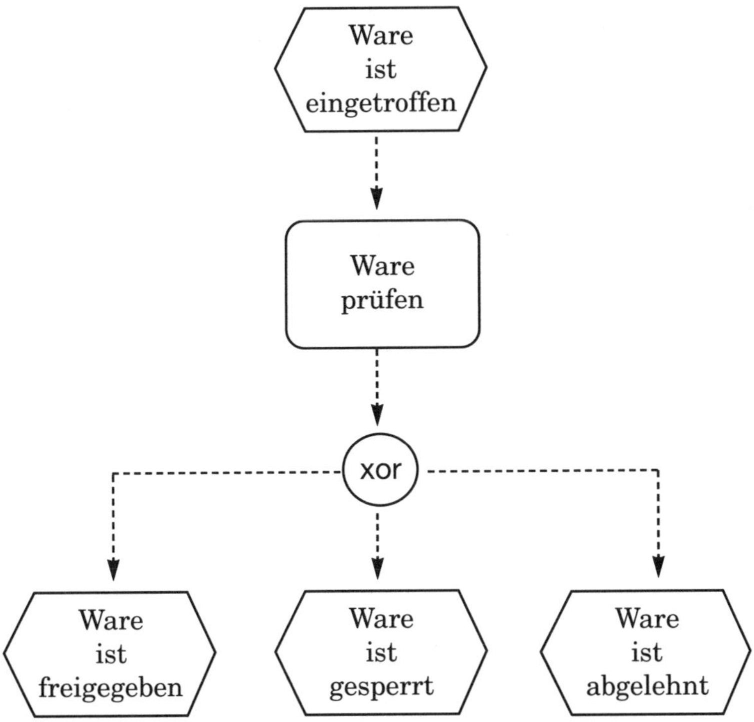

Abb. D04: Beispiel Schlanke ereignisgesteuerte Prozessketten (EPK)

Aufgabe 1

2.3.1.2 Vorgangskettendiagramm (VKD)

Mit Hilfe der Sinnbilder der „Ereignisgesteuerten Prozessketten - Technik“ kann der zu betrachtende Prozess systematisiert werden. Das erfolgt mit der Zuordnung des Prozesses in folgende Merkmale:

- Prozess
  - Ereignisse
  - Funktionen
  - Informationen
- Verarbeitungsart
  - Dialog – Durchführung im Mensch-Maschinen-Dialog
  - Batch – Stapelverarbeitung durch das EDV-System
  - Manuell – Ausschließliche Bearbeitung durch Menschen
- Anwendungssystem
- Organisationseinheit.

Diese Systematisierung eines Geschäftsprozesses in die genannten Merkmale erfolgt in Vorgangskettendiagrammen (VKD) mit Hilfe einer Matrizendarstellung.

Vorgangskettendiagramm (VKD)						
Prozess:			Verarbeitungsart:			Organisations-einheit
Ereignis	Funktion	Information	Dialog	Batch	Manuell	

Die Spalten weisen die Merkmale aus, während der Kontrollfluß von oben nach unten verläuft: Auf den Ausweis der Anwendungssysteme wurde in der vorstehenden Darstellung verzichtet. Sollen diese Systeme auch ausgewiesen werden, dann wird eine zusätzliche Spalte eingerichtet.

Für das Beispiel der „Wareneingangsprüfung“ zeigt ein Vorgangskettendiagramm folgende Darstellung:

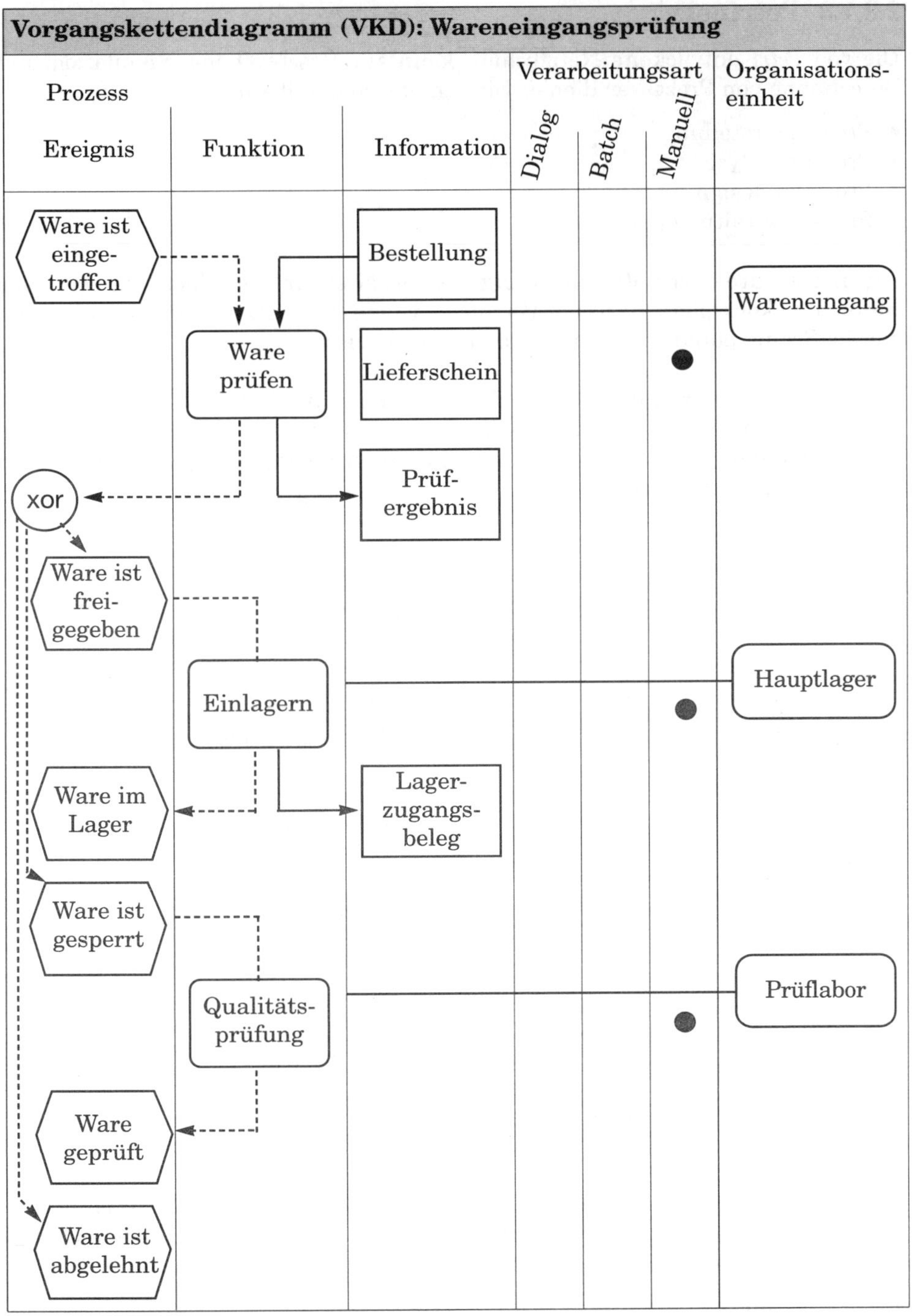

Abb. D05: Beispiel Vorgangskettendiagramm (VKD)

Aufgabe 2

2.3.1.3 Petrinetz

Die von *Petri* entwickelte Netztechnik kann zur Beschreibung, Simulation und Berechnung von Prozessen dienen. Sie eignet sich damit zur

- Prozessdarstellung
- Prozessanalyse
- Prozessredesign
- Prozessgestaltung.

Petrinetze wurden zur **Modellierung** des Verhaltens informationsverarbeitender Automaten konzipiert. Basis der Petrinetze ist die Petrinetztheorie, einem Fachgebiet im Schnittpunkt von Informatik und Mathematik.

Bei Petrinetzen wird mit folgenden **Sinnbildern** gearbeitet:
Durch das Setzen von Token in Bedingungen können einfach verschiedenartige Prozesszustände dargestellt werden und ihre Auswirkungen auf den betrachteten Prozess analysiert werden.

Ereignis	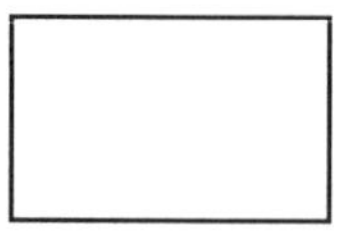	Aktivitäten, die nur dann durchgeführt werden, wenn eine oder mehrere vorgelagerte Bedingungen erfüllt sind
Bedingung	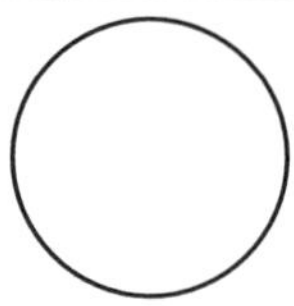	Das Zutreffen einer Bedingung wird mit einem Token markiert. Ohne Token trifft die Bedingung nicht zu und löst damit auch keine Aktivitäten aus.
Kanten		Gerichtete Flusslinie
Token		Ausweis des Zutreffens einer Bedingung

Abb. D06: Symbole Petrinetze

Ein **Token** ist ein eindeutiges Zeichen, das in Computersystemen durch ein bestimmtes Bitmuster dargestellt wird. Eine Bedingung mit oder ohne einen Token ergibt eine bestimmte Situation, die nun entweder eine

- Verarbeitung,
- Datenübertragung oder
- Nachrichtensignal

auslöst oder auch nicht. An das Ergebnis wird der Token angefügt und damit an die nächste Aktivität weitergegeben. Damit ergibt sich für die nächste Bedingung wieder eine bestimmte Situation und der Ablauf wiederholt sich entsprechend.

Das Beispiel der „Wareneingangsprüfung" weist die nachstehende **Petrinetzdarstellung** aus:

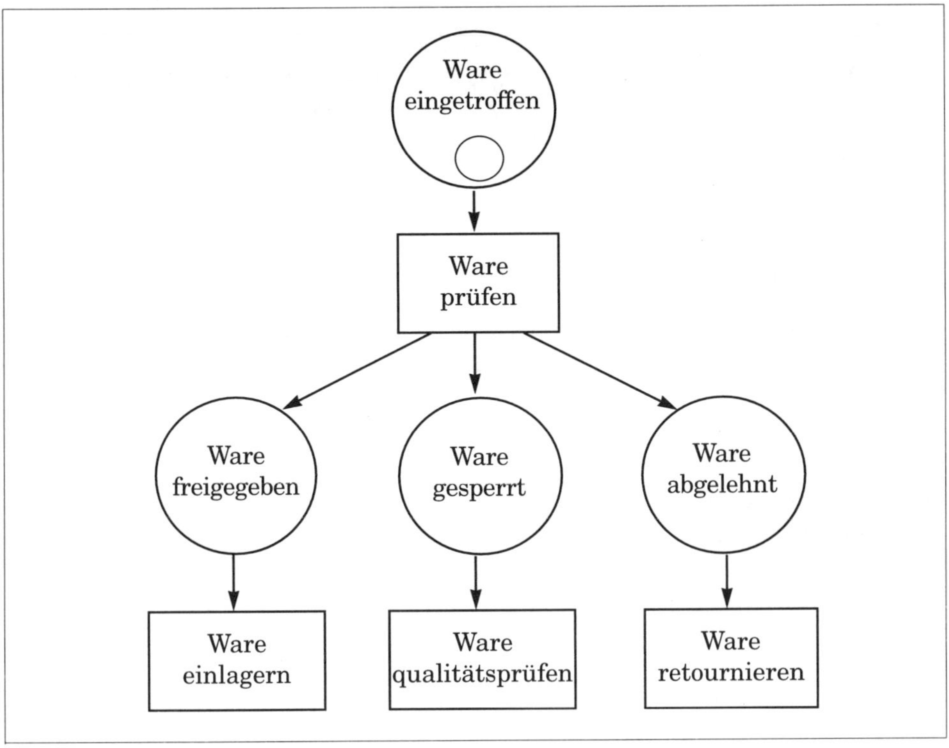

Abb. D07: Beispiel Petrinetze

Aufgabe 3

2.3.1.4 Arbeitsablaufdiagramm

Bei dieser vom REFA - einem Verband für Arbeitsgestaltung, Betriebsorganisation und Unternehmensentwicklung - empfohlenen grafischen Technik ergeben sich mehrere Vorteile:

- Anschaulichkeit und damit auch für Laien verständlich
- Benutzung nur weniger Sinnbilder
- Unterscheidung verschiedener Verzweigungsarten.

Beim Arbeitsablaufdiagramm wird mit folgenden **Symbolen** gearbeitet:

Funktion		Verarbeitungsaktivität, die eine Transformation vom Eingangs- in den Zielzustand bewirkt
Grenzstelle		Auslösendes und abschließendes Ereignis: Quelle oder Senke des Prozesses
ODERverzweigung		ODER- und EXKLUSIVODER-verzweigung
Fluss		Ausweis der zeitlich/logischen Abhängigkeit von Funktionen und Grenzstellen

Abb. D08: Symbole Arbeitsablaufdiagramme

Ein spezielles Sinnbild für die UNDverzweigung gibt es nicht in dieser Technik. Hier werden zwei oder mehrere Kontrollflussausgänge aus dem Funktionssymbol ausgewiesen.

Für den Prozess „Wareneingangsprüfung" ergibt sich bei der Benutzung des Arbeitsablaufdiagrammes folgende Darstellung:

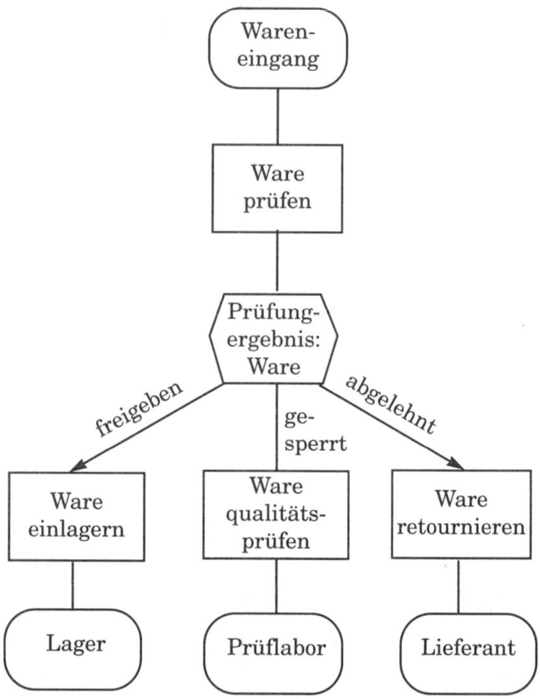

Abb. D09: Beispiel Arbeitsablaufdiagramme

Aufgabe 4

2.3.2 Funktionssicht

Die Aufgabe der Funktionssicht ist die Vielzahl der Funktionen und ihre komplexen Beziehungen zu strukturieren, darzustellen, zu analysieren und das Redesign zu erarbeiten.

Die Darstellung der Funktionssicht sollte folgende **Eigenschaften** aufweisen:

- Übersichtliche Wiedergabe
- Statische Struktur
- Darstellung der notwendigen Gliederungstiefe.

Üblicherweise werden bei der Funktionssicht solche **Inhalte** dargestellt wie:

- Ausweis aller relevanten Funktionen
- Über- und Unterordnung der Funktionen
- Zuordnung der Funktionen zu besonderen Funktionsgruppen
- Beziehungsausweis der Funktionen
- Zerlegbarkeit von Funktionen in Teilfunktionen bis zu Elementarfunktionen.

Die Funktionssicht betrachtet in der Regel die Funktionen nur auf der Ebene von Funktionen, Teilfunktionen und Elementarfunktionen.

Die Funktionssicht eines Prozesses wird oftmals mit solchen **Verfahren** realisiert, analysiert und neu gestaltet wie:

- Dekompensationsdiagramm
- Prozessauswahlmatrix
- Funktionszuordnungsdiagramm.

Daneben kann bei der Funktionssicht auch mit der Prozesskettentechnik (EPK) gearbeitet werden. Hier werden dann nur die Funktionen und die Operatoren ausgewiesen.

2.3.2.1 Dekompositionsdiagramm

Eine Reihe von Begriffen werden für Dekompositionsdiagramme benutzt, so beispielsweise

- Struktur- oder Strukturierungsdiagramm
- Zerlegungsdiagramm
- Organigramm.

Kennzeichen aller Dekompositionsdiagramme ist der Ausweis von Baumstrukturen:

Baumstruktur - Definition:

Die Elemente einer Baumstruktur haben nur jeweils einen Vorgänger, aber mehrere Nachfolger.

Andere Strukturarten sind beispielsweise

- **Listenstruktur** mit jeweils einem Vorgänger und einem Nachfolger
- **Netzstruktur** mit jeweils mehreren Vorgängern und mehreren Nachfolgern.

Mit einer grafischen Darstellung können die verschiedenen **Strukturarten** gut unterschieden werden:

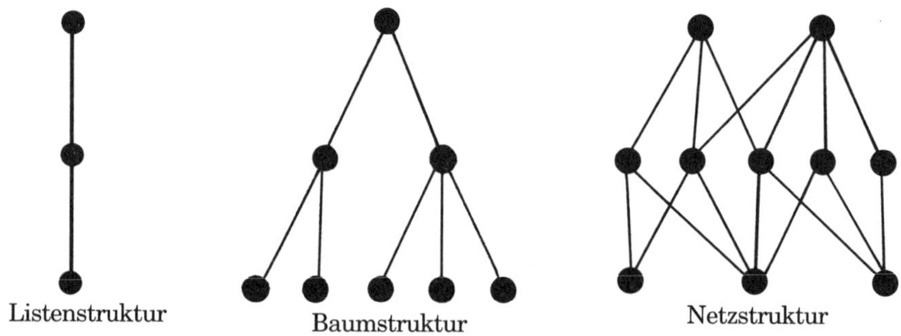

Abb. D10: Strukturarten

Mit den nachstehenden Dekompositionsdiagrammen wird in der Prozessanalyse häufig gearbeitet:

- **Funktionsbaum**

  Drei Darstellungsformen von Funktionsbäumen sind gebräuchlich:

  – Baumdiagramm:

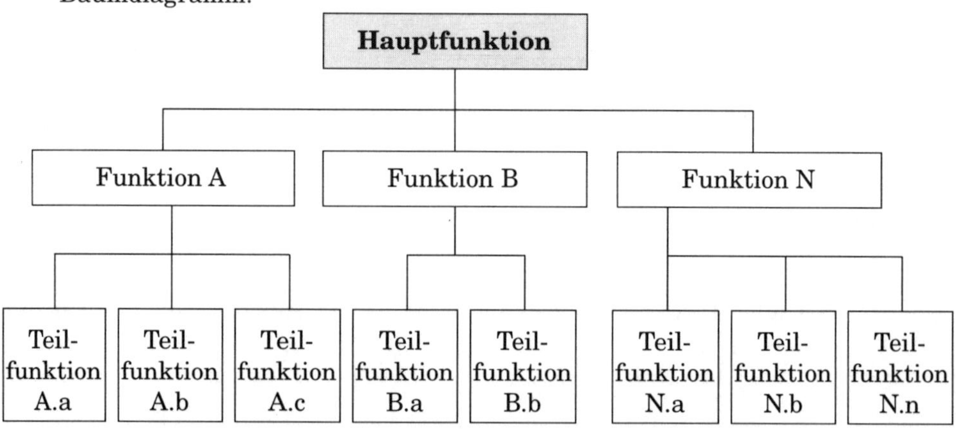

– Wurzeldiagramm:

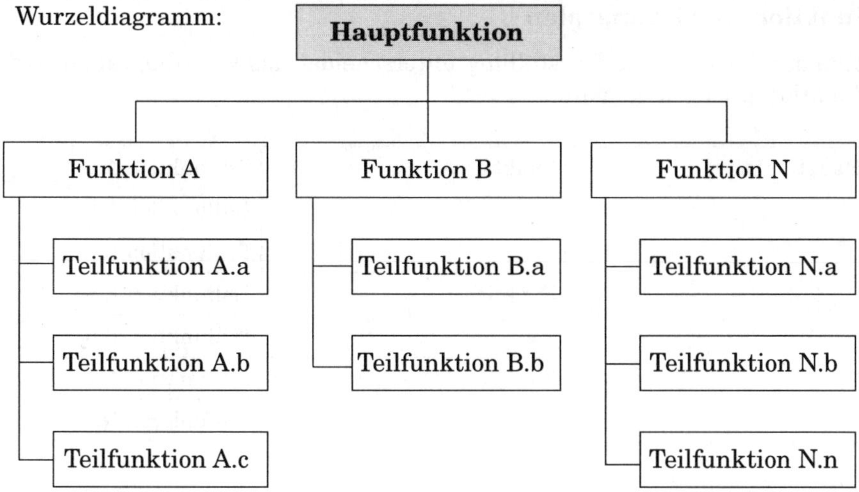

– Querdiagramm

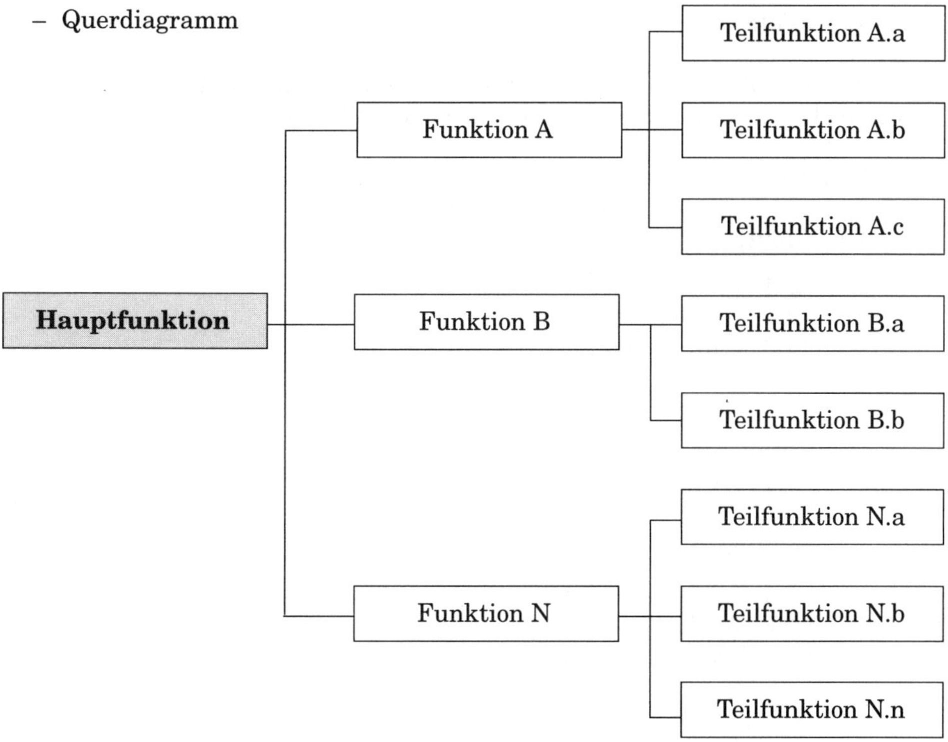

Funktionsbäume werden auch bei anderen Sichten, so beispielsweise bei der Organisationssicht in Form des **Organigrammes**, eingesetzt.

Aufgabe 5

- **Funktionsgliederungsplan**

Eine andere grafische Darstellung unterscheidet das Querdiagramm und den Funktionsgliederungsplan:

Hauptfunktion	Funktion A	Teilfunktion A.a
		Teilfunktion A.b
		Teilfunktion A.c
	Funktion B	Teilfunktion B.a
		Teilfunktion B.b
	Funktion N	Teilfunktion N.a
		Teilfunktion N.b

Aufgabe 6

- **Funktionsklassifikation**

Auf einen grafischen Ausweis wird bei der Funktionsklassifikation verzichtet. Die Strukturierung erfolgt mit der Dezimalklassifikation:

1. Hauptfunktion

 1.1 Funktion A

  1.1.1 Teilfunktion A.a
  1.1.2 Teilfunktion A.b
  1.1.3 Teilfunktion A.c

 1.2 Funktion B

  1.2.1 Teilfunktion B.a
  1.2.2 Teilfunktion B.b

 1.3 Funktion N

  1.3.1 Teilfunktion N.a
  1.3.2 Teilfunktion N.b
  1.3.3 Teilfunktion N.n

Aufgabe 7

2.3.2.2 Prozessfunktionsmatrix

In Matrixform werden hier die Prozessfunktionen dargestellt. Der Einsatz dieser Technik ist immer dann zwechmäßig, wenn gleichartige oder gleiche Teilfunktionen in verschiedenen Funktionen benutzt werden, um damit besonders auf Gleichheit und Unterschiedlichkeit der Prozessaktivitäten hinzuweisen.

Das Beispiel eines Ausschnittes des R/3 - Referenzmodelles zeigt die Darstellungsart einer Prozessfunktionsmatrix:

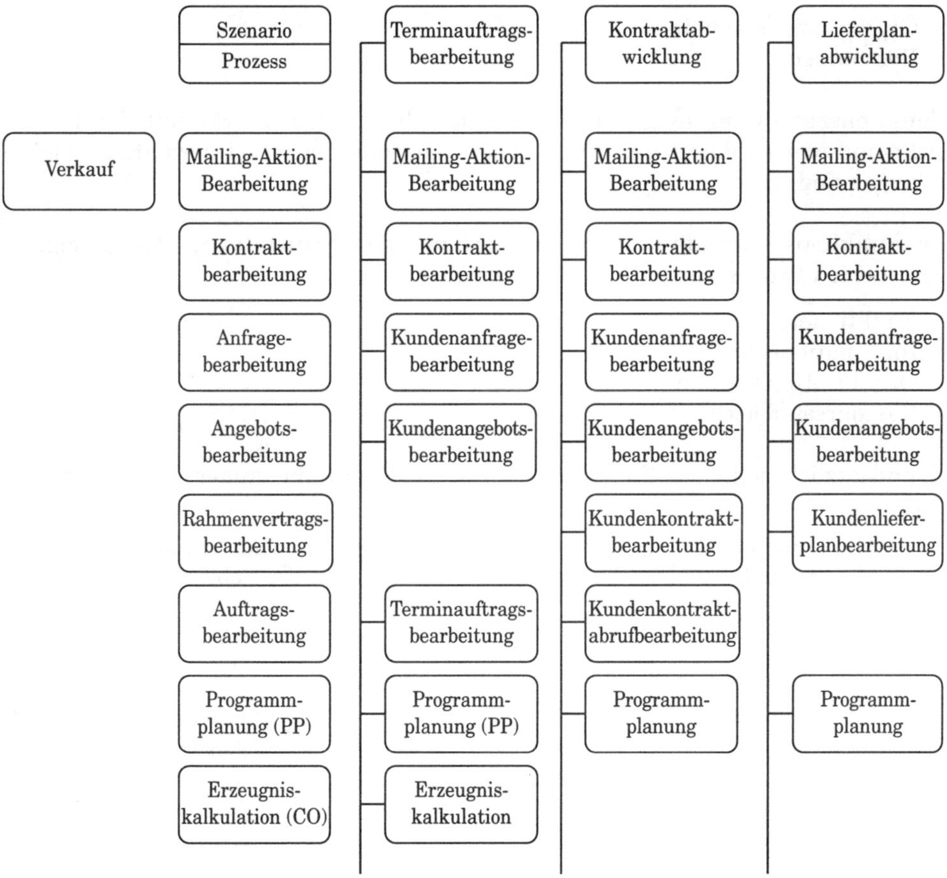

Abb. D11: Beispiel Prozessfunktionsmatrix

Aufgabe 8

2.3.2.3 Funktionszuordnungsdiagramm

Diese Diagrammart stellt die Transformation des Inputs in den Output durch eine Funktion dar. Es besteht folglich aus folgenden Teilen:

- Funktion
- Eingabeinformationen
- Ausgabeinformationen.

Darüberhinaus sind genauere Spezifikationen möglich durch Erweiterung um solche Ausweise wie

- Organisationseinheiten
- Ressourcen.

Funktionszuordnungsdiagramme verbinden die Funktionssicht mit der Datensicht und weisen damit aus, für welche Funktionen welche Informationsobjekte relevant sind.

Im Funktionszuordnungsdiagramm wird mit den **Sinnbildern** der „Ereignisgesteuerten Prozessketten“ (EPK) gearbeitet:

- Funktionen
- Informationsobjekte
- Organisationseinheiten
- Ressourcenobjekte.

Grundsätzlich zeigt ein Funktionszuordnungsdiagramm immer folgende Struktur:

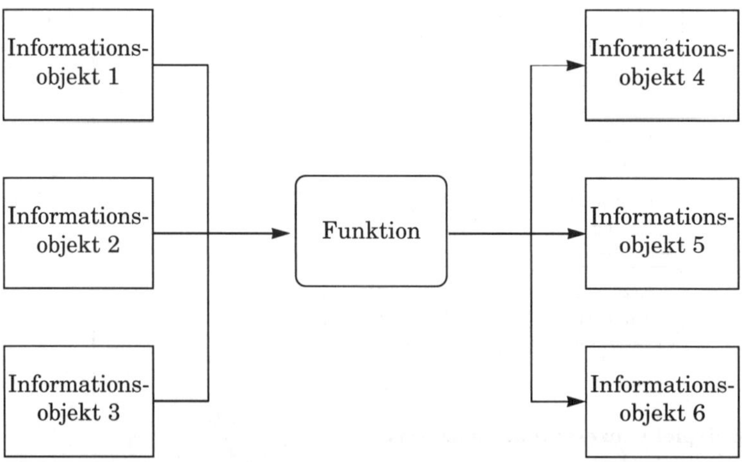

Abb. D12: Schema Funktionszuordnungsdiagramm

Aufgabe 9

2.3.3 Datensicht

Neben der Funktionssicht ist die Datensicht eine besonders bedeutsame Betrachtungsweise für einen Geschäftsprozess.

Die **Informationen**, welche im Rahmen eines Geschäftsprozesses, also

- die Daten und
- die Texte,

bearbeitet werden, also die **Manipulation** durch die

- Eingabe,
- Verarbeitung,
- Ausgabe,

bedarf einer geeigneten Darstellung, um sie problemlos der Prozessanalyse, dem Redesign und der Prozessicherung unterziehen zu können.

Zur Datensicht wird häufig mit den folgenden **Verfahren** gearbeitet:

- Entity Relationship Modell (ERM)
- Jackson Diagramm
- Data Dictionary (DD)

Während die Datensicht eine statische Betrachtung vornimmt, wird mit der Informationsflußsicht ein dynamischer Ausweis der Informationen gegeben.

2.3.3.1 Entity Relationship Modell (ERM)

Dieses von *Chen* entwickelte Informationsmodell ist weit verbreitet und in vielen Tools verfügbar.

Das Entity Relationship Modell arbeitet mit drei Grundelementen:

- **Entität** - Definition:

  Reale oder abstrakte Informationsobjekte.

  Gleichartige Entitäten können in Entitätstypen zusammengefaßt werden, deren einzelne Ausprägungen dann die Entitäten sind. So ist zum Beispiel das Informationsobjekt des Mitarbeiters „Müller“ eine Entität und entsprechend der Mitarbeiter „Mayer“ eine andere Entität. Gemeinsam sind sie der Entitätstyp „Mitarbeiter“.

- **Attribut** - Definition:

  Eigenschaften, durch die Entitätstypen beschrieben werden.

Die Attribute eines Entitätstyp „Mitarbeiter“ sind beispielsweise

- Nachnamen
- Vornamen
- Beruf usw.

Die Attributsausprägungen sind dann zum Beispiel für den Mitarbeiter „Müller“:

- Müller
- Max
- Müller

Die Attributsausprägungen sind die konkreten Werte der Attribute einzelner Entitäten.

- **Beziehung** - Definition:

  Logische Verknüpfung zwischen Entitätstypen.

Werden gleichartige Beziehungen zu Mengen zusammengefaßt, so werden diese als Beziehungstypen bezeichnet. Mehrere Arten von Beziehungstypen können nach der Anzahl der durch sie verbundenen Entitätstypen unterschieden werden:

- 1 : 1
- 1 : n
- n : 1
- n : m

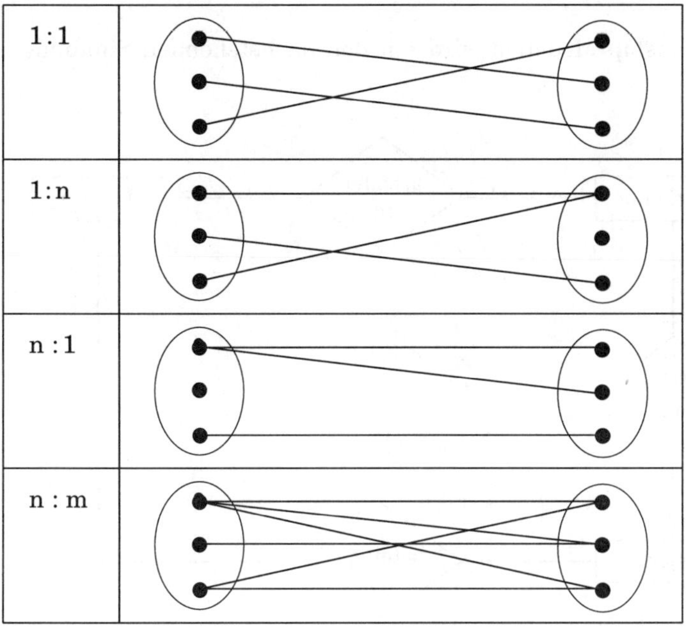

Abb. D13: Kardinalitäten

Grafisch lassen sich diese Kardinalitäten, also die Verhältniszahlen zwischen zwei Entitätstypen, leicht verdeutlichen:

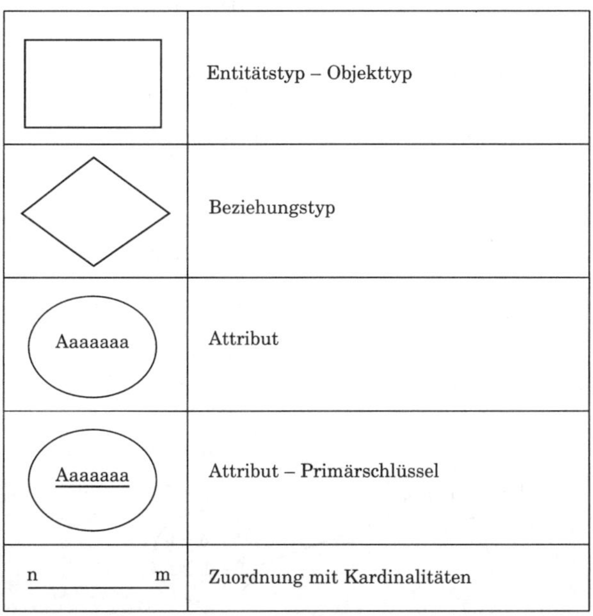

Abb. D14: Symbole Entitäten – Relationship – Modell (ERM)

In Entity Relationship Modellen wird mit den nachstehenden Sinnbildern gearbeitet:

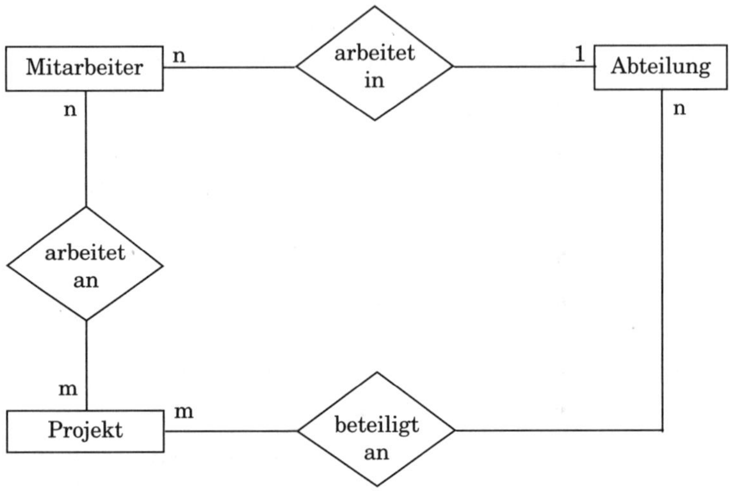

Abb. D15: Beispiel ERM – Diagramm

Die Kardinalitäten, also die Verhältniszahlen zwischen zwei Entitätstypen, wer-

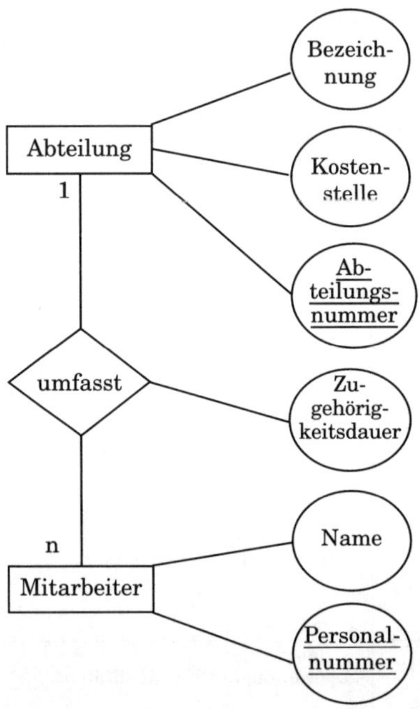

Abb. D16: Beispiel ERM – Diagramm mit Attributsausweis

den mit den entsprechenden Angaben verbal mit 1, n und m oder mit verschiedenartigen Sinnbildern ausgewiesen:
Ergänzt werden können die ERM - Diagramme mit dem Ausweis der Attribute:
Bei Entity Relationship Modellen wird auch mit erweiterten und semantisch angereicherten Darstellungsarten gearbeitet. Beispiele dafür sind:

- Erweitertes Entity Relationship Modell (eERM)
- Strukturiertes Entity Relationship Modell von *Sinz* (SERM)
- SAP - Entity Relationship Modell (SAP - ERM)

In den gängigen Tools, wie beispielsweise in den meisten CASE - Programmen, kann mit ERM - Techniken gearbeitet werden.

Aufgabe 10

2.3.3.2 Jackson - Diagramm

Im Rahmen des „Jackson Struktured Programming (JSP)" wurde von *Jackson* auch eine Datenstrukturierungstechnik entwickelt, die vielfache Verbreitung fand und die für die Darstellung und Analyse von Geschäftsprozessen geeignet ist.

Hier werden drei elementare Strukturierungselemente von Datenverarbeitungen unterschieden:

- **Folge** - Die Datenobjekte werden nacheinander verarbeitet.
- **Auswahl** - Eines von mehreren möglichen Datenobjekten wird verarbeitet.
- **Schleife** - In Abhängigkeit einer Bedingung wird ein Datenobjekt nicht, ein Mal oder mehrere Male verarbeitet.

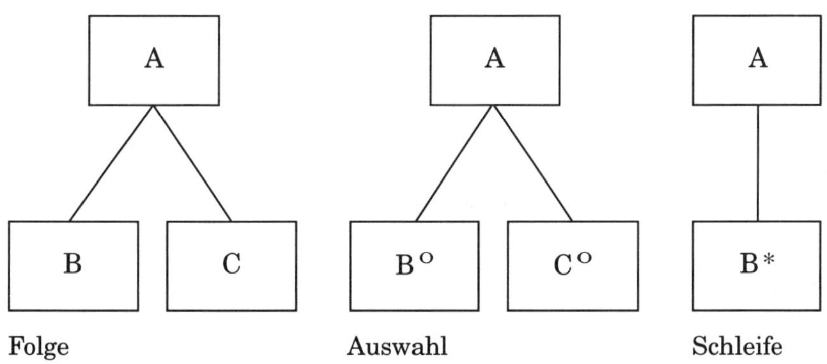

Abb. D17: Symbole Jackson – Diagramme

Grafisch werden diese drei elementaren Datenverarbeitungsstrukturen durch die

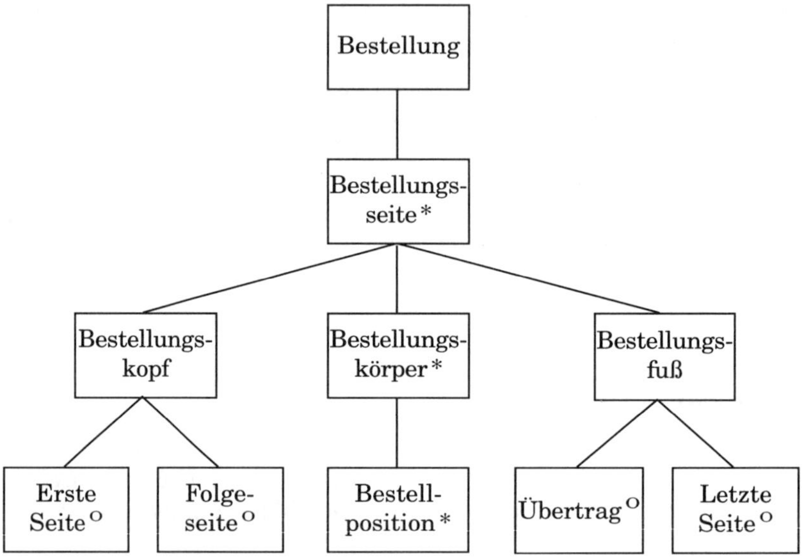

Abb. D18: Beispiel Jackson – Diagramme

nachstehenden **Symbole** unterschieden:
Zur Darstellung von komplexen Datenverarbeitungsstrukturen müssen die drei elementaren Strukturierungselemente kombiniert werden:
Mit Jackson - Diagrammen können in gleicher Weise auch Programmstrukturen entwickelt und dargestellt werden.

Aufgabe 11

2.3.3.3 Data Dictionary

Ein detailliertes Verzeichnis aller Informationen über die Daten und ihrer Merkmale in einem Unternehmen wird als Datenkatalog oder Datendiktionär bezeichnet. Ein solches Verzeichnis enthält beispielsweise Informationen über

- Daten
- Datenobjekte
- Datensätze
- Dateien
- Datenbanken

und ihrer relevanten Merkmale wie

- Strukturen

- Formate
- Modelle
- Felder.

Entwicklungsdatenbanken umfassen neben den genannten Informationen über Daten alle weiteren Informationen über die Prozessanalyse, das Prozessredesign, die Prozessgestaltung und die Prozesseinführung. Eine solche Entwicklungsdatenbank, die oftmals im Rahmen von CASE - Systemen verfügbar sind, werden **Repository** genannt.

Mit einem Datendictionary oder einem Repository können bei der Istaufnahme alle für die weiteren Aufgaben notwendigen Informationen über die Prozessdaten gespeichert und in geeigneter Form strukturiert werden. Sie stehen damit für die nachfolgenden Schritte wie Istanalyse oder Prozessgestaltung in der gewünschten Form zur Verfügung.

2.3.4 Informationsflußsicht

Mit dieser Sicht werden die Abläufe der Geschäftsprozesse im Hinblick auf die Daten und Texte in Abhängigkeit von den Funktionen dargestellt und anschließend analysiert.

Dazu kann eine Reihe von **Verfahren** eingesetzt werden. Oftmals wird mit solchen Methoden und Techniken gearbeitet wie:

- Dataflow Diagramm (DFD)
- Datenflußplan (DFP)
- SAP - Informationsflußdiagramm.

Zumindest eines dieser Verfahren findet sich üblicherweise in den verfügbaren Tools zum Business Reengineering.

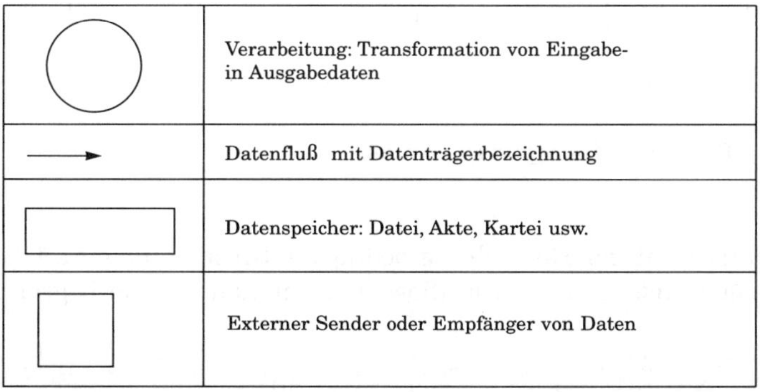

Abb. D19: Symbole Dataflow Diagramm

2.3.4.1 Dataflow Diagramm (DFD)

Dieses auch mit Informationsflußdiagramm bezeichnete Verfahren ist dadurch gekennzeichnet, daß hier nur vier **Sinnbilder** verwandt werden:
Die geringe Zahl der **Regeln** neben den wenigen Sinnbildern bedingt, daß mit dieser Diagrammtechnik ohne Einarbeitung oder Schulung gearbeitet werden kann:

- Verarbeitungssinnbilder werden mit Programmnamen oder mit Bezeichnern für die Organisationseinheit oder Arbeitsplätze beschriftet
- Auf Datenträgerbezeichnungen wird verzichtet, wenn es sich um Dateiinput oder -output handelt.

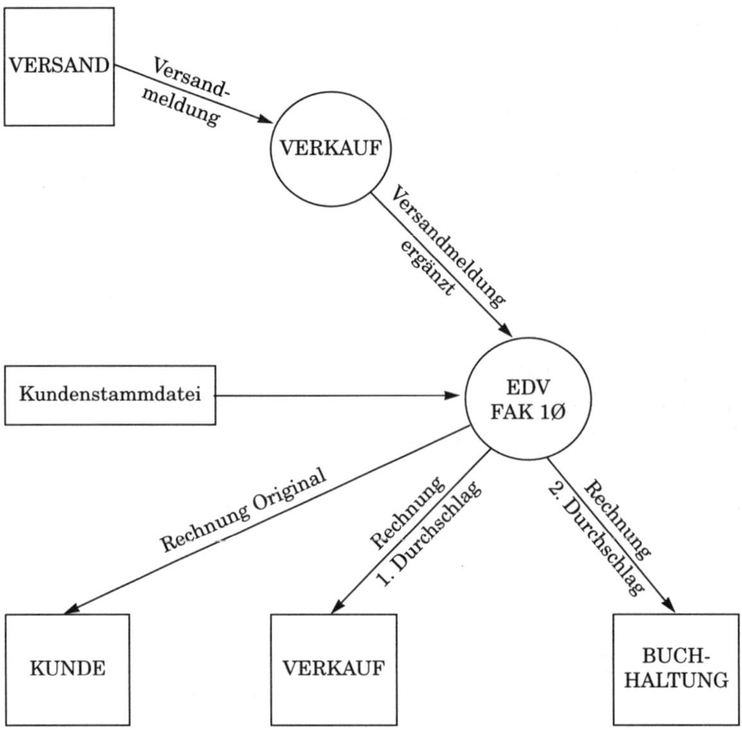

Abb. D20: Beispiel Dataflow Diagramm

Diese Einfachheit der Darstellung bedingt natürlich eine gute Übersichtlichkeit. Der Informationsinhalt von Dataflow Diagrammen ist aber begrenzt:

Aufgabe 12

2.3.4.2 Datenflußplan

Diese in Deutschland weit verbreitete Technik ist in der DIN 66 001 genormt. Sie kann für jede Darstellung von Informationsflüssen benutzt werden, kann deswegen auch für Arbeitsabläufe ohne EDV-Einsatz oder als Formularflußplan benutzt werden.

Gegenüber dem Dataflow Diagramm ist der Inhalt dieser Technik umfangreicher, da bei ihm stärker in das Detail gegangen werden muß. Ohne Schulung und Einarbeitung können Datenflußpläne in der Regel nicht fehlerlos erstellt werden

Beim Datenflußplan werden fünf verschiedene Arten von **Sinnbildern** unterschieden:

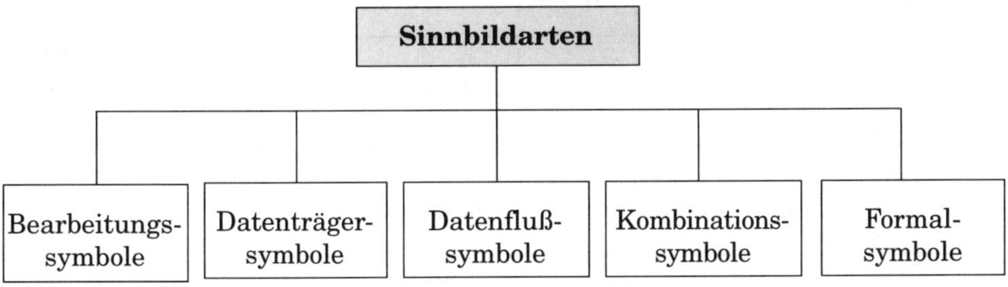

Im Datenflußplan wird mit den nachstehenden Sinnbildern gearbeitet:

(1) **Bearbeitungssymbole**

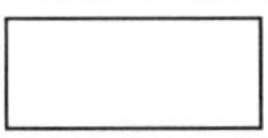	Verarbeitung, allgemein – einschließlich EDV-Arbeitsgänge
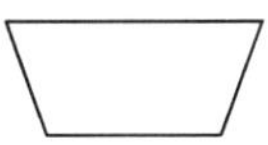	Manuelle Verarbeitung

(2) **Datenträgersymbole**

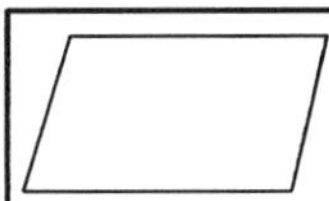	Daten, allgemein
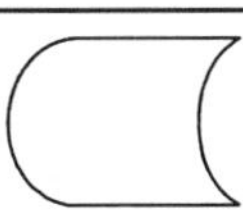	Maschinell zu verarbeitende Daten
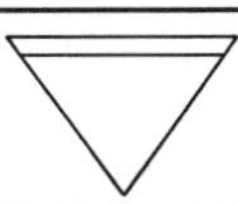	Manuell zu verarbeitende Daten

(2) **Datenträgersymbole** (Fortsetzung)

	Daten auf Schriftstück
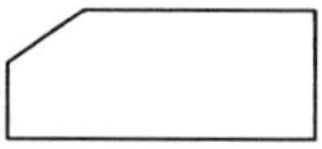	Daten auf Lochkarten
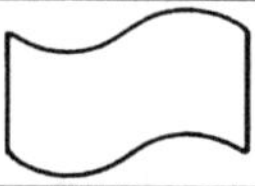	Daten auf Lochstreifen
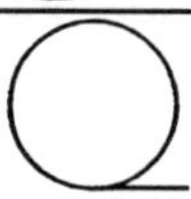	Daten auf Speicher mit ausschließlich sequentiellem Zugriff
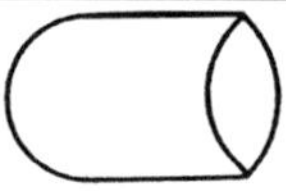	Daten auf Speicher mit direktem Zugriff
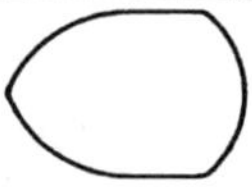	Bildschirmanzeige – Maschinell erzeugte optische oder akustische Daten

(3) **Datenflußsymbole**

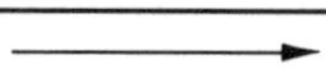	Datenfluß allgemein
	Datenfernübertragung

(4) **Kombinationssymbole**

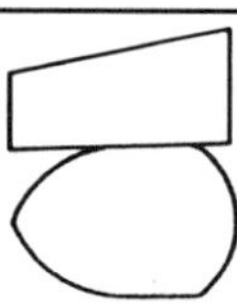	Benutzerstation z.B. Bildschirmterminal
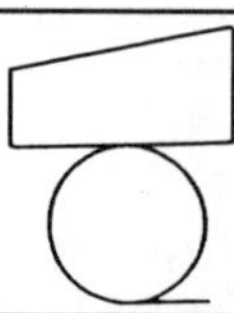	Magnetbanddatenerfassung

(5) **Formalsymbole**

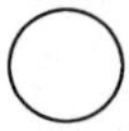	Übergangsstelle (Konnektor)
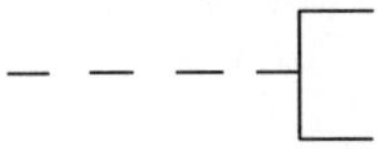	Bemerkung Dieses Sinnbild kann an jedes andere Symbol angefügt werden

Abb. D21: Symbole Datenflußplan

Bei der Datenflußplantechnik ist eine Reihe von **Regeln** zu beachten:

- Die Vorzugsrichtung ist grundsätzlich beim Datenflußplan einzuhalten:
  - Von links nach rechts
  - Von oben nach unten

  Nur bei Schleifen darf gegen die Vorzugsrichtung verstoßen werden.
- Da Geschäftsprozesse durch das EVA-Prinzip gekennzeichnet sind,
  - E - Eingabe
  - V - Verarbeitung
  - A - Ausgabe,

  müssen sich Datensinnbilder und Verarbeitungssymbole jeweils abwechseln.
- Im Datenflußplan ist jeweils ein einziger Prozess darzustellen.
- Bearbeitungssymbole werden mit zwei Inhalten beschriftet:
  - WER - Aufgabenträger in GROSSBUCHSTABEN
  - WAS - Arbeitsgang- oder Programmbezeichner.
- Datenträgersymbole werden mit dem logischen Bezeichner versehen.
- Datenträger sind einzeln auszuweisen - nur ungetrennte Formularsätze werden mit Schattendarstellungen ausgewiesen.
- Vernetzungen müssen grafisch dargestellt werden. Folglich dürfen Konnektoren nur zum Blattwechsel benutzt werden.
- Darstellungsredundanzen zwischen Sinnbildern und Inhaltsbezeichnung sollten vermieden werden.
- Auf allgemeine Darstellungen sollte zu Gunsten von detailierten Ausweisen verzichtet werden.
- Durch Benutzung einer Schablone nach DIN 66 001 wird eine einheitliche Symbolgröße erreicht.
- Die Darstellung eines Datenflußplanes sollte so einfach wie möglich, aber so komplex wie nötig sein.

Ein Beispiel für einen Datenflußplan zeigt die folgende Abbildung:

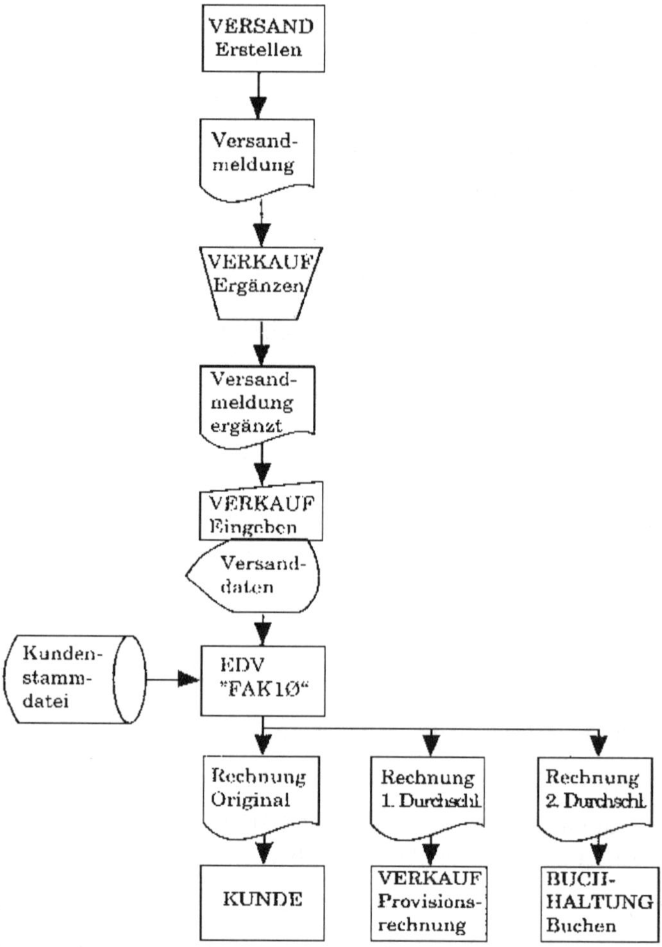

Abb. D22: Beispiel Datenflußplan

Aufgabe 13

2.3.4.3 SAP - Informationsflußdiagramm

In dieser Diagrammtechnik werden die Funktionsbereiche oder die Funktionen und der zur Funktionsausführung notwendige Austausch von Informationsobjekten dargestellt.

Damit werden die Kommunikationskanäle aufgezeigt. Dabei ist es unerheblich, ob die Informationsobjekte manuell oder elektronisch transportiert werden. Der Unterschied wird nicht ausgewiesen.

Beim SAP - Informationsflußdiagramm wird mit den Sinnbildern der „Ereignisgesteuerten Prozeßketten (EPK)“ gearbeitet:

Funktion	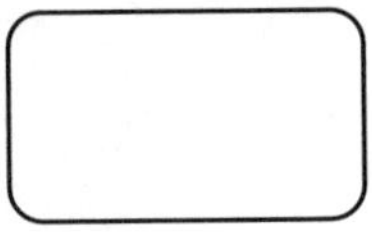	Verarbeitungsaktivität, die eine Transformation vom Eingangszustand in den Zielzustand bewirkt
Informationsfluß	→	Ausweis der Bezeichnung des Daten- oder Informationsträgers

Abb. D23: Symbole SAP – Informationsflußdiagramm

Ein Beispiel erläutert die Darstellung des SAP - Informationsflußdiagrammes:

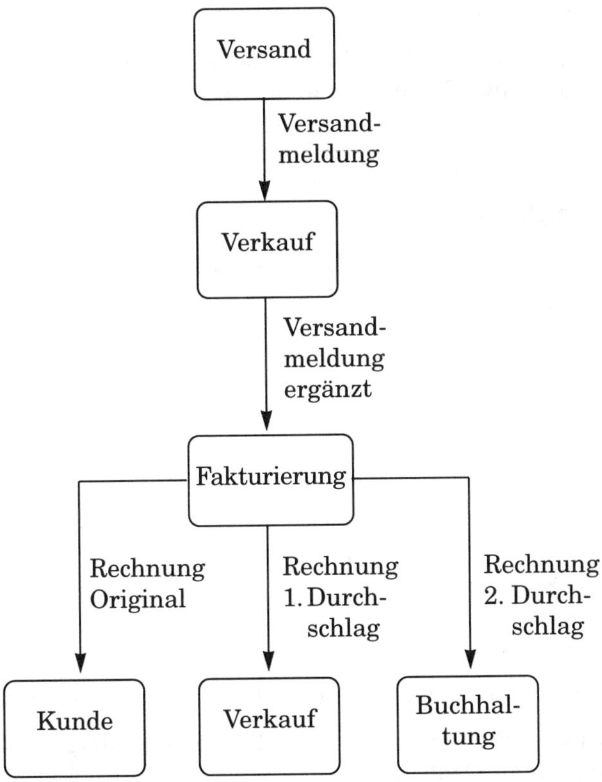

Abb. D24: Beispiel SAP – Informationsflußdiagramm

Wie das Beispiel zeigt, ist das SAP - Informationsflußdiagramm eine Teilmenge der Ereignisgesteuerten Prozessketten und damit einfach aus diesen abzuleiten.

Aufgabe 14

2.3.5 Organisationssicht

Die Organisationssicht zeigt die Aufbau- oder Strukturorganisation. Da in der deutschen Wirtschaft bei der Aufbauorganisation üblicherweise mit hierarchischen Strukturen gearbeitet wird, ist die Organisationssicht immer der Ausweis einer Baumstruktur.

Die Darstellung der Organisationssicht kann beim Business Reengineering mit solchen **Techniken** erfolgen wie:

- Organigramm
- SAP - Organisationsstrukturdiagramm
- Funktionendiagramm.

Das Organigramm oder der Organisationsplan ist eine in den Unternehmen häufig eingesetzte Technik. Die beiden anderen Techniken werden bisher seltener benutzt.

2.3.5.1 Organigramm

Für diese Darstellungstechnik werden auch andere Bezeichnungen benutzt:

- Organisationsplan
- Betriebsgliederungsplan
- Strukturdiagramm
- Organisationsschaubild.

Mit Organigrammen wird eine Reihe von aufbauorganisatorischen **Inhalten** dargestellt:

- Eingerichtete Stellen
- Stellenarten
- Hierarchische Struktur
- Organisationsform
- Gliederungsart.

Für die in Baumstrukturen dargestellten Organigramme gelten mehrere **Regeln**:

- Organisatorische Stellen werden in Rechtecken dargestellt, in SAP-Darstellungstechnik mit Ovalen.
- Linienstellen haben ausgezogene Linien, während Stabstellen mit gestrichelten Linien gezeichnet werden.
- Die Über- bzw. Unterordnung wird mit Zuordnungslinien ausgewiesen.

- Übergeordnete Stellen stehen über oder links von den nachgeordneten Stellen. Entsprechend werden nachgeordnete Stellen unter oder rechts von vorgesetzten Stellen angeordnet.

Organigramme können in verschiedenen **Darstellungsarten** benutzt werden:

- Vertikalorganigramm

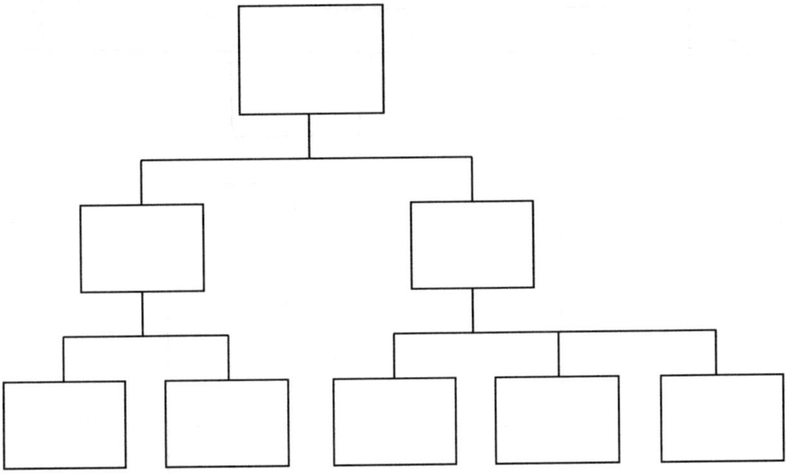

Abb. D25: Vertikalorganigramm

- Horizontalorganigramm

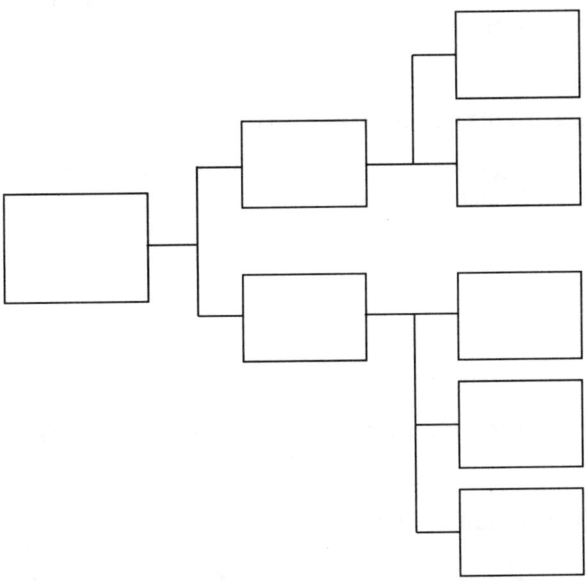

Abb. D26: Horizontalorganigramm

- Mischorganigramm

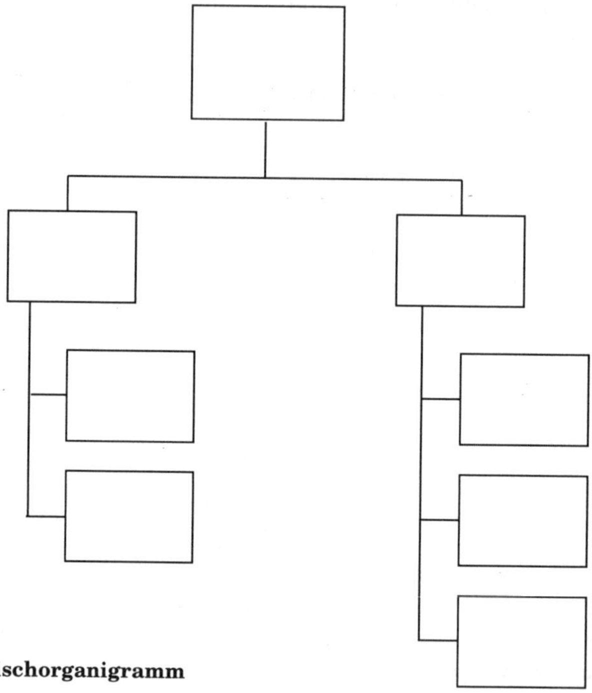

Abb. 27: Mischorganigramm

Daneben gibt es verschiedene Sonderformen von Organigrammen, beispielsweise Matrixorganisationspläne oder Sonnenorganigramme.

2.3.5.2 SAP - Organisationsstrukturdiagramm

Bei dieser Darstellungart der Organisationssicht werden neben den beteiligten Stellen auch ihre quantitativen Beziehungen ausgewiesen:

- 0 : 1 - Relation
- 0 : n - Relation
- 1 : 1 - Relation
- 1 : n - Relation
- m : n - Relation.

Dieser Beziehungsausweis erfolgt mit Pfeilspitzen. Keine, eine oder zwei Pfeilspitzen werden angezeigt.

Die Darstellung der Stellen erfolgt mit Ovalen.

Das nachfolgende Beispiel ist ein Ausschnitt aus dem SAP - Referenzmodell für die Organisationssicht:

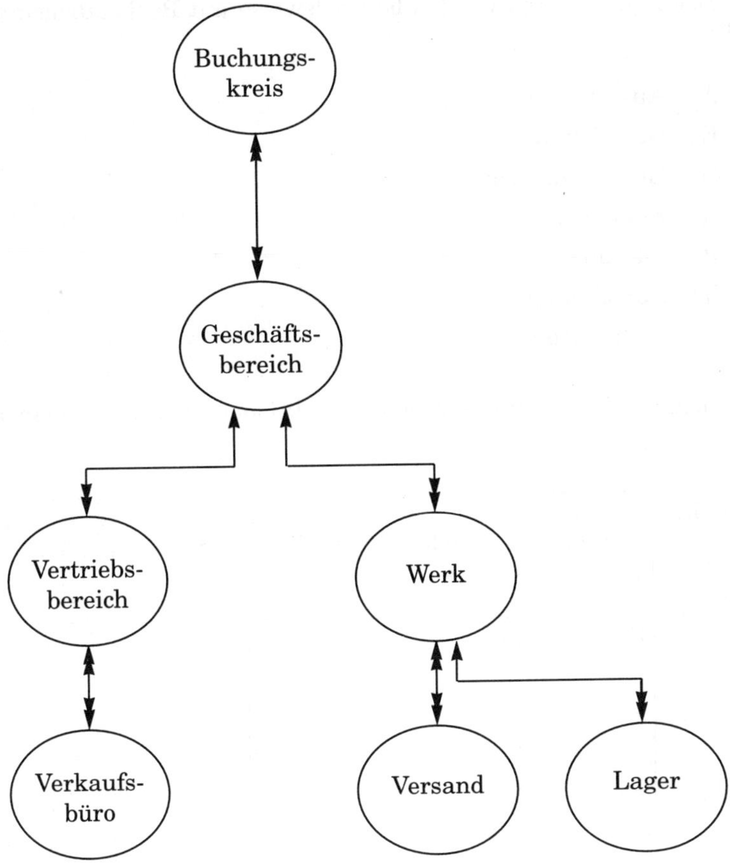

Abb. D28: Beispiel SAP – Organisationsstrukturdiagramm

2.3.5.3 Funktionendiagramm

Das Funktionendiagramm wird auch als Aufgabenverteilungsplan oder Funktionsmatrix bezeichnet:

Funktionendiagramm - Definition:

Matrizenmäßige Zuordnung von Aufgaben und Befugnissen zu Stellen.

In den Spalten des Funktionendiagramms werden die Stellen und in den Spalten die Aufgaben ausgewiesen. Im Schnittpunkt zwischen Zeilen und Spalten wird mit Hilfe von Symbolen die Art der Beteiligung ausgewiesen.

Solche Beteiligungsarten werden beispielsweise mit Buchstabensinnbildern dargestellt:

A : Ausführung
E : Entscheidung
G : Gesamtfunktion
K : Kontrolle
P : Planung
R : Abrechnung
V : Vorbereitung.

Eine schematische Darstellung eines Funktionendiagramms zeigt die folgende Abbildung:

Stellen / Aufgaben	Stelle 1	Stelle 2	Stelle 3	Stelle 4	...	Stelle n
Aufgabe A	E	V	A	K		
Aufgabe B			G			
Aufgabe C	P	A	A	K		
Aufgabe D		E, P, V	R	K		
:						
Aufgabe Z				G		

Das Funktionendiagramm weist in den Zeilen die Beteiligten einer Aufgabenausführung aus. Aus den Spalten kann die Aufgaben- und Befugnispalette einer Stelle abgelesen werden.

Damit ist das Funktionendiagramm auch ein wirksames Hilfsmittel zur Istanalyse und zur Überprüfung einer Prozessgestaltung.

3. Istanalyse

Die aufgenommenen Geschäftsprozesse müssen untersucht und analysiert werden. Dabei sind mehrere Aufgaben zu lösen:

- **Mängelermittlung**

  Es sind die vorhandenen Fehler, Schwachstellen, Unvollständigkeiten, Nachteile, Unzulänglichkeiten usw. zu erkennen und zu bewerten, damit eine Beurteilung und gegebenenfalls eine Entscheidung über diese Mängel getroffen werden kann.

- **Verbesserungserkennung**

  Mit der Feststellung von Mängeln geht oftmals einher das Erkennen von Verbesserungen, Änderungsnotwendigkeiten, Redesignansätzen usw. Für das Redesign müssen bereits hier wesentliche Erkenntnisse und Verbesserungsansätze gewonnen werden.

- **Problemanalyse**

  Die bei der Istaufnahme erkannten Probleme werden hier einer Analyse unterzogen, um damit die Ursachen, Bedeutung, Wirkungen usw. dieser Probleme zu ermitteln.

- **Forderungsuntersuchung**

  Die von unterschiedlichen Seiten für das Redesign erhobenen Forderungen, Wünsche, Notwendigkeiten, Erfordernisse usw. müssen dahingehend untersucht werden, ob sie tatsächlich notwendig und bedeutsam sind und damit beim Redesign Berücksichtigung finden müssen.

Die Istanalyse schafft damit die **Grundlagen** für die nachfolgenden Schritte wie Prozessredesign und Prozessicherung. Aber auch beim Prozessredesign und der Prozessgestaltung kann es sinnvoll oder auch erforderlich sein, den neuen Geschäftsprozess einer Analyse zu unterziehen, um

- Fehler und Mängel,
- weitere Verbesserungsmöglichkeiten und
- potentielle Probleme

zu erkennen.

Zur Prozessanalyse stehen eine Reihe von Analyseverfahren zur Verfügung. Zwei grundsätzliche Analysearten müssen unterschieden werden:

- **Gesamtanalyseverfahren** lassen Geschäftsprozesse als Einheit untersuchen.

- **Sichtanalyseverfahren** dienen dazu, nur eine bestimmte Sicht von Geschäftsprozessen zu analysieren.

Selbstverständlich werden nicht immer alle verfügbaren Analysetechniken eingesetzt, sondern nur die geeignetsten ausgewählt und angewandt.

3.1 Gesamtanalyse

Zur Ermittlung der Güte und der Mängel von Geschäftsprozessen kann eine Reihe von Techniken eingesetzt werden. Besonders geeignet dafür sind:

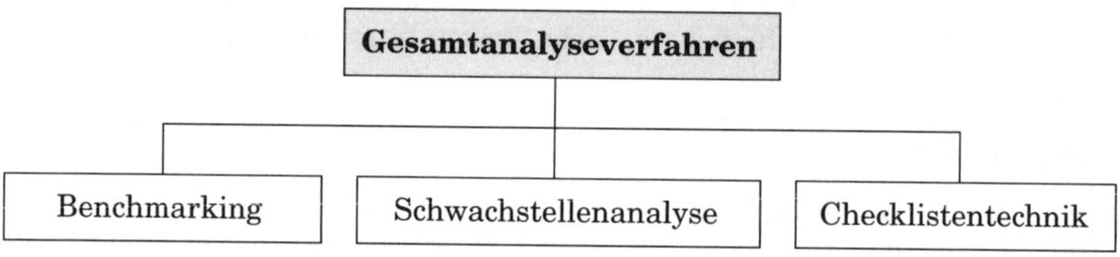

Gesamtanalysetechniken werden auch zur Problemanalyse benutzt.

3.1.1 Benchmarking

Als Kennzahlentechnik wird das Verfahren des Benchmarkings ebenfalls bezeichnet:

Benchmarking - Definition:

Ermittlung von Verbesserungsmöglichkeiten durch den Vergleich mit besseren Beispielen.

Beim Benchmarking wird in folgenden Schritten vorgegangen:

(1) **Merkmalfestlegung**

Zunächst ist festzulegen, an welchen Merkmalen der Geschäftsprozess beurteilt werden soll. Häufig benutzte Merkmale sind:

Benchmarkingmerkmale	
Zeitbedarf	Prozessdauer Bearbeitungszeiten Liegezeiten
Mengen	Bearbeitungsmengen Arbeitsgangzahlen Informationsmengen
Personaleinsatz	Mitarbeiterumfang Qualifikationsart Arbeitszeiten
Fehleranfall	Garantieinanspruchnahme Minderqualitäten Rücklieferungen
Kostenumfang	Gesamtkosten Deckungsbeitrag EDV - Kosten

Es sind solche Merkmale auszuwählen, deren Zahlenwerte den Geschäftsprozess oder Teile von ihm besonders gut repräsentieren.

(2) **Relationenbildung**

Aus den festgelegten Merkmalen sind nun geeignete Relativzahlen zu bilden, indem zwei oder mehrere Merkmale aufeinander bezogen werden. Durch die Bildung von Relativzahlen wird vermieden, daß sich Mengeneinflüsse auf die Kennzahlen auswirken.

Für eine Auftragsbearbeitung können das beispielsweise solche Relationen sein wie:

- Auftragsbearbeitungen je Sachbearbeiter und Arbeitstag
- Gesamtkosten je Auftragsbearbeitung
- Mittlere Durchlaufzeit je Kundenauftrag
- Auftragsbearbeitungsfehler je 1.000 Aufträge
- Mittlere Arbeitsgangzahl je Auftragsbearbeitung.

(3) **Relationenvergleich**

Die repräsentativen Relationen müssen nun mit den Relationen anderer, im Regelfall mit Spitzenunternehmen verglichen werden. Vergleichszahlen können beispielsweise sein:

- Spitzenunternehmen der gleichen Branche
- Branchendurchschnittszahlen, die von den Branchenverbänden oftmals ermittelt werden

- Relationszahlen in Konzernen von anderen Konzernunternehmen
- Zielvorgaben der Unternehmensleitung
- Sollzahlen, die mit Simulation, Optimierung oder Normalisierung erlangt werden können.

Ein Vergleich mit Vergangenheitszahlen empfiehlt sich nicht, denn damit wird nur die Miserabilität der Vergangenheit mit der aktuellen Miserabilität verglichen.

Ein Teilergebnis eines Benchmarking kann zum Beispiel folgenden Inhalt haben:

Benchmarkingergebnis				
Relation	Maßeinheit	Betrachtetes Unternehmen	Spitzen-unternehmen	Abweichung %
Auftragsbearbeitungen je Sachbearbeiter und Arbeitstag	AB/ SB*AT	42	65	+ 54
Gesamtkosten je Auftragsbearbeitung	DM	82,05	44,90	+ 83
Mittlere Durchlaufzeit je Kundenauftrag	AT	8,6	0,9	+ 856
Auftragsbearbeitungs-fehler je 1.000 Auf-tragsbearbeitungen	Fehler /1.000 AB	11,2	12,5	– 12
Mittlere Arbeits-gangzahl je Auftrags-bearbeitung	AG/AB	7,5	1,8	+ 317

Das ausgewiesene Teilbeispiel eines Benchmarkings bedingt folgende **Folgerungen**:

- Die Zahl der Arbeitsgänge, also der Aktivitäten, muß drastisch reduziert werden.
- Die Arbeitsproduktivität muß durch erhöhten Informatikeinsatz radikal vergrößert werden.
- Die Arbeitsgeschwindigkeit kann und muß folglich ebenfalls verbessert werden.

Was in anderen Unternehmen der gleichen Branche möglich ist, das muß auch im eigenen Unternehmen machbar sein!

Eine ganze Reihe von Tools zur Prozessanalyse enthalten eine Komponente zur Kennzahlenanalyse. Ein Beispiel dafür ist das SAP - Tool „R/3 - Analyzer“.

3.1.2 Schwachstellenanalyse

Die Schwachstellenanalyse arbeitet mit der Umkehrung des Ursachen-Wirkungs-Prinzips, also mit der Wirkung-Ursachen-Analyse:

Schwachstellenanalyse - Definition:

Ermittlung von Verbesserungsmöglichkeiten durch Schluß von Ergebnismängeln auf die Schwachstellen des Geschäftsprozesses.

Bei der Schwachstellenanalyse wird in folgenden Schritten vorgegangen:

(1) **Ergebnismängelermittlung**

Zunächst sind die Mängel der Ergebnisse eines Geschäftsprozesses zu ermitteln. Bei dem Prozess einer Auftragsbearbeitung können das beispielsweise sein:

- Überlange Bearbeitungszeiten
- Falsche Artikeldefinition
- Fehlerhafte Auftragsmengen
- Vergessen von Positionen
- Nichtberücksichtigung eines Lieferzeitwunsches
- Falsche Kundenzuordnungen
- Weglassen von Sonderwünschen

(2) **Mängelquantifizierung**

Für die erkannten Ergebnismängel werden nun die Häufigkeiten des Auftretens ermittelt werden. Das kann durch Auswertung der Kundenreklamationen und durch eine Stichprobenaufnahme erfolgen. Eine ausschließliche Auswertung der Kundenreklamationen ergibt ein verzerrtes Bild.

Die Mängelquantifizierung kann zum Beispiel zu folgendem Ergebnis führen:

Mängelliste			
Mangelart	Häufigkeit	Bezugsgröße	Anteil %
Überlange Bearbeitungszeit	572	1.306 Auftr.	42
Falsche Artikelbezeichnung	17	9.743 Posit.	0
Fehlerhafte Auftragsmengen	82	9.743 Posit.	1
Vergessen von Positionen	22	1.306 Auftr.	2
Nichtberücks. Lieferzeitwunsch	5	9.743 Posit.	0
Falsche Kundenzuordnung	33	1.306 Auftr.	3
Weglassen von Sonderwünschen	2	1.306 Auftr.	0

Die Mangelarten „Falsche Artikelbezeichnug“, „Nichtberücksichtigung des Lieferzeitwunsches“ und „Weglassen von Sonderwünschen“ können weiterhin unberücksichtigt bleiben, da ihr Anteil gering ist.

(3) **Ursachenermittlung**

Für jede der wesentlichen Mangelarten sind nun die Ursachen zu ermitteln. Das erfolgt durch die Ermittlung des Arbeitsganges, bei dem der Mangel entstanden ist. Der Arbeitsgang ist dann daraufhin zu untersuchen, was den Mangel ausgelöst hat. Im gewählten Beispiel ergaben sich folgende Ursachen:

Mängelursachen	
Mangelart	Mangelursache
Überlange Bearbeitungszeit	Bonitätsprüfung bei Neukunden Entscheidungsdauer bei hohem Zahlungsausfallrisiko Auftragsbearbeitungsrückstände Bearbeitungskapazität durch Dauerkrankheiten zu gering
Fehlerhafte Auftragsmengen	Lesefehler durch Scanner Keine Plausibilitätskontrollen
Vergessen von Positionen	Mitarbeiterfehler
Falsche Kundenzuordnung	Mitarbeiterfehler Fehlen einer Prüfziffernsicherung

Wie die Mangelursachen des Beispiels ausweisen, ergibt sich hier bereits ein Mix von Ursachennennungen und Verbesserungsansätzen.

3.1.3 Checklistentechnik

Für die Checklistentechnik gibt es eine Reihe von synonymen Begriffen:

- Prüfliste
- Fragebogenmethode
- Prüffragenkatalog.

Für die Checklistentechnik kann nachstehende Definition benutzt werden:

Checklistentechnik - Definition:

Ermittlung von Verbesserungsmöglichkeiten durch die Beantwortung von Fragen, die häufig vorkommende Schwachstellen erkennen lassen.

Beim Einsatz der Checklistentechnik müssen zunächst geeignete Checklisten beschafft werden. Das kann auf verschiedene Art erfolgen:

- Ermittlung von veröffentlichten Checklisten
- Erwerb von Checklisten
- Ausarbeitung durch einen erfahrenen Systemanalytiker.

Die einzusetzenden Checklisten dürfen einerseits nicht zu oberflächlich sein, weil sonst zu leicht gravierende Prozessmängel übersehen werden. Andererseits dürfen sie nicht zu detailreich sein, weil sonst der Arbeitsaufwand zu groß ist und zu viele Detailmängel ermittelt werden.

Die Fragen der ausgewählten Checkliste sind nun zu beantworten. Ein Beispiel für eine Checkliste in Anlehnung an *Acker* demonstriert die Schwierigkeiten bei der Fragenbeantwortung:

Checkliste – Zusammenwirken von Arbeitsgängen
1. Kann der Arbeitsgang mit einem anderen Arbeitsgang kombiniert werden?
2. Kann der Arbeitsgang zerlegt werden und zwar so, daß Arbeitsgangteile mit anderen Arbeitsgängen kombiniert werden können?
3. Kann ein Teil des Arbeitsganges abgetrennt werden, so daß er als eigenständiger Arbeitsgang ausgeführt werden kann?
4. Kommen einzelne Arbeitsgangteile so regelmäßig und häufig vor, so daß sie als eigener Arbeitsgang einem spezialisiertem Aufgabenträger zugewiesen werden sollte?
5. Ist die Reihenfolge der Arbeitsgänge zweckmäßig?
6. Würde eine Änderung in der Reihenfolge der Arbeitsgänge günstige oder ungünstige Auswirkungen haben?
7. Weicht die Reihenfolge der Arbeitsgänge von dem ab, was in ähnlichen Fällen günstig ist?
8. Sollte der Arbeitsgang besser an einem anderen Arbeitsplatz oder in einem anderen Prozess ausgeführt werden?

Die Beantwortung der Checklistenfragen und die dabei erarbeiteten Antworten zeigen die Schwachstellen des analysierten Prozesses auf.

Die Checklistenmethode ist sehr wirksam, aber bei Systemanalytikern wegen der drögen Arbeit unbeliebt.

3.2 Prozessanalyse

Zur Analyse von Geschäftsprozessen, also die Untersuchung der Prozessicht, kann ebenfalls eine Reihe von Analyseverfahren eingesetzt werden. Besonders geeignet sind:

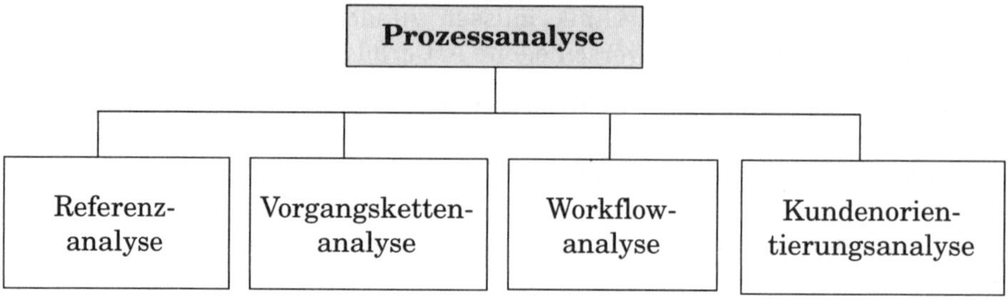

Zur Prozessanalyse steht ebenfalls eine zunehmende Zahl von Tools zur Verfügung, mit denen der Arbeitsaufwand wesentlich vermindert werden kann.

3.2.1 Referenzanalyse

Die Referenzanalyse setzt das Vorhandensein eines Referenzmodells voraus. Das ist in der Regel dann der Fall, wenn zum Redesign eines Prozesses eine integrierte Standardsoftware, wie die SAP - Systeme R/2 und R/3, eingesetzt werden soll:

Referenzanalyse - Definition:

Ermittlung von Verbesserungsmöglichkeiten durch Vergleich des Istprozesses mit einem softwarebasierten Prozessmodell.

Referenzanalysen können natürlich auch von Mitarbeitern durchgeführt werden. In der Regel ist diese Analyse eine Mensch-Maschine-Gemeinschaftsaufgabe.

Eine Referenzanalyse mit Hilfe eines maschinellen **Tools**, also beispielsweise mit dem

- R/3 - Analyzer der SAP AG,
- R/3 - Business Navigator der SAP AG,
- ARIS -Toolset der IDS Prof Scheer AG,
- Flow Mark der IBM GmbH,

vermindert den Arbeitsaufwand erheblich. Diese Tools haben in der Regel ihren Schwerpunkt bei der Prozessanalyse, analysieren aber auch andere Sichten.

Nach *Davenport* sollten Tools zur Analyse folgenden **Anforderungen** genügen:

- **Präsentation des Geschäftsprozesses in grafischer Form**
- **Ausweis von Mengenaufkommen für Personal, Zeitbedarf, Sachmittel usw.**
- **Detail- und Übersichtsdarstellungen der Prozesse**
- **Grafische, interaktive Benutzeroberfläche**

- Onlinesimulation der Geschäftsprozesse
- Engpassanalyse
- Schnittstellen zu CASE - Systemen: Computer Aided Software Engineering.

In Verbindung mit dem Referenzmodell sind solche Tools sehr effizient zur Referenzanalyse.

Beispielsweise können mit dem SAP - Tool R/3-Analyzer solche **Analyseaufgaben** durchgeführt werden wie:

- Darstellung des Istprozesses mit der EPK - Technik
- Vergleich des Istprozesses mit dem R/3 - Referenzmodell
- Ermittlung und Ausweis von Schwachstellen
- Kennzahlenanalyse der Geschäftsprozesse
- Darstellung von Lösungen zur Prozessoptimierung.

Der R/3 - Analyzer hat jedoch darüberhinaus eine Reihe von Komponenten zur Fachkonzepterarbeitung. Es ist folglich kein ausschließliches Analysetool, sondern nutzt die Daten und Ergebnisse der Prozessanalyse auch für solche Aufgaben wie das Redesign des Prozesses.

3.2.2. Vorgangskettenanalyse

Basis der Vorgangskettenanalyse sind verständlicherweise Vorgangskettendiagramme (VKD). Sie wurden bei der Istaufnahme im Kapitel über die Prozessicht dargestellt:

Vorgangskettenanalyse - Definition:

Ermittlung von Verbesserungsmöglichkeiten durch Beurteilung von systematischen Kombinationen einzelner Prozesskomponenten.

Ein Beispiel eines Vorgangskettendiagrammes erläutert dieses Analyseverfahren:

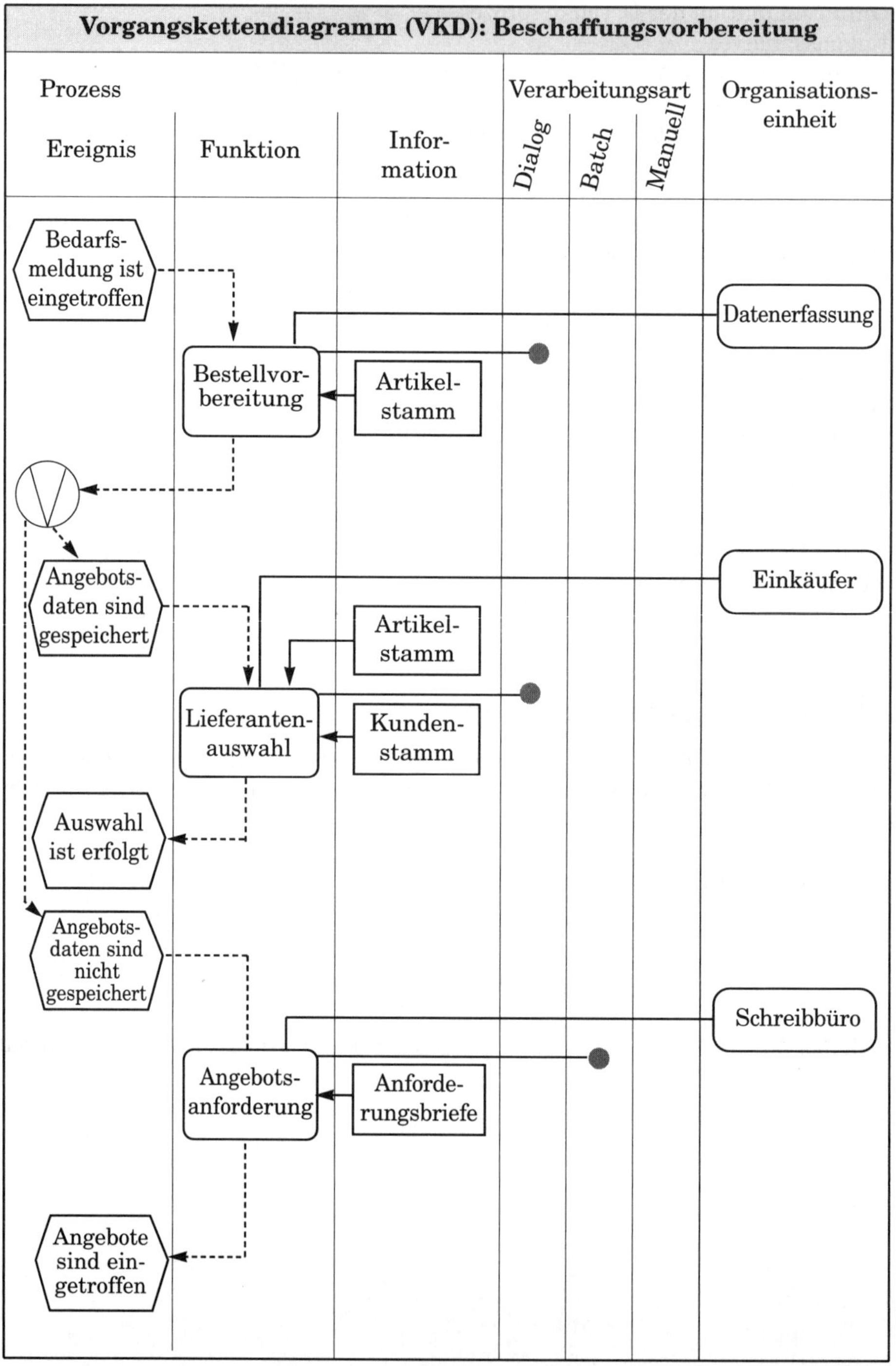

Abb. D29: Beispiel Vorgangskettendiagramm – Analysebeispiel

Durch die Vorgangskettenanalyse wird geprüft, ob der ausgewiesene Prozess optimiert werden kann. Das kann beispielsweise nach *Scheer* durch den Vergleich von Spalten erfolgen:

- Ein Vergleich zwischen Ereignissen und Funktionen zeigt den Workflow und seine Ablauflogik.
- Der Vergleich von Funktionen und Organisationsebenen zeigt das Funktionsebenenmodell und seine Konstruktion.
- Die Kombination von Funktion und Verarbeitungsart weist die Angemessenheit des Computereinsatzes aus.
- Den Wechsel der Verarbeitungsarten zeigen die Verarbeitungsbrüche aus.
- Die Organisationseinheiten zeigen den Übergang von Abteilung zu Abteilung und von Stelle zu Stelle aus.
- Aus der Informationsspalte können die Medienbrüche entnommen werden.

Besitzt das Vorgangskettendiagramm auch einen Ausweis für die Zugriffsberechtigung, dann kann die Bearbeitungsart des Mitarbeiters und dessen Wechselhäufigkeit in die Analyse einbezogen werden.

3.2.3 Workflowanalyse

Mit der Workflowanalyse werden Geschäftsprozesse auf häufig vorkommende Fehler untersucht:

Workflowanalyse - Definition:

Ermittlung von Verbesserungsmöglichkeiten durch systematische Untersuchung des Workflow auf häufig vorkommende Fehler.

Zur Workflowanalyse bedient man sich beispielsweise solcher **Kriterien** wie:

- Erfordernis jeder Funktion
- Folge der Funktionen
- Mehrfachdurchführung von Funktionen
- Stärke der Arbeitsteilung
- Einsatz solcher Ablaufkonstrukte wie Alternative, Schleife und Parallele
- Verfügbarkeit erforderlicher Informationen zum Bearbeitungszeitpunkt
- Fehlen von Ereignissen und damit zufallsbedingte Erledigung
- Doppelspeicherung von Informationen
- Auftreten von Medienbrüchen
- Auftreten von Verarbeitungswechseln
- Unterscheidung von Haupt- und Nebenprozessen für Sondervorgänge
- Kosten für den Prozess.

Die beiden grundsätzlichen Fragen, die bei der Workflowanalyse gestellt werden müssen, sind nach *Hammer* und *Champy*:

- **Warum machen wir die Dinge, die wir tun ?**
- **Weshalb machen wir sie auf diese Weise, wie wir sie tun?**

Eine Sonderform der Workflowanalyse ist die Kundenorientierungsanalyse.

3.2.4 Kundenorientierungsanalyse

Die vollständige Fokussierung aller Unternehmensausprägungen auf die Kunden, um damit einen hohen Grad an Kundenzufriedenheit zu erreichen, ist das Hauptziel der Prozessorganisation. Deswegen ist es notwendig, auch durch eine besondere Analyse die Ausrichtung der Prozesse auf dieses Hauptziel zu überprüfen:

Kundenorientierungsanalyse - Definition:

Ermittlung von Verbesserungsmöglichkeiten, um eine größere Kundenzufriedenheit zu erreichen.

Voraussetzung für eine Kundenorientierungsanalyse ist die Kenntnis der Kundenwünsche und der Kundenbedürfnisse. Diese Kenntnisse können zum Beispiel erlangt werden durch eine Befragung der Außendienstmitarbeiter oder direkt der Kunden.

Bei dieser Analyse werden solche Fragen beantwortet wie beispielsweise:

- Nutzt dem Kunden die betrachtete Funktion?
- Ist diese Funktion aus der Sicht des Kunden notwendig?
- Gibt es kundendienlichere Funktionen?
- Können Funktionen ausgeübt werden, die dem Kunden einen zusätzlichen Nutzen geben?
- Gibt es Funktionen, die zusätzliche Kunden gewinnen lassen?
- Können Funktionen ausgeführt werden, die Probleme der Kunden lösen oder die Kundenlösung unterstützen?
- Gibt es Funktionen, die bisherige Kunden veranlassen können, zusätzliche Leistungen von uns in Anspruch zu nehmen?
- Können andere Funktionen unser Image beim Kunden verbessern?
- Welche Auswirkungen auf den Kunden hat eine Eliminierung der Funktion?
- Hat der Kunde einen einzigen Ansprechpartner?
- Erhält der Kunde alle erforderlichen Informationen oder Waren in der geringstmöglichen Zeit?
- Kann der Kunde jeden für ihn erforderlichen Service von uns bekommen?
- Ist unser Unternehmen vor Ort beim Kunden?

Auch das Ergebnis des Redesign von Prozessen ist immer auch einer Kundenorientierungsanalyse zu unterziehen.

3.3 Funktionsanalyse

Mit der Referenzanalyse werden die Funktionen der benutzten Geschäftsprozesse mit einem Referenzmodell verglichen und die Abweichungen ermittelt.

Der Inhalt der Funktionen wird dabei aber nicht untersucht. Eine Funktion „Bedarfsrechnung" im Referenzmodell kann aber einen anderen Inhalt in der benutzten Funktion haben. Unterschiede können sein:

- Auslösendes Ereignis
- Funktionserfordenis
- Angewandte Verfahren
- Ausführungsumfang
- Entscheidungslogik
- Ergebnisdetaillierung.

Mit der Funktionsanalyse werden folglich die Unterschiede von Funktionen ermittelt:

Funktionsanalyse - Definition:

Untersuchung von zwei Funktionen auf Abweichungen in der Funktionsausführung und dem -inhalt.

Für das Beispiel der Bedarfsrechnung kann das Ergebnis folgenden Inhalt haben:

Funktionsanalyse: „Bedarfsrechnung"		
Untersuchungsgegenstand	Istgeschäftsprozess	Referenzmodell
Auslösendes Ereignis	Kundenauftrag	Bestimmtes Datum wie Monatsbeginn oder Dekadenende
Funktionserfordernis	Mußfunktion	Kannfunktion
Angewandtes Verfahren	Deterministische Bedarfsrechnung = Stücklistenauflösung	Stochastische Bedarfsrechnung = Verbrauchsrechnung
Ausführungsumfang	Bruttobedarfsrechnung	Brutto- und Nettobedarfs-rechnung
Entscheidungslogik	Auflösungsstufen	Verbrauchsmodell
Ergebnisdetaillierung	Monatsperioden	Wochen oder Dekaden

Für Funktionsanalysen stehen bisher nur selten maschinelle Verfahren zur Verfügung.

3.4 Datenanalyse

Mit der Datenanalyse werden gemäß ihrer Bezeichnung die im Geschäftsprozess beteiligten Daten auf solche Merkmale untersucht wie:

- Vollständigkeit
- Erfordernis
- Modellierungsrichtigkeit
- Redundanzfreiheit.

Beteiligte unformatierte Informationen, also Texte, entziehen sich oftmals einer Analyse auf formale Merkmale.

Zur Untersuchung der Daten stehen verschiedene **Verfahren** zur Verfügung:

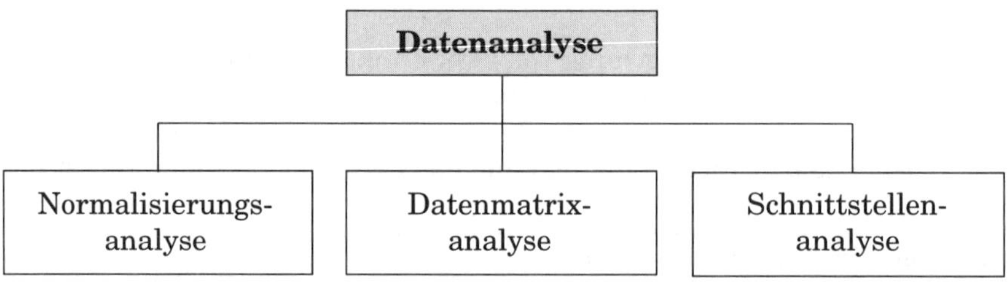

Auf die Datenanalyse kann auf keinen Fall verzichtet werden. Die unanalysierte Verwendung der bisher benutzten Dateien ist gefährlich für das neue System.

3.4.1 Normalisierungsanalyse

Mit der Normalisierungsanalyse wird geprüft, ob ein Datenbestand einen Sachverhalt einfach und natürlich abbildet. Nach *Codd* müssen die Daten in normalisierten Datensätzen vorliegen. Dabei werden in der Regel drei **Normalformen** stufenmäßig untersucht.

Deswegen wird bei der Normalisierungsanalyse mit folgenden drei Prüfungen gearbeitet:

(1) **Wiederholungsgruppenprüfung (1. Normalform)**

Zunächst ist zu prüfen, ob in den Datensätzen Wiederholungsgruppen enthalten sind. Im nachstehenden Beispiel ist das offensichtlich der Fall:

Bestellung							
Bestell-nummer	Lieferan-tennum-mer	Lieferant	Postleit-zahl	Ort	Artikel-nummer	Menge	Artikel-bezeich-nung
4711	312	Pohl	60320	F	32	10	Rad
4712	177	Mai	60320	F	17	20	Splint
4712	177	Mai	60320	F	25	50	Joch
4713	444	Paul	70180	S	17	50	Splint
4713	444	Paul	70180	S	32	30	Rad

Im Beispiel sind zwei Wiederholgruppen enthalten:

- Lieferantennummer, Lieferant, Postleitzahl und Ort
- Artikelnummer und Artikelbezeichnung

Damit ist der Datenbestand nicht in der ersten **Normalform** (1NF). Sollte der Datenbestand in die 1. Normalform überführt werden, so müssen zwei Datensätze gebildet werden:

Bestellung				
Bestell-nummer	Lieferanten-nummer	Lieferant	Postleitzahl	Ort
4711	312	Pohl	60320	Frankfurt
4712	177	Mai	60320	Frankfurt
4713	444	Paul	70180	Stuttgart

Der zweite Datensatz hat dann folgenden Aufbau und die Datei den nachstehenden Inhalt:

Bestellung			
Bestell-nummer	Artikel-nummer	Menge	Artikelbezeichnung
4711	32	10	Rad
4712	17	20	Splint
4712	25	50	Joch
4713	17	50	Splint
4713	32	30	Rad

Damit befinden sich beide Datenbestände in der 1. Normalform.

(2) **Attributsabhängigkeitsprüfung (2. Normalform)**

Es ist zu überprüfen, ob alle Attribute voll von ihrem Ordnungsbegriff abhängig sind. Im Beispiel sind nicht voll voneinander abhängig:

- Bestellnummer und Lieferantennummer mit Lieferant, Postleitzahl und Ort
- Bestellnummer und Artikelnummer mit Artikelbezeichunug

Die beiden Datensätze sind folglich nicht in der zweiten Normalform. Sollte das ereicht werden, so ist die 2. Normalform (2NF) zu bilden. Als Ergebnis ergibt sich:

Lieferant			
Lieferantennummer	Lieferant	Postleitzahl	Ort
177 312 444	Mai Pohl Paul	60320 60320 70180	Frankfurt Frankfurt Stuttgart

Für die Artikel ergibt sich analog die nachstehende Datenstruktur:

Artikel	
Artikelnummer	Artikelbezeichnung
17 25 32	Splint Joch Rad

(3) **Nichtordnungsbegriffsabhängigkeit (3. Normalform)**

Zu untersuchen ist nun, ob bei den Nichtordnungsgruppen Abhängigkeiten gegeben sind. Das ist im Beispiel der Fall, denn Ort und Postleitzahl sind hier voneinander abhängig. Das Beispiel befindet sich folglich noch nicht in der dritten Normalform (3NF).

Sollte die dritte Normalform hergestellt werden, so ist noch eine Relation „Anschrift" einzuführen:

Anschrift	
Postleitzahl	Ort
60320 70180	Frankfurt Stuttgart

Damit befindet sich der gesamte Datenbestand in der 3. Normalform.

Bei der Normalisierungsanalyse beschränkt man sich in der Regel auf die Feststellung, ob der Datenbestand normalisiert ist oder nicht. Die Normalisierung erfolgt dann erst bei der Prozessgestaltung.

Aufgabe 15

3.4.2 Datenmatrixanalyse

Mit Hilfe von Matrizen können einfach Beziehungen untersucht werden, so zum Beispiel zwischen

- Funktionen und Daten,
- Informationsobjekten und Daten,
- Input bzw. Output und Daten usw.

Damit ist es unkompliziert möglich solche Prüfungen vorzunehmen wie:

- Erfordernis und Notwendigkeit von Beziehungen,
- Richtigkeit von Zuordnungen,
- Vollständigkeit von Beziehungen,
- Plausibilitäten von Zuordnungen,
- Fehlerfreiheit der Zuordnungsart usw.

In der Prozessanalyse wird mit verschiedenartigen Datenmatrixanalysen gearbeitet. Bekannte Analysearten sind beispielsweise:

- **Daten-Funktions-Analyse**

  In einer Matrix werden hier die Daten den Funktionen zugeordnet und geprüft, ob diese Zuordnung

  - erforderlich,
  - vollständig und
  - richtig

  ist. Beispielsweise kann eine Daten-Funktions-Matrix folgenden Inhalt haben:

Daten-Funktions-Matrix: Auftragsbearbeitung				
Datum	Auftrags-erfassung	Neukunden-bearbeitung	Bonitäts-prüfung	Verfügbarkeits-prüfung
Auftragsnummer	X	X	X	X
Kundennummer	X	X	X	
Kundenanschrift		X		
Artikel	X			X
Auftragsmenge	X			X
Bonitätsbeurteilung	X	X	X	

(2) **Daten-Datenträger-Analyse**

Hier wird die Zuordnung der Daten auf die verschiedenen am Verarbeitungsprozess beteiligten Datenträger mit Hilfe einer Matrixdarstellung untersucht, um auch wieder solche Eigenschaften zu erkennen wie beispielsweise:

- Erfordernis,
- Vollständigkeit,
- Plausibilität.

Das Beispiel einer Auftragsbearbeitung zeigt die Daten-Datenträger-Analyse:

Daten-Datenträger-Analyse: Auftragsbearbeitung			
Datum	Auftragsblatt	Auftragsdatei	Auftragsbestätigung
Auftragsnummer	X	X	X
Kundennummer	X	X	X
Kundenanschrift			X
Artikel	X	X	X
Auftragsmenge	X	X	X
Bonitätsbeurteilung	X		

(3) **AVE-Analyse**

Die AVE-Matrix und ähnliche Hilfsmittel zur Datenanalyse werden mit unterschiedlichen Bezeichnungen benutzt:

- Datenmatrix,
- Ein/Ausgabe-Matrix,
- HIPO-Diagramm.

Die AVE-Matrix hat ihren Namen von der Umkehrung des grundsätzlichen Prinzips der Informationsverarbeitung, dem **EVA-Prinzip**:

E ingabe
I
V erarbeitung
I
A usgabe

Die Umkehrung von EVA in AVE erfolgt deshalb, weil damit der natürliche, naive Entwicklungsprozess eines Softwaresystems dargestellt und auch analysiert werden kann:

(1) Ausgabe: Welche Ausgaben sind erforderlich und welche Daten müssen sie enthalten?

(2) Verarbeitung: Welche Verarbeitungen müssen durchgeführt werden, um die Ausgabedaten zu erarbeiten und welche Daten werden für diese Verarbeitungen benötigt?

(3) Eingabe: Welche Daten müssen eingegeben werden, weil sie für die Ausgabe oder die Verarbeitungen erforderlich sind und aus welchen Datenbeständen können diese Daten entnommen werden.

Das Beispiel für eine AVE-Matrix wird nun analysiert im Hinblick auf Vollständigkeit, Erfordernis und Plausibilität:

AVE-Matrix: Auftragsbearbeitung					
Datum	Ausgabe		Verarbeitung	Eingabe	
	Auftrags-datei	Auftrags-bestätig.		Kunden-datei	Masken-eingabe
Auftragsnummer	X	X	V 1		
Kundennummer	X	X		X	X
Kundenanschrift		X		X	
Artikel	X	X			X
Auftragsmenge	X	X			X
Bonitätsbeurteilung				X	

Jedes Datum muß in dieser Matrix zumindest zweimal angesprochen werden, um der Ein/Ausgabelogik zu genügen.

Die Eingabe der Bonitätsbeurteilung im obigen Beispiel ist unnötig, da dieses Datum weder für die Verarbeitung noch für die Ausgabe benötigt wird.

Weitere Datenmatrixanalysen sind beispielsweise auch Satzbeschreibungen oder Informationstabellen.

3.4.3 Schnittstellenanalyse

Da die Schnittstellen von Softwaresystemen, also die Übergabe von Daten, besonders risikoreich sind, müssen sie besonders beachtet und analysiert werden.

Softwaresysteme haben eine Reihe von zu analysierenden **Schnittstellen**:

- Eingabeschnittstellen wie Tastatureingaben, Dateieingaben usw.
- Ausgabeschnittstellen wie Bildschirmausgaben, Druckausgaben, Dateiausgaben usw.
- Datenbankschnittstellen, die sowohl Eingabe-, als auch Ausgabeschnittstellen sein können.
- Übergabeschnittstellen zu anderen Softwaresystemen.

Eine Analyse der Schnittstellen kann sich auf mehrere Eigenschaften der **Datenübergabe** beziehen:

- Daten
- Datenformate
- Protokolle
- Datenträger
- Layout.

Schnittstellenanalysen sind auch bei der Prozessgestaltung erforderlich, um sicherzustellen, daß die Datenübergabe korrekt und fehlerfrei erfolgen kann.

3.5 Informationsflußanalyse

Mit der Informationsflußanalyse werden die Informationsflüsse zwischen den Funktionen ermittelt und untersucht. Die im vorhergehenden Kapitel beschriebene Schnittstellenanalyse kann natürlich auch zu den Informationsflußanalysen gerechnet werden.

Informationsflußanalyse - Definition:

Ermittlung von Verbesserungsmöglichkeiten bei den Informationsflüssen durch den Vergleich des Ist mit den Informationsflüssen eines Referenzmodelles.

Für diese Analyse ist es erforderlich, daß die Informationsflüsse in einem Informationsflußdiagramm dargestellt sind (vgl. Kapitel D 2.3.4.3).

Durch den **Vergleich** der beiden Informationsflußdiagramme,

- Istdiagramm und
- Referenzdiagramm,

werden die Schwächen und Mängel bei den Istinformationsflüssen oder denen des Referenzmodells offenbar:

- Überflüssige oder fehlende Informationsobjekte
- Ungenügender oder übermäßiger Informationsfluß
- Überzählige Schnittstellen
- Unnötige Funktionen usw.

Selbstverständlich kann eine Informationsflussanalyse auch ohne den Vergleich mit einem Referenzmodell durchgeführt werden, die Untersuchung ist dann aber erheblich schwieriger und die Ergebnisse von geringerer Qualität.

3.6 Organisationsstrukturanalyse

Bei der Organisationsstrukturanalyse kann mit zwei verschiedenen Verfahren gearbeitet werden:

- Organisationsreferenzanalyse
- Organisationsmonitoring

Bei beiden Analyseverfahren können die Organisationsdaten maschinell verfahrensgemäß aufbereitet werden. Die Analyse muß dann durch einen erfahrenen Systemanalytiker erfolgen.

3.6.1 Organisationsreferenzanalyse

Die Organisationsreferenzanalyse ist ein Vergleich der gegebenen Organisationsstruktur mit der Struktur eines Referenzmodelles:

Organisationsreferenzanalyse - Definition:

Ermittlung von Verbesserungsmöglichkeiten der bestehenden Aufbauorganisation durch Vergleich mit der Struktur eines Referenzmodells.

Dazu ist es erforderlich, daß beide Organisationsstrukturen in einer der gängigen Strukturdarstellungen der Prozessorganisation erarbeitet werden und vorliegen (siehe Kapitel D 2.3.5):

- Organigramm
- SAP - Organisationsdiagramm
- Funktionendiagramm.

Mit der Organisationsstrukturanalyse können solche **Eigenschaften** von Organisationsstrukturen untersucht werden wie:

- Erfordernis von Organisationseinheiten wie Abteilungen, Gruppen, Instanzen usw.
- Fehlen von Organisationseinheiten
- Entfallmöglichkeit von Organisationseinheiten
- Wechselhäufigkeit von Organisationseinheiten in dem betrachteten Geschäftsprozess
- Flachheit der Organisationsstruktur
- Richtigkeit der Organisationsform

Die Organisationsstruktur hängt jedoch in vielen Fällen von weiteren Einflußfaktoren ab, so daß es oftmals nicht möglich ist, sie prozessoptimal zu gestalten.

3.6.2 Organisationsmonitoring

Im Mittelpunkt der Aufbauorganisation stehen die Beziehungen zwischen den Organisationseinheiten, also den

- Stellen,
- Gruppen und
- Abteilungen

und den Funktionen. Diese Beziehung wird im Funktionendiagramm ausgewiesen (Siehe Kapitel 2.3.5.3).

Organisationsmonitoring - Definition:

Analyse der Beziehungen zwischen Organisationseinheiten und den Funktionen mit Hilfe eines Funktionendiagramms.

Im Funktionendiagramm sind die nachstehenden Informationen ausgewiesen:

- **Zeilen**

  Sie enthalten die Funktionen und bei entsprechender Differenzierung auch die Transaktionen.

- **Spalten**

  Die Spalten weisen die Organisationseinheiten und/oder die Arbeitsplätze aus.

- **Zellen**

  Im Schnittpunkt zwischen den Zeilen und den Spalten, also den Zellen, werden die Beziehungsarten wie

  - Aufgaben,
  - Befugnisse,
  - besondere Verantwortungen,

  dargestellt.

Nach *Mende* und *Österle* gibt das Organisationsmonitoring Antworten auf folgende Fragestellungen:

- Entspricht die Istorganisation den Sollvorstellungen?
- Werden die einzelnen Funktionen dort ausgeführt, wo es am sinnvollsten ist?
- Nutzen die Manager die für sie vorgesehenen Informationen?
- Entspricht die Anzahl der Mitarbeiter einer Organisationseinheit den betrieblichen Anforderungen?
- Ist der Wechsel der Organisationseinheiten in den Funktionsketten minimiert?

Der Inhalt der Spalten muß mit den Stellen- oder Arbeitsplatzbeschreibungen übereinstimmen. Ist das nicht der Fall, so ist die aufbauorganisatorische Dokumentation nicht konsistent.

3.7 Zusatzanalysen

Zur Prozessanalyse werden gelegentlich weitere Analyseverfahren eingesetzt. Sie dienen im allgemeinen speziellen Untersuchungserfordernisse wie beispielsweise:

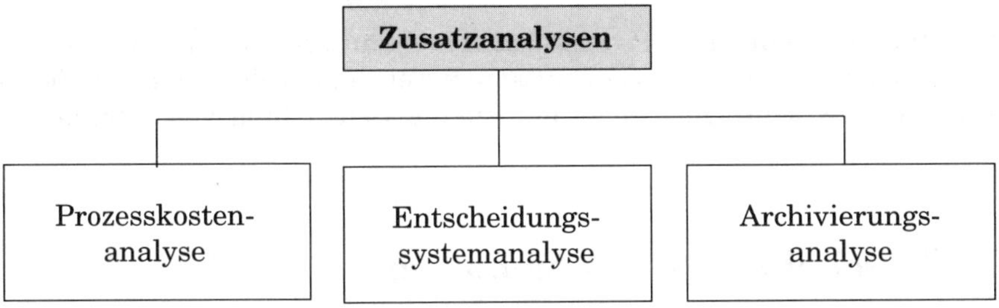

Dabei darf natürlich nicht übersehen werden, daß die Prozessanalyse nur Mittel zum Zweck und nicht Selbstzweck sein darf. Im Mittelpunkt der Prozessorganisation steht das Prozessredesign und nicht die Prozessanalyse.

3.7.1 Prozesskostenanalyse

Die Analyse der Istprozesskosten kann zum Benchmarking verwandt werden, es kann aber auch als Zielvorgabe für das Prozessredesign benutzt werden. Ein neu gestalteter Geschäftsprozess darf keine höheren Prozess- oder Vorgangskosten als der bisherige Geschäftsprozess verursachen!

Zur Prozesskostenanalyse werden zunächst die **Prozesskosten** und die Vorgangskosten ermittelt:

- Erfassung aller Kosten des betrachteten Geschäftsprozesses aus der Kostenarten- bzw. Kostenstellenrechnung durch Trennung von anderen Geschäftsprozessen. Dabei können unterschieden werden:
  - Leistungsmengenindizierte Prozesskosten, also die vorgangszahlenabhängigen Kosten
  - Leistungsmengenneutrale Prozesskosten, also solche Kosten, welche von den Mengen unabhängig sind

  Durch die Analyse der einzelnen Kostenarten können bereits hier wesentliche Erkenntnisse gewonnen werden, so beispielsweise die Untersuchung der Höhe der Personal- oder der Fremdleistungskosten.

- Ermittlung der Gesamtprozesskosten durch Additition aller Prozesskostenelemente in einer Zeiteinheit wie Jahr, Monat, Woche usw. Dieser Kostenbetrag repräsentiert auch die kostenmäßige Bedeutung des Geschäftsprozesses.
- Errechung der Vorgangskosten durch Division der Gesamtprozesskosten durch die Vorgangszahl in der entsprechenden Zeiteinheit. Werden in einem Geschäftsprozess mehrere unterschiedliche Vorgänge er- oder bearbeitet, so muß mit Äquivalenzzahlen eine Aufteilung vorgenommen werden.

Die Prozesskostenanalyse kann für unterschiedliche Teilprozesse durchgeführt werden, um so eine bessere Vergleichbarkeit zu erlangen.

Selbstverständlich können die Prozesskosten nicht ausschließlicher Beurteilungsmaßstab für das Redesign von Geschäftsprozessen sein. Jedoch besitzen die Prozesskosten eine wesentliche Bedeutung für die Beurteilung von Geschäftsprozessen.

3.7.2 Entscheidungssystemanalyse

In Geschäftsprozessen müssen immer wieder Entscheidungen getroffen werden. Diese Entscheidungen sollten richtig und angemessen gefällt werden:

Entscheidungssystemanalyse - Definition:

Untersuchung von Entscheidungssystemen auf formale Richtigkeit.

Bei einer Analyse von Entscheidungssystemen wird in diesen Schritten vorgegangen:

(1) **Entscheidungstabellendokumentation**

Zunächst ist das zu untersuchende Entscheidungssystem in einer begrenzten Entscheidungstabelle zu dokumentieren.

(2) **Entscheidungstabellenanalyse**

Die begrenzte Entscheidungstabelle wird auf mehrere Kriterien untersucht:

- **Vollständigkeit** durch Feststellung, ob alle theoretisch notwendigen Regeln vorhanden sind.
- **Redundanzfreiheit** durch Prüfung des einmaligen Vorkommens jeder Regel.
- **Widerspruchsfreiheit** durch die Prüfung auf das Vorhandensein von logischen Widersprüchen.

(3) **Entscheidungsinhaltsanalyse**

Die formale Prüfung der Entscheidungsanalyse muß mit einer inhaltlichen Prüfung ergänzt werden. Dazu ist es notwendig, die Entscheidungslogik gemäß den angestrebten Zielen zu prüfen.

Die Entscheidungssystemanalyse des Istzustandes hat das Ziel festzustellen, ob dieses Entscheidungssystem so in den neuen Geschäftsprozess übernommen werden kann oder ob der neue Geschäftsprozess ein oder auch mehrere neu zu gestaltende Entscheidungssysteme erfordern.

Aufgabe 16

3.7.3 Archivierungsanalyse

Mit dem Reengineering von Geschäftsprozessen geht oftmals eine Reorganisation der Dokumente einher. Dies auch deswegen, weil durch neue Techniken wesentliche Verbesserungen bei der Belegarchivierung erreicht werden können:

- Scanning von Belegen
- Archivierungsart der Belege
- Zugriffsgeschwindigkeit
- Belegindizierung
- Zugriffsstrategien

Bei einer Archivierungsanalyse sind nach *Götzer* die nachstehenden Fragen zu beantworten:

- Welche Belege müssen archiviert werden?
- Wie lange sind diese Belegarten zu archivieren?
- Müssen diese Belege im direkten Zugriff sein?
- Mit welchem Indizierungssystem wird bei dieser Belegarchivierung gearbeitet?
- Welche Prozesse greifen auf die archivierten Belege zu?
- In welcher Weise erfolgt dieser Belegzugriff (Lesend, verändernd, erweiternd, löschend)?
- Nach welchen Suchkriterien wird auf die Belege zugegriffen?
- Welche Mengen treten für die einzelnen Belegarten auf?
- Wie hoch ist die durchschnittliche Zugriffszeit?
- Wie häufig wird auf die einzelnen Belegarten zugegriffen?
- Was kostet die Belegarchivierung insgesamt und je Beleg?

Aus den Ergebnissen können wesentliche Erkenntnisse für das Redesign des oder der Archivierungssysteme gewonnen werden.

E. Prozessredesign

1. Einführung

In der Folge der Projektaufgaben ist das Prozessredesign besonders bedeutsam. Wenn hier nicht besonders effiziente und effektive Lösungen gefunden, ermittelt oder erarbeitet werden, dann können keine **organisatorischen Quantensprünge** erreicht werden.

Quantensprünge zu erreichen ist aber **die** Forderung des Business Reengineerings.

Ein Beispiel für Quantensprünge ist die **Faktor 4 - Forderung** (F4F) des Club of Rome. Sie wurde von *E. von Weizäcker* sowie von *A.* und *H. Lovins* formuliert:

Faktor 4 - Forderung: Vervierfachung der Ressourcenproduktivität = Wohlstand verdoppeln und Ressourcenverbrauch halbieren!

Mit dem Business Reengineering werden solche Forderungen, wie die des Club of Rome, auf die Unternehmen übertragen.

Nach *Hammer* und *Champy*, den Hauptauguren und „hohen Priestern" des **Business Reengineering**, hat Business Reengineering den folgenden Wesenskern:

Business Reengineering - Definition von *Hammer* und *Champy*:

Fundamentales Überdenken und radikales Redesign von Unternehmen oder wesentlichen Unternehmensprozessen. Das Ergebnis müssen Verbesserungen um Größenordnungen sein.

Business Reengineering bedeutet folglich die „Runderneuerung" des Unternehmens oder von Unternehmensteilen.

1.1 Eigenschaften

Das Business Reengineering ist folglich durch vier Eigenschaften gekennzeichnet:

- **Fundamentales Überdenken**

  Grundlegend sind alle Prozessmerkmale zu überprüfen:

  - Warum machen wir das, was wir machen?
  - Warum machen wir es auf diese Art und Weise?

Alle bisherigen Prämissen, Annahmen und Regeln sind in Frage zu stellen. Es gilt beispielsweise nicht die Frage zu beantworten: „Wie prüfen wir die Kreditwürdigkeit der Kunden." Vielmehr gilt es die Frage zu beantworten: „Muß die Kreditwürdigkeit der Kunden überprüft werden?"

- **Radikales Redesign**

  Diese Forderung bedeutet, sich von früheren Lösungen **total** zu trennen. Es sind völlig neue Lösungen unter Mißachtung aller bestehender Strukturen und Verfahrensweisen zu entwickeln. Es geht also nicht um

  - Verbesserungen,
  - Erweiterungen oder
  - Modifizierungen

  der bestehenden Prozessorganisation, sondern um völlige Neumodellierung der Geschäftsprozesse.

- **Wesentliche Unternehmensprozesse**

  Die Unternehmensprozesse stehen im Mittelpunkt und hier wieder die Kernprozesse. Durch die arbeitsteilige Betrachtung der Unternehmen in der Vergangenheit ist das Prozessdenken häufig völlig verschüttet. Die ganzheitliche Betrachtung von Prozessen, die soweit wie möglich auf alle

  - Gliederungen,
  - Strukturierungen,
  - Trennungen,

  verzichtet, ist das Ziel. Der Prozess und nur der Prozess und nicht

  - die beteiligten Arbeitsgänge,
  - die ausführenden Arbeitsplätze und
  - die befaßten Abteilungen,

  sind also zu betrachten und einem totalen Redesign zu unterziehen.

- **Verbesserungen um Größenordnungen**

  Die „**Faktor 4 - Forderung**" gilt nicht nur aus volkswirtschaftlicher Sicht, sie ist auch die Forderung des Business Reengineerings. Nicht Verbesserungen um 10 oder 20 oder 30 % sind das Ziel, sondern **Quantensprünge**!

Das radikale Redesign wird deswegen auch als „Bombenwurfstrategie" bezeichnet. Auch Begriffe wie „Revolutionsorganisation" oder „Radikalkur" werden gebraucht.

1.2 Vorgehensweise

Drei organisatorische Vorgehensweisen stehen für das erfolgreiche Business Reengineering zur Verfügung:

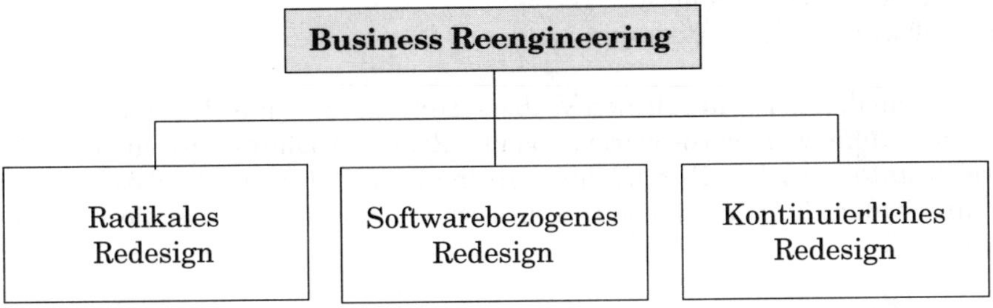

Diese Vorgehensweisen sind durch spezifische Merkmale gekennzeichnet:

- **Radikales Redesign** (RR)

  Der Einsatz total veränderter Geschäftsprozesse mit Verbesserungen in Größenordnungen ist hier die Aufgabe. Das setzt die Erkennung, Ermittlung oder Erarbeitung solcher vollkommen neuer Lösungen voraus.

- **Softwarebezogenes oder softwarebasiertes Redesign**

  Ausgangspunkt dieser Vorgehensweise ist der Einsatz einer integrierten Standardsoftware (ISS) oder eines Workflow Management Systems (WFMS). Die Geschäftsprozesse werden hier an diesem Softwaresystem ausgerichtet, ohne die Spezifika der Branche oder des Unternehmens unberücksichtigt zu lassen.

  Durch Anpassungen wie

  - Modul- und Transaktionsauswahl,
  - Customizing,
  - Programmerweiterungen,

  werden die unternehmensspezifischen Besonderheiten, Eigenheiten und Erfordernisse berücksichtigt.

- **Kontinuierliches Redesign**

  Die kontinuierliche Erneuerung von Geschäftsprozessen kann auch mit einem kontinuierlichen Redesign erreicht werden. Ob dieses Ziel immer erreicht wird, ist natürlich nicht sicher.

  Da diese Vorgehensweise üblicherweise mit dem Begriff „Kontinuierlicher Verbesserungsprozess“ (KVP) bezeichnet wird, ist dieser Begriff besser und wird deswegen hier benutzt.

Während das softwarebezogene Redesign immer zum Business Reengineering gerechnet wird, ist das kontinuierliche Redesign, also der **kontinuierliche Verbesserungsprozess**, in der Regel nicht Betrachtungsgegenstand der Prozessorganisation. Hier wird der kontinuierliche Verbesserungsprozess dem Business Reengineering zugeordnet, denn weder

- das radikale Redesign noch
- das softwarebezogene Redesign

kommt ohne den kontinuierlichen Verbesserungsprozess aus. Es ist ein Irrtum zu glauben, radikales oder softwarebezogenes Redesign könnte aus einem Guß fehlerfrei gestaltet werden. Es muß vielmehr in vielen Details nachgebessert werden. Nur durch den kontinuierlichen Verbesserungsprozess werden diese Lösungen optimiert.

Deswegen ist auch der kontinuierliche Verbesserungsprozess unabdingbar für das Business Reengineering. Es kann nicht genügen, einmal zu reorganisieren und dann die Hände in den Schoß zu legen. An der optimalen Organisation muß kontinuierlich gearbeitet werden.

1.3 Reengineeringfolge

Da die personellen Kapazitäten und die Mittel der Unternehmen für das Business Reengineering begrenzt sind und da nur ein geringer Teil des vorhandenen operativen Potentials zur Reorganisation in einem Unternehmen eingesetzt werden kann, können üblicherweise nur wenige Reengineeringprojekte gleichzeitig ausgeführt werden.

Deswegen ist über die Reihenfolge beim Business Reengineering zu entscheiden. Es empfiehlt sich folgende Reihenfolge:

(1) **Kernprozesse**

Diese Prozessart ist gekennzeichnet durch die Kundennähe. Sie besitzen beim Business Reengineering erste Priorität, da sie einen besonderen Nutzen versprechen. Ein früherer Nutzen ist aber ein wertvollerer Nutzen als ein späterer! Deswegen sind zunächst die kundennahen Kernprozesse in Angriff zu nehmen.

(2) **Wertschöpfungsprozesse**

Besondere Verbesserungspotentiale haben verständlicherweise die Wertschöpfungsprozesse des Unternehmens. Sie haben deswegen die zweite Priorität beim Business Reengineering.

(3) **Supportprozesse**

Auch wenn Supportprozesse erheblich zur Ressourcenverschwendung beitragen können, stehen sie trotzdem erst am Ende der Warteschlange der zu reorganisierenden Prozesse.

Selbstverständlich ist in jedem Fall das **Verbesserungspotential** eines Prozesses abzuschätzen. Höhere Einsparungserwartungen haben eine höhere Priorität im Vergleich mit Prozessen, die nur eine geringere Kostenminderung erreichen lassen.

1.4 Verfahrenseinsatz

Neben der Reihenfolge des Reengineerings für die verschiedenen Prozesse oder für das Unternehmen ist natürlich die Art des Verfahrenseinsatzes festzulegen.

Die Art des Verfahrenseinsatzes kann mit Hilfe einer Verfahrensmatrix beim Business Reengineering verdeutlicht werden:

Verfahrensmatrix	Radikales Redesign	Softwarebezogenes Redesign	Kontinuierlicher Verbesserungsprozess
Kernprozesse	XXX	XX	X
Wertschöpfungs-Prozesse	XX	X	XXX
Support-Prozesse		XXX	XX

Generelle Empfehlungen über die Vorgehensweise und den Verfahrenseinsatz können natürlich nicht gemacht werden, denn sie hängen unmittelbar von den spezifischen Gegebenheiten der Unternehmen und ihren Märkten ab.

2. Radikales Redesign

„Nix bliev, wie et es!“ war einmal das Motto eines Kölner Rosenmontagsumzuges. Trotzdem könnte es auch das Motto des radikalen Redesign (RR) sein.

Das radikale Redesign ist gekennzeichnet durch verschiedene Merkmale und Erfordernisse:

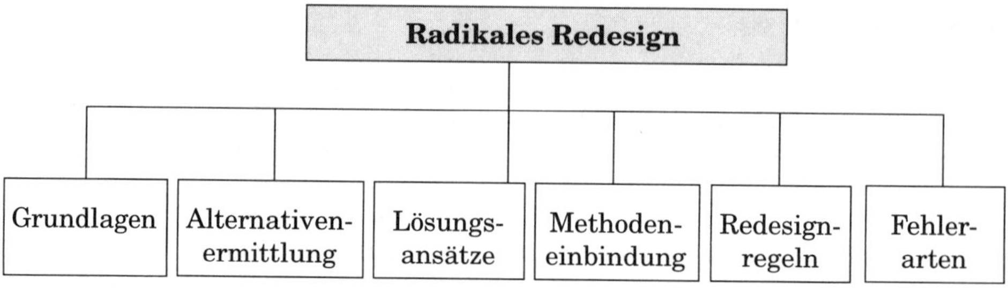

Das radikale Redesign ist insbesondere beeinflußt von Erkenntnissen, Ausarbeitungen und Veröffentlichungen von *Hammer* und *Champy*. Beide sind vornehmlich in der Unternehmensberatung und in der Schulung tätig.

2.1 Grundlagen

Die oben aufgeführten vier **Grundeigenschaften** des Reengineerings bestimmen das radikale Redesign in besonderem Maße:

- Fundamentales Überdenken
- Totales oder radikales Redesign
- Wesentliche Prozesse
- Verbesserungen um Größenordnungen.

Daneben sind es die ebenfalls schon genannten **Grundfragen**, die für das radikale Redesign maßgeblich sind.

2.1.1 Grundfragen

Zwei Grundfragen sind immer Ausgangspunkt jedes Redesignprojektes:

- Warum machen wir das, was wir tun ?
- Weshalb machen wir es auf diese Weise ?

Diese Grundfragen beziehen sich auf die Grundprobleme des Wirtschaftens. Sie sind die organisatorischen Fragestellungen des ökonomischen Prinzips. Es sind die Fragen nach der

- **Effektivität - Tun wir das Richtige ?**
- **Effizienz - Tun wir es richtig ?**

Die Erfolge, die mit dem radikalen Redesign erreicht werden konnten, sind beachtlich. Die nachstehend ausgewiesenen Beispiele dafür beweisen den Erfolg der Vorgehensweise.

Jedoch die Mißerfolge sind ebenfalls erheblich. *Hammer* und *Champy* schätzen, daß 50 bis 70 % der Projekte vollkommen mißlingen oder zumindest nicht die beabsichtigten durchschlagenden Resultate erzielen.

2.1.2 Beispiele

Verständlicherweise werden nur Beispiele für erfolgreiche Projekte bekannt. Mißerfolge werden üblicherweise kaschiert, verborgen und verschwiegen.

Deswegen können hier nur erfolgreiche Beispiele ausgewiesen werden. Sie wurden in der Fachliteratur von verschiedenen Autoren wie beispielsweise von *Hammer* und *Champy*, *Brenner* und *Keller*, *Osterloh* und *Frost* usw. bekanntgemacht:

Radikale Redesign Beispiele		
Unternehmen MA: Mitarbeiter	Charakteristik vor dem radikalen Redesign	Charakteristik nach dem radikalen Redesign
Bell Atlantik Corporation, Philadelphia, USA 8.000 MA	Telefonanschluß in 15 Arbeitstagen – keine Höchstgeschwindigkeitsverbindungen	Telefonanschluß in 1 Arbeitstag – Höchstgeschwindigkeitsanschluß 3 Arbeitstagen.
Ford Motor Company Detroit, USA 180.000 MA	Kreditorenbuchhaltung mit 500 MA. Rechnungszahlung nach Rechnungseingang.	Beschaffungsprozessintegrierte Kreditorenbuchhaltung mit 125 MA. Zahlung nach Materialverwendung.
Gate Gourmet AG, Genf 14.000 MA	Flugpassagierversorgung mit Schwerpunkt bei der Speisenzubereitung.	Cateringlogistikunternehmen ohne eigene Speisenzubereitung.
IBM Credit Corporation, Old Greenwich, Connecticut, USA	Kreditbearbeitung durch 5 Mitarbeiter innerhalb von 6 Arbeitstagen.	Kreditbearbeitung durch 1 Mitarbeiter innerhalb von 4 Arbeitsstunden.
Kodak AG, Stuttgart, Deutschland 3.500 MA	Rollierende Sales- and Operationsplanung für die nächsten 18 Monate.	MRP II – Planung mit 50% Reduzierung des Anlage- und Umlaufvermögen. Bestandsminderung um 25%, Durchlaufzeitverminderung um 30-50%.
Taco Bell Corporation, Los Angeles, USA 11.000 MA	Fertigungsorientiertes Fastfoodunternehmen mit regionaler Bedeutung und Ausrichtung auf mexikanische Spezialitäten.	Kundenorientiertes Cateringunternehmen mit nationaler Bedeutung und breitem Produktangebot.

2.1.3 Grundregeln

Neben den genannten Grundlagen und Grundfragen des radikalen Redesigns nach Effektivität und Effizienz sind hier auch einige weitere Grundregeln zu berücksichtigen:

- **Kundenfokussierung**

  Neben der erstrangigen Bearbeitung der kundennahen Geschäftsprozesse ist es von ganz hervorragender Bedeutung, durch das radikale Redesign die Prozesse kundenorientiert zu modellieren. Das bedeutet:

  - Die Kunden müssen einen zusätzlichen Nutzen erzielen!
  - Die Kunden müssen den Nutzen unmittelbar erkennen!

  Nur wenn dem Kunden ein höherer Grad an Zufriedenheit deutlich gemacht werden kann, ist das radikale Redesign erfolgreich.

- **Prozessfokussierung**

  Die Verbesserung der Prozesse muß immer im Mittelpunkt stehen. Das gilt auch, wenn in der bisherigen Organisation die Prozesse keine oder nur eine untergeordnete Bedeutung gespielt haben.

  Die neuen Prozesse müssen nach folgenden Grundsätzen modelliert werden:

  - Ganzheitlichkeit
  - Einfachheit
  - Prozesskürze
  - Einheitliche Organisationseinheit
  - Optimale EDV - Unterstützung
  - Prozess- und Entscheidungseinheitlichkeit
  - Prozessoptimale Aufbauorganisation
  - Prozessicherungsmaßnahmen
  - Prozessflankierende Maßnahmen.

  Nach der Prozessmodellierung ist die neue Prozesslösung immer an Hand dieser Grundsätze zu prüfen. Ein neumodellierter Prozess ist nur dann ein gut modellierter Prozess, wenn er diesen Grundsätzen weitgehend genügt.

- **Prozessdifferenzierung**

  Nur in Ausnahmefällen wird es möglich sein, mit einem Geschäftsprozess alle Bearbeitungsnotwendigkeiten vollständig abzudecken. In der Regel wird man mehrere Geschäftsprozesse einführen müssen. Zumindest sind zu unterscheiden:

- Routinegeschäftsprozesse
- Sonderfallgeschäftsprozesse.

Zur Kundenorientierung ist es häufig notwendig, für alle Kundengruppen spezifische Geschäftsprozesse zu installieren, also beispielsweise für

- Key Account Kunden
- Fachhandelskunden
- Endverbraucherkunden.

Insbesondere durch Workflow Managementsysteme ist es möglich, mit Hilfe eines Prozessbaukasten entsprechende Prozesse zu modellieren und zu steuern.

- **Informatiknutzung**

Nur mit der EDV können heute noch vorgangshäufige Geschäftsprozesse kostenminimal und prozessoptimal ausgeführt werden. Das hier zu lösende Problem besteht darin, prozessoptimale **Software** zu erlangen. Die Selbsterstellung ist in der Regel in verschiedener Hinsicht unbefriedigend:

- Zu Kostenaufwendig
- Dauert zu lang
- Die Risiken sind erheblich
- Großer Personalbedarf.

Deswegen können neue Geschäftsprozesse nicht ohne Berücksichtigung der **Softwareerlangung** modelliert werden. Software für die Geschäftsprozesse kann neben der Selbsterstellung auf verschiedene Weise erlangt werden:

- Lizenzerwerb für ein integriertes Standardsoftwaresystem
- Erwerb von Einzelprogrammen mit der Notwendigkeit der Integration
- Nutzung eines Workflow Managementssystems unter Einbeziehung vorhandener und neu erworbener Software
- Vergabe eines Entwicklungsauftrages an ein Softwarehaus.

Diese Grundsätze sollten beim radikalen Redesign beachtet werden, auch wenn das radikale Redesign fordert, keine Grundsätze zu akzeptieren.

2.2 Alternativenermittlung

Um die geforderten organisatorischen **Quantensprünge** zu erreichen, muß nun das geforderte radikale Redesign ermittelt werden. Es müssen folglich die erforderlichen radikalen Lösungen gefunden, ermittelt oder ausgearbeitet werden.

Es empfiehlt sich zunächst, möglichst viele alternative Redesignmöglichkeiten zu ermitteln. Dazu steht eine Reihe von **Ansatzpunkten** zur Verfügung:

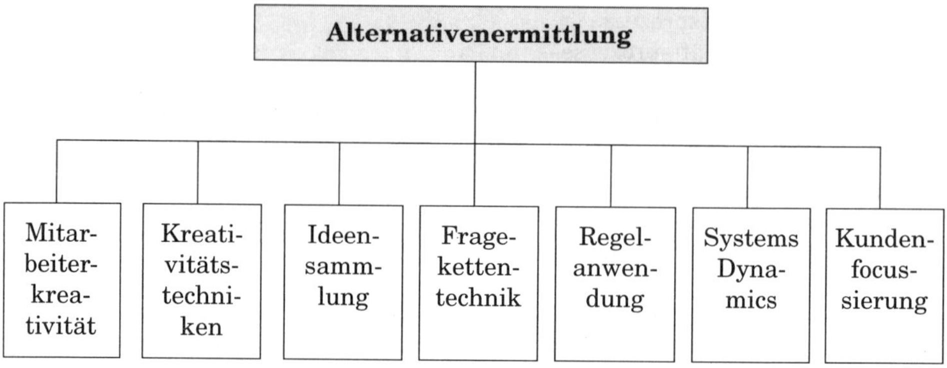

Natürlich wird man nicht nur mit einem dieser Ansatzpunkte zum Redesign arbeiten, sondern in Abhängigkeit von der Aufgabenstellung mit einem Bündel dieser Ausführungsarten.

In das Redesign werden selbstverständlich die Ergebnisse der **Systemanalyse** einfließen müssen:

- Erkannte Schwachstellen
- Ersichtliche Verbesserungsmöglichkeiten
- Vorschläge der Mitarbeiter.

Oftmals werden bereits bei der Systemanalyse die wesentlichen Redesignmöglichkeiten erkannt.

2.2.1 Mitarbeiterkreativität

Die Kreativität der Mitarbeiter ist sicher eine wichtige Quelle für das Finden radikaler Redesignlösungen. Deswegen ist es notwendig, die

- kreativsten,
- originellsten und
- unkonventionellsten

Mitarbeiter in die Projektgruppe zu berufen, auch wenn solche Mitarbeiter nicht immer zu den „pflegeleichten" Projektworkern gehören. Voraussetzung für ihre Berufung in eine Projektgruppe ist ihre Teamfähigkeit und Teamwilligkeit.

Dabei ist es natürlich wichtig, die bestehende Organisation unvoreingenommen betrachten zu können. Da Mitarbeiter aber immer „Scheuklappen" haben, da sie zu sehr in die Geschäftsprozesse eingebunden sind, empfiehlt es sich auch, **Externe** in die Projektgruppe aufzunehmen:

- Unternehmensberater
- Erfolgreiche Reengineere
- Neueingestellte Mitarbeiter.

Daß eine Projektgruppe kreativer ist als einzelne Projektmitarbeiter, ist eine bekannte Tatsache. Um die Projektgruppe möglichst kreativ werden zu lassen, empfiehlt es sich, die Gruppe zu einem **Projektteam** zu formen.

Ein Projektteam ist im Gegensatz zur Projektgruppe durch folgende Eigenschaften gekennzeichnet:

- Anstreben eines gemeinsamen Zieles
- Starkes Zusammengehörigkeitsgefühl
- Selbststeuerung der Aufgabenerledigung
- Partizipative Zusammenarbeit
- Eigene Teamnormen
- Gruppenentscheidungen durch Übereinstimmung
- Gegenseitige Ergebnisprüfung.

Im Projektteam tritt der Projektgruppenleiter in den Hintergrund.

Im Band „Projektorganisation und Projektmanagement“ dieser Reihe wird ausführlich auf Projektteams und -gruppen eingegangen.

2.2.2 Kreativitätstechniken

Um die Kreativität des Projektteams zu verbessern, können Kreativitätstechniken eingesetzt werden. Sie werden auch als „Ideenfindungstechniken“ oder „Problemlösungsverfahren“ bezeichnet.

Dazu wurde eine Vielzahl von Techniken entwickelt. Es stehen über 500 verschiedene Varianten zur Verfügung. Trotzdem werden in der Praxis des Business Reengineerings in der Regel mit nur drei **Techniken** gearbeitet:

- Brainstorming
- Methode 635
- Morphologischer Kasten

Eine Vielzahl von Veröffentlichungen steht zu diesen Techniken zur Verfügung. Im Band „Projektorganisation und Projektmanagement“ dieser Reihe wird ebenfalls ausführlich auf die Kreativitätstechniken eingegangen.

2.2.3 Ideensammlung

Bekanntlich muß man das Rad nicht immer wieder neu erfinden und da nach dem ehemaligen Kalifen von Bagdad *Ben Akiba* „alles schon einmal dagewesen ist“, kann auch eine Sammlung von erfolgreichen Redesignalternativen oder -ansätzen sehr hilfreich sein.

Die in anderen Unternehmen angewandten Redesignlösungen werden mit den Gegebenheiten im eigenen Unternehmen verglichen und dabei geprüft, ob diese Lösungen radikale Verbesserungen bedeuten würden.

Als **Quellen** für erfolgreiche Redesignalternativen stehen zur Verfügung:

- Beschreibung erfolgreichen Redesigns in
  - Fachbüchern des Business Reengineerings
  - Fachzeitschriften
  - Veröffentlichungen von Unternehmensberatungen, Softwarehäusern, Consultingunternehmen usw.
  - Öffentlichen Datenbanken
  - Veröffentlichungen im Internet

- Direkte Informationserlangungen durch
  - Fachgespräche mit Experten, Kollegen, Reengineeren usw.
  - Besuch von Kongressen, Foren, Symposien, Workshops usw.
  - Einschaltung von Unternehmensberatungen usw.

- Systematische Ermittlung von Redesignideen
  - durch die Mitglieder des Projektteams
  - aus den Vorschlägen des betrieblichen Vorschlagswesens
  - durch Ausschreibung eines Ideenwettbewerbs bei den Mitarbeitern anläßlich des Projektes.

Im folgenden Kapitel 2.3 wird eine Reihe von Ansatzpunkten zum radikalen Redesign dargestellt.

2.2.4 Fragenkettentechnik

Durch den Aufbau logischer Fragenketten und ihrer Beantwortung können systematisch Redesignalternativen gefunden und erarbeitet werden.

Solche Fragenketten können beispielsweise sein:

- Tun wir das Richtige?
  Stellen wir unsere Kunden zufrieden?
  Was stellt unsere Kunden denn wirklich zufrieden?
  Haben wir schon eine Kundenbefragung durchgeführt?

- Müssen alle Bearbeitungen vorgenommen werden?
  Genügen nicht auch Stichprobenbearbeitungen?

Wo können Stichprobenbearbeitungen durchgeführt werden?
Warum führen wir diese Stichprobenbearbeitungen nicht durch?

Ergebnis: – Wareneingangsprüfung nach AQL-Verfahren
– Inventur mit dem Verfahren der Stichprobeninventur
– Arbeitskontrolle ausschließlich auf Stichprobenbasis

- Werden nur die absolut notwendigen Ressourcen eingesetzt?
  Kann der Ressourceneinsatz minimiert werden?
  Wo können durch Minimierungstechniken Einsparungen erzielt werden?

Ergebnis: – Tourenminimierung bei Lieferfahrzeugen, Reisenden, usw.
– Fehlerminimierung durch Qualitätsmanagement
– Verschnittminierung bei Materialzuschnitten

Selbstverständlich können hier nur einfache Beispiele von Fragenketten ausgewiesen werden.

2.2.5 Regelanwendung

Durch die systematische Anwendung der Regeln des Business Reengineering kann eine Vielzahl von Alternativen erarbeitet werden.

Welche **Regeln** können dabei vornehmlich benutzt werden:

- Alle Annahmen sind zu überprüfen!

  Solche häufig benutzten Annahmen sind beispielsweise:

  - Alle Mitarbeiter müssen direkt kontrolliert werden!
  - Die Kunden versuchen das Unternehmen „über das Ohr zu hauen"!
  - Die Lieferqualität entspricht nicht unserem Qualitätslevel!

  Durch das „Überbordwerfen" solcher Annahmen kommt man zum Beispiel zu solchen Redesignalternativen wie

  - Verzicht auf die Arbeitszeiterfassung der Mitarbeiter
  - Verzicht auf die Kontrolle von EDV-erstellten Rechnungen
  - Verzicht auf eine eigene Wareneingangskontrolle

- Bisherige Regeln sind in Frage zu stellen!

  Solche häufig „selbstauferlegte" Regeln sind beispielsweise:

  - Nur Vertriebsmitarbeiter verkaufen unsere Erzeugnisse!
  - Zusätzliche Arbeit kann nur durch zusätzliche Mitarbeiter geleistet werden!
  - Die Gehälter der Geschäftsleitung dürfen nicht bekannt werden!

Verzichtet man auf solche Regeln, so kommt man zu solchen Redesignalternativen wie:

- Alle Mitarbeiter bemühen sich um den Vertrieb unserer Erzeugnisse und bekommen deswegen Verkaufsunterlagen und Provisionen. Ein Geschäftsprozess „Mitarbeiterverkauf“ ist einzurichten.
- Die bisherigen Mitarbeiter können zu Mehrarbeit motiviert werden, sie können zur besseren Leistungserbringung geschult werden und mit Leistungsprämien kann ihre Mehrarbeit auch zusätzlich bezahlt werden.
- Für die Gehaltsabrechnung der Geschäftsleitung wird kein Sondergeschäftsprozess mehr benötigt, sondern sie erfolgt mit der Mitarbeiterabrechnung. Der Geschäftsprozess „Gehaltsabrechnung und -zahlung Geschäftsleitung“entfällt vollständig.

• Alle Reengineeringbemühungen sind prozessorientiert vorzunehmen!

  Nicht einzelne Abteilungen oder Bereiche dürfen der Gegenstand von Reengineeringuntersuchungen sein, sondern es sind die Kernprozesse zu überprüfen, also beispielsweise

- der Kundenserviceprozess mit allen Reparaturen, Wartungen, Ersatzleistungen mit ihrer Disposition, Steuerung und Abrechnung unabhängig von den vorhandenen Organisationsgrenzen.
- der Gewährleistungsprozess mit allen Ersatzleistungen, Austauschaktionen, Reparaturen sowie den Minderungen, Wandlungen, Kulanzregelungen und Gutschriftserteilungen usw.
- der Ersatzteilservice mit der Auftragserteilung, Auslieferung, Logistik, Rechnungserstellung und Zahlungsbearbeitung.

Selbstverständlich sind das nur Beispiele für die Methode der systematischen Regelanwendungen, die jedoch die Vorgehensweise aufzeigen.

Die Regeln des Business Reengineerings sind im Kapitel E 2.5 zusammengefaßt.

2.2.6 Systems Dynamics

Vom Massachusetts Institute of Technology (MIT) wurde zur Entwicklung von Redesignalternativen die Methode des „Systems Dynamics“ entwickelt:

Systems Dynamics - Definition des MIT:

Form des systematischen Denkens zur Erreichung von positiven Veränderungen in Organisationen.

Basis dieser Methode sind die grundlegenden und umfassend wirkenden Feedbackprozesse problematischen Verhaltens im Unternehmen.

Bei Einsatz von Systems Dynamics werden vier Prozessebenen untersucht:

- **Ereignisse**

  Alle Ereignisse, die aktuelle Probleme bedingen, wie beispielsweise

  - das Abspringen von Key Account - Kunden,
  - hohe Fluktuation in einem Bereich,
  - verstärkte Kundenreklamationen in einer Region,
  - Umsatzeinbrüche in einem Vertriebssegment usw.

  werden systematisch ermittelt und untersucht.

- **Verhaltensmuster**

  Es wird versucht, Verbindungen zwischen den erkannten Ereignissen und bisherigen und geänderten Verhaltensmustern herzustellen:

  - Ein neuer Wettbewerber könnte die Ursache für den Kundenverlust sein.
  - Ein neuer Vorgesetzter könnte die Ursache für Kündigungen sein.
  - Ein Wechsel des regionalen Spediteurs könnte Ursache für Transportschäden sein.
  - Die Änderung der Werbeziele in dem Vertriebssegment könnte Ursache für den Einbruch sein.

- **Systemzusammenhänge**

  Durch die Darstellung in Ablaufdiagrammen mit einer Zeitachse wird versucht, den zeitlogischen Zusammenhang zwischen den Ereignissen und den Verhaltensmustern zu beweisen oder ihre Unabhängigkeit nachzuweisen. Es wird folglich versucht zu beweisen, ob ein Ursachen-Wirkungs-Zusammenhang gegeben ist.

- **Glaubenssätze**

  Es ist zu prüfen, ob es im Unternehmen oder beim Management Glaubenssätze gibt, welche „die Probleme am Laufen halten“. So könnte eine Forderung der Vertriebsleitung: „Alle Key Account-Kunden erhalten den gleichen Rabatt“ der Grund für eine Verstärkung der Erosion der Key Account-Kunden sein. Es stellt sich folglich die Frage, ob hier durch eine Rabattdifferenzierung nicht eine Trendumkehr erreicht werden kann.

Sowohl Redesignalternativen als auch aufzugebende „Glaubenssätze“ können das Ergebnis des Reengineerings bei Einsatz des Systems Dynamics sein.

2.2.7 Kundenfokussierung

Neben den Geschäftsprozessen stehen die Kunden im Mittelpunkt des Business Reengineering. Da in Deutschland die Kundenorientierung in erschreckendem

Umfang im Argen liegt, wie es eine Vielzahl von Untersuchungen und Veröffentlichungen beweisen, so beispielsweise von *Bräuninger/Hasenbeck*, *Möntmann* oder *Ogger*, liegt es nahe, die Kundenfokussierung als Ausgangspunkt für die Alternativenermittlung zu benutzen.

Kundenfokussierung - Definition:

Gezielte Prüfung der Geschäftsprozesse auf ihre konsequente Ausrichtung auf die Kundenbedürfnisse.

Gemäß dem 7-S-**Modell** von *McKinsey* ist zu prüfen, ob alle sieben Ausprägungen dieses Modells im Unternehmen auf die Kundenbedürfnisse focussiert sind:

- Strategie
- Struktur
- System
- Spezialkenntnisse
- Stammpersonal
- Stil
- Selbstverständnis

Für jede dieser Ausprägungen ist zu prüfen, ob sie zur Befriedigung der Kundenbedürfnisse beitragen. Für die **Erzeugnisstrategie** ist zum Beispiel festzustellen, ob die Erzeugnisse folgenden Kriterien genügen:

- Designausrichtung auf den Kundengeschmack
- Einfache Benutzung oder Bedienung des Erzeugnisses
- Marktübliche Qualität
- Schnelle Verfügbarkeit des Produktes für den Kunden
- Marktgerechter, kundeninteressanter Preis
- Günstige Liefer- und Zahlungsbedingungen
- Angemessener Erzeugnisservice

Die Kundenfocussierung ist wohl ein aufwendiges, aber notwendiges Verfahren zum Business Reengineering.

2.3 Lösungsansätze

Eine Vielzahl von Redesignlösungen wurde entwickelt, ausgestaltet und eingeführt. Sie können Hilfe und Beispiel für jede neue Redesignbemühung sein:

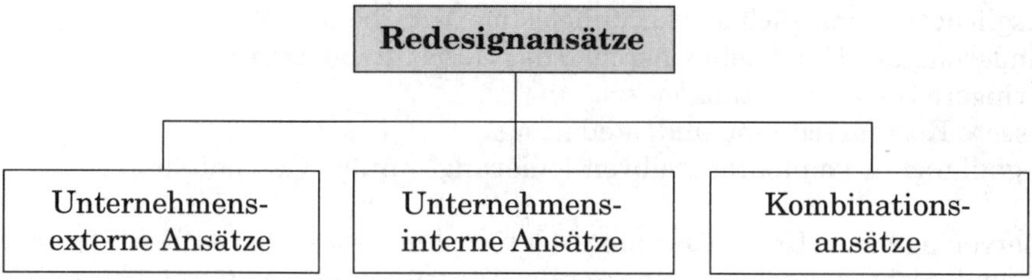

Nicht nur bereits genutzte erfolgreiche Ansätze für das Redesign kommen jedoch in Frage. Neue Ideen sind gefragt!

2.3.1 Unternehmensexterne Lösungsansätze

Radikales Redesign kann beispielsweise durch die folgenden Reengineeringmaßnahmen erreicht werden:

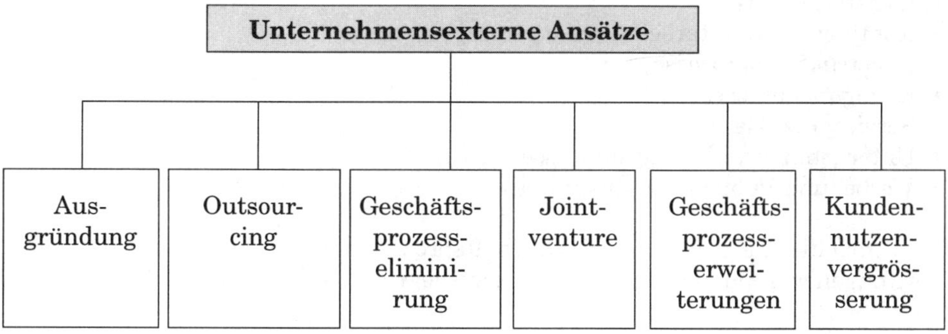

Externe Redesignmaßnahmen müssen immer mit internen Maßnahmen unterstützt werden.

2.3.1.1 Ausgründung

Die Verselbständigung von Geschäftsprozessen und damit von Unternehmensteilen in rechtlich selbständige Unternehmen kann eine Vielzahl von **Vorteilen** bedingen:

- Bessere Ausrichtung der Geschäftsprozesse auf die Bereichsziele und -aufgaben sowie auf die spezifischen Marktbedingungen.
- Unabhängige Optimierungsmöglichkeit für den Geschäftsprozess
- Mitarbeiteraktivierung durch die Verdeutlichung: „Wir bestimmen allein unseren Erfolg oder auch Mißerfolg“.

- Ausgliederungsmöglichkeit für unliebsame Mitarbeiter.
- Minderung des Unternehmensrisiko des Geschäftsprozesses.
- Geringere Steuerbelastungen.
- Bessere Kostenrechnung und -steuerung.
- Wegfall nichterkennbarer „Subventionierung“ für den Geschäftsprozess.

Die hervorragenden Ergebnisse eines Unternehmens wie der ABB AG in Mannheim sind nicht zuletzt auf eine totale Ausgründung von Geschäftsprozessen zurückzuführen.

Dabei muß unterschieden werden zwischen der funktionalen, der produktionalen und der prozessualen Ausgründung.

Im Rahmen des radikalen Redesigns werden häufig beispielsweise solche funktionalen **Geschäftsprozesse** ausgegründet wie:

- EDV-Prozesse
- Fertigungsprozesse
- Infrastrukturprozesse
- Logistikprozesse
- Kantinen- und Mitarbeiterversorgungsprozesse
- Konstruktionsprozesse
- Reinigungsprozesse
- Serviceprozesse
- Unternehmenssicherungsprozesse
- Werbe- und Public Relationsprozesse.

Die durch die Ausgründung von Geschäftsprozessen nun fremd zu beschaffenden Leistungen werden in der Regel an das ausgegründete Unternehmen vergeben.

2.3.1.2 Outsourcing

Die Fremdvergabe von Prozessen und von Prozessketten war schon immer eine Alternative der Organisation. Mit der **Make-or-buy-Analyse** wurde der Nutzen einer Fremdvergabe geprüft.

Während früher die Meinung vorherrschte, daß nur Rand- und Supportprozesse fremdvergeben werden sollten, hat im Rahmen des Business Reengineering ein radikaler Meinungsumschwung stattgefunden: „Alle Prozesse können fremdvergeben werden - auch alle Kernprozesse“.

Einige Beispiele illustrieren diesen Umschwung:

- Mehrere Versicherungsunternehmen vertreiben ihre Policen über Strukturvertriebsunternehmen.

- Automobilunternehmen lassen bestimmte Autotypen von Fremdfirmen fertigen: Boxster von Porsche usw.
- Reiseunternehmen lassen alle Reiseleistungen von Fremdfirmen ausführen: Transport von Flugunternehmen, Transfer durch Omnibusunternehmen, Übernachtung und Verköstigung durch Hotelunternehmen usw.

Jedoch nicht nur Kostenminderungen brauchen der Grund für Outsourcing zu sein. Andere **Gründe** können beispielsweise sein:

- Serviceverbesserungen
- Kapazitätserweiterungen
- Risikominderung.

Gegen das Outsourcing spricht ebenfalls eine Reihe von Gründen:

- Abhängigkeit von den Dienstleistern
- Verlust von Know-How
- Wettbewerbs-, Qualitäts- und Sicherheitsrisiken.

Das **virtuelle Unternehmen** ist dadurch gekennzeichnet, daß es selbst keine Leistungen mehr erbringt, sondern alle erforderlichen Leistungen durch Outsourcing erlangt. Das virtuelle Unternehmen führt üblicherweise noch selbst aus:

- Auftragsvergabe
- Steuerung und Koordination der Leistungserbringung
- Kontrolle
- Rechnungsstellung und Zahlungsveranlassung.

In einer Reihe von Wirtschaftszweigen ist das virtuelle Unternehmen bereits Realität: Reiseveranstalter, Unternehmen des Personalleasings, Immobilien- und Versicherungsmakler usw.

2.3.1.3 Geschäftsprozesseliminierung

Radikales Redesign kann auch darin bestehen, daß Geschäftsprozesse vollständig oder teilweise eliminiert werden:

- Verkauf,
- Auflösung oder
- Ausgründung.

Da die Ausgründung noch keine Eliminierung bedeutet, müssen hier noch weitere Schritte folgen:

- Liquidation,
- Verkauf oder
- Fusion mit anderen Unternehmen.

Der absichtlich herbeigeführte Konkurs ist ein Delikt und wird deswegen strafrechtlich verfogt, so daß er nicht in Frage kommen kann.

2.3.1.4 Joint Venture

Die gemeinsame Durchführung von Geschäftsprozessen oder die Ausführung von Geschäftsprozessen für mehrere Unternehmen wird als Joint-venture oder **Kooperation** bezeichnet.

Verschiedene Arten von Joint Ventures können unterschieden werden:

- **Infrastrukturkooperationen**

  Infrastrukturprozesse werden von einem Unternehmen für ein weiteres oder für mehrere andere Unternehmen durchgeführt. Auch die Durchführung von Geschäftsprozessen für mehrere Unternehmen von einem dazu gegründeten Unternehmen wird öfters vorgenommen:

  - Elektronische Datenverarbeitung
  - Instandhaltungen, Wartungen und Reparaturen
  - Haustechnik
  - Mitarbeiterverpflegung und -versorgung
  - Rechnungswesen und Controlling
  - Vervielfältigungen wie Hausdruckerei, Lichtpausen und Mikroverfilmung
  - Werkzeug- und Vorrichtungsbau.

- **Simultaneous Engineering**

  Gemeinsame Entwicklung und Konstruktion von Erzeugnissen und Komponenten von Lieferanten und Kunden wird heute mit Simultaneous Engineering bezeichnet. Dabei kann eine solche Kooperation sowohl als Lieferant als auch als Erzeugnisentwickler eingegangen werden.

  Es wird dabei von Vorwärtskooperation, also die Übernahme von Kundenaktivitäten, und von Rückwärtskooperation, also die Übernahme von Lieferantenfunktionen, gesprochen.

- **Kernprozesskooperationen**

  Neben Kooperationen im Infrastruktur- oder Entwicklungsbereich können natürlich auch Kooperationen bei Kernprozessen eingegangen werden:

  - Bürokooperationen bei Vertriebsniederlassungen
  - Fertigungskooperationen
  - Servicekooperationen
  - Vertriebskooperationen.

Die Vorteile von Kooperationen werden zu wenig genutzt. Hier steckt noch ein erhebliches Potential für das radikale Redesign von Geschäftsprozessen.

2.3.1.5 Geschäftsprozesserweiterung

Nicht nur durch die Ausgründung, durch das Outsourcing oder durch Joint Venture können Geschäftsprozesse radikal verbessert werden, sondern auch dadurch, daß Geschäftprozesse erweitert oder verlängert werden.

Das kann dadurch geschehen, daß Prozesse von Kunden, Lieferanten oder von Finanzdienstleistern übernommen werden. Beispiele dafür sind:

- Übernahme der Dispositions- und Bestellfunktion durch den elektronischen Abruf der Verkäufe, wie das bei vielen Apotheken erfolgt.
- Erweiterung von Vertriebsprozessen durch die Gründung von eigenen Verkaufsläden.
- Durchführung der Versicherungsmaklerleistung durch einen eigenen Geschäftsprozess „Versicherungen“.
- Übernahme der Dispositions- und Lagerfunktion bei Kunden durch die Einrichtung von Konsignationslägern.
- Durchführung der Logistikfunktion durch Abholung der Beschaffungsgüter bei den Lieferanten.

Auch bei der Erweiterung von Geschäftsprozessen ist noch ein erhebliches Potential für Redesignlösungen gegeben.

2.3.1.6 Kundennutzenvergrößerung

Da ein größerer Kundennutzen in vielen Fällen auch einen größeren Lieferantennutzen bedingt, kann die Vergrößerung des Kundennutzens für alle Beteiligten ertragreich sein.

Die Vergrößerung des Kundennutzens kann mehrere **Vorteile** bedingen:

- Höhere Umsätze
- Bessere Kundenbindung
- Höhere Gewinnspannen
- Geringeres Verkaufsrisiko.

Die Verbesserung des Kundenutzens bedingt in der Regel ein Redesign der kundenbezogenen Kernprozesse. Solche Kundennutzenvergrößerungen können beispielsweise sein:

- **Angebotserweiterung**

  Das Angebot kann beispielsweise durch die Wartungsübernahme, die Kundenmitarbeiterschulung, einen Reparaturservice erweitert werden.

- **Kommunikationsverbesserung**

  Die Verbesserung der Kommunikation mit den Kunden kann beispielsweise durch die Einrichtung eines E-Mailservices, einer Hotline oder eines Internetservices erfolgen.

- **Bedienungsverbesserung**

  Die Bedienung der Kunden kann zum Beispiel durch schnellere Lieferung, durch einen einzigen Ansprechpartner für alle Kundenwünsche oder durch die Verschaffung eines Zusatznutzens verbessert werden.

- **Kulanzregelungen**

  Durch großzügigere Kulanzregelungen, verbesserte Garantiezusagen bzw. -abwicklungen und ähnliche Maßnahmen, kann der Kundennutzen nachhaltig erweitert werden.

Jedoch jeder Kontakt mit den Kunden muß daraufhin untersucht werden, ob dabei der Kundennutzen größtmöglich ist. Deswegen sind folgende **Kundenkontakte** zu optimieren:

- Verkäuferkontakt
- Produktpräsentation
- Anzeigen
- Prospekte
- Datenblätter
- Preislisten
- Angebote
- Kaufvertragsabschluß
- Lieferzeit
- Warennutzung
- Gebrauchsanweisung
- Verpackung
- Rechnung
- Servicebesuch
- Schriftverkehr
- Telefongespräche
- Telefax-, Teletexkontakte usw.

Da in Deutschland bisher wenig getan wurde, um den Kundennutzen zu vergrößern, kann schon mit wenigen Änderungen der Geschäftsprozesse ein Erfolg erwartet werden.

2.3.2 Unternehmensinterne Ansätze

Der Schwerpunkt des radikalen Redesigns liegt natürlich bei der Verbesserung der unternehmensinternen Geschäftsprozesse. Trotzdem sollten die Möglichkeiten externer Änderungen immer in die Redesignüberlegungen einbezogen werden.

Ansatzpunkt für das radikale Redesign können beispielsweise sein:

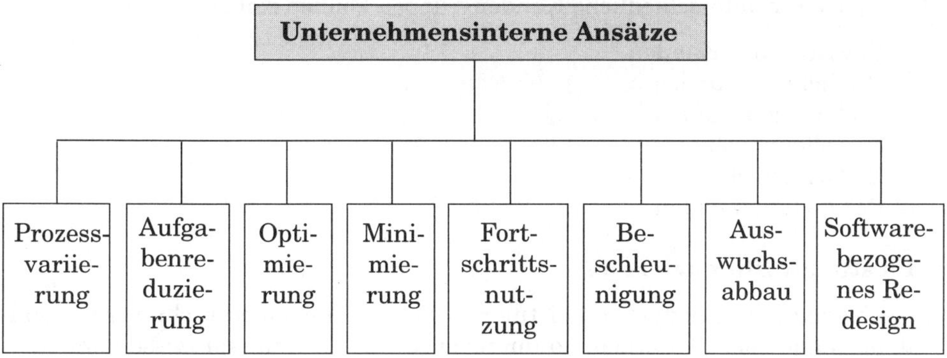

Radikales Redesign erfordert jedoch nicht nur das Erkennen andersartig gestalteter Geschäftsprozesse, sondern auch eine hohe Wahrscheinlichkeit, daß es damit zu einer nachhaltigen Verbesserung der Aufgabendurchführung kommt.

2.3.2.1 Prozessvariierung

Bekanntlich kann man „nicht alles über einen Kamm scheren". Das gilt natürlich auch für Geschäftsprozesse. Deswegen ist es insbesondere für die kundennahen Kernprozesse notwendig, verschiedene und unterschiedliche Geschäftsprozesse einzuführen, um damit eine bestmögliche Kundenzufriedenheit zu erreichen.

In Anlehnung an *Osterloh* und *Frost*, die hier von der **„Triage"** sprechen, empfiehlt es sich, folgende Variierungsalternativen zu prüfen:

- **Problemvariierung**

  Nach der Problematik der Bearbeitung werden hier drei Prozessarten vorgeschlagen:

  - Komplexe Bearbeitungserfordernis
  - Mittelschwere Fälle
  - Routineprozesse.

  Jedoch genügt es oftmals, eine Zweiteilung in die Prozessarten

  - Sonderbearbeitungen und
  - Routinebearbeitungen

vorzunehmen. Während Routinebearbeitungen üblicherweise vollständig mit der EDV ausgeführt werden, erhalten die Sonderbearbeitungen eine kombinierte Prozesskette mit manueller und maschineller Bearbeitung.

- **Kundengruppenunterscheidung**

  Für die verschiedenen Kundengruppen ist zu prüfen, ob hier entsprechend deren Spezifika unterschiedliche Geschäftsprozesse eingerichtet werden sollen. Beispiele für unterschiedliche Kundengruppen können sein:

  - Key Account - Kunden
  - Großhandelskunden
  - Fachhandelskunden
  - Einzelhandelskunden
  - Endverbraucherkunden
  - Belegschaftskunden.

- **Leistungsdifferenzierung**

  Nach den unterschiedlichen Leistungen, die den Kunden erbracht werden, sollte ebenfalls geprüft werden, ob unterschiedliche Geschäftsprozesse dafür notwendig sind und deswegen eingerichtet werden sollen.

  Zum Beispiel können die nachstehenden **Leistungsarten** für die Kunden erbracht werden:

  - Erzeugnislieferungen
  - Wartungsübernahme
  - Reparaturen
  - Ersatzteilversorgung
  - Montageleistungen
  - Kundenmitarbeiterschulung.

Eine größere Zahl von unterschiedlichen Geschäftsprozessen für gleiche Aufgaben einzuführen, kann natürlich nur dann sinnvoll sein, wenn auch eine entsprechende Vorgangszahl gegeben ist.

Mit Hilfe eines Workflow Managementsystemes (WFMS) ist es möglich, mit verschiedenen Prozessaktivitäten angepaßte Geschäftsprozesse zu gestalten und vorzugeben. Deswegen ist auf die Workflow Managementsysteme im folgenden Hauptkapitel (Kapitel 3.1.1.3) einzugehen.

2.3.2.2 Aufgabenreduzierung

Durch den Verzicht auf die Ausführung von Aufgaben können die Prozessaktivitäten und oftmals auch die Zahl der Geschäftsprozesse vermindert werden.

Deswegen sollte immer geprüft werden, ob nicht auf eine Reihe von Prozessen oder Aktivitäten verzichtet werden kann. Diese Prüfung kann zum Beispiel erfolgen für die

- Aus- und Fortbildung, wenn in den nächsten Jahren kein zusätzliches Personal benötigt wird.
- Chauffeure, da auch Topmanager selbst fahren oder ein Taxi benutzen können.
- Kalkulation, da die Preise vom Markt und nicht vom Kostenanfall bestimmt werden.
- Kasse, da alle Zahlungen bargeldlos ausgeführt werden können und eine Portokasse ein Sekretariat führen kann.
- Kostenrechnung, da durch die Buchhaltung der Unternehmenserfolg ermittelt wird.
- Pfortendienst, da mit technischen Anlagen fast der gleiche Effekt erzielt werden kann.
- Rechnungsprüfung, wenn die Lieferantenrechnung mit der EDV auf der Basis der elektronischen Bestellung erstellt wurde.
- Reisekostenabrechnung, da bei Zahlung einer Kostenpauschale diese entfallen kann.
- Statistik, wenn die meisten Statistiken nur einen sehr geringen Nutzen haben.
- Verkaufsniederlassungen, da durch die modernen Kommunikationsmittel eine hinreichende Kommunikation der Kunden mit der Zentrale gewährleistet ist.
- Wareneingangsprüfung, wenn der Lieferant die Qualität seiner Anlieferungen garantiert.

Ob ein ersatzloser Entfall möglich ist, kann immer dadurch geprüft werden, daß die Frage gestellt wird: „Welche Auswirkungen hat es, wenn diese Leistung entfällt?“.

2.3.2.3 Optimierung

Zum radikalen Redesign muß immer festgestellt werden, ob mit optimalen Verfahren gearbeitet wird.

In einer Vielzahl von betriebswirtschaftlichen Bearbeitungen gibt es gegenläufige Kostenkurven. Solch gegenläufige Kurven haben eine Gesamtkostenkurve, die einen Minimalpunkt besitzt. In diesem Minimalpunkt sind die Gesamtkosten am geringsten. Jeder Geschäftsprozess muß auf diesen Minimalpunkt ausgerichtet werden, muß also mit optimalen Verfahren arbeiten.

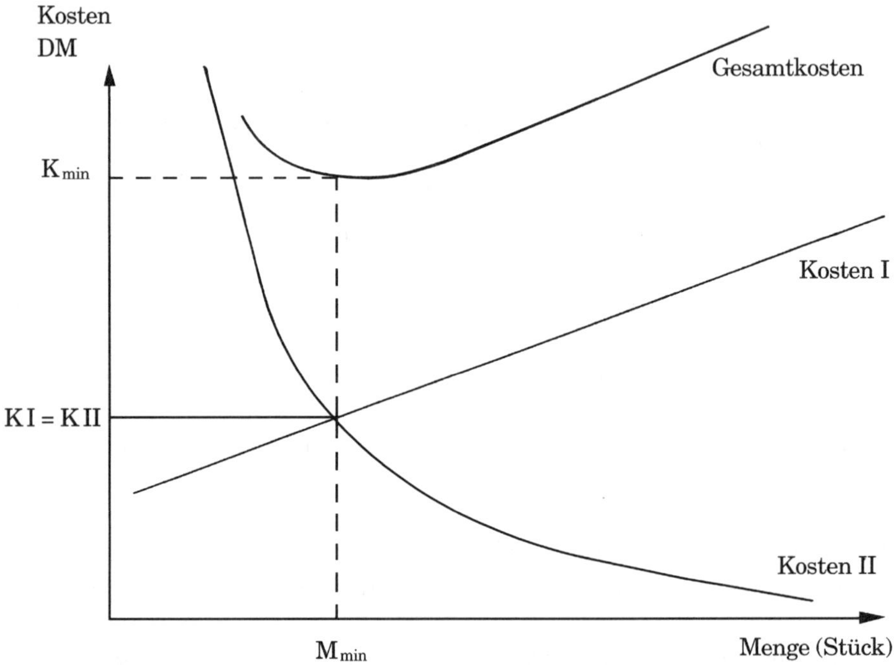

Abb. E01: Gegenläufige Kostenkurven

Typische Beispiele für den Einsatz von optimierenden Verfahren sind:

- Außendiensteinsatzoptimierung
- Auslieferungstourenoptimierung
- Bestellmengenoptimierung
- Fertigungsauftragsoptimierung
- Maschinenwartungsoptimierung
- Optimaler Investitionszeitpunkt
- Standortoptimierung.

Für diese Optimierungen steht eine Reihe von EDV-gestützten Verfahren zur Verfügung.

2.3.2.4 Minimierung

Oftmals gibt es für Geschäftsprozesse alternative Verfahren, die in unterschiedlichen Bereichen minimale Kosten erfordern. Ziel muß es sein, immer mit dem Verfahren zu arbeiten, das jeweils die geringsten Kosten bedingt:

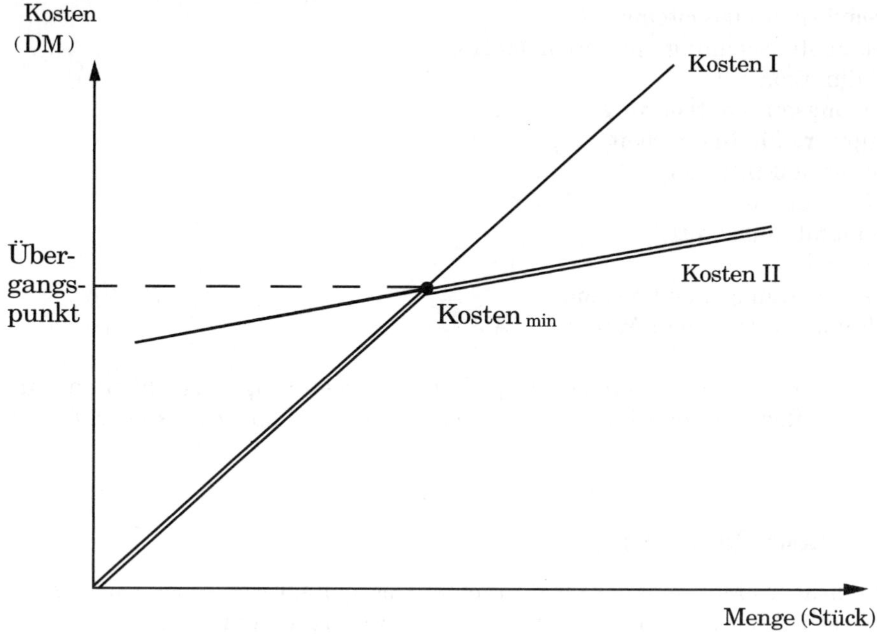

Abb. E02: Minimale Kostenkurven

Die Auswahlnotwendigkeit solcher alternativen Verfahren in den Geschäftsprozessen ist beispielsweise erforderlich bei:

- Dienstfahrten: Mietwagen oder Firmenfahrzeuge
- Fertigung: Eigenfertigung oder Fremdvergabe
- Fertigungskapazität: Investitionen oder Fremdvergabe
- Mitarbeiter: Überstunden oder zusätzliches Personal
- Mitarbeiterfortbildung: Eigene Fortbildungsveranstaltung oder Kursbesuch
- Vervielfältigungen: Kopieren oder Bürodruck.

Daneben gibt es EDV-gestützte Minimierungsverfahren, mit welchen die kostenminimale Lösung ermittelt werden kann, beispielsweise solche Verfahren wie die Verschnittminimierung.

2.3.2.5 Fortschrittsnutzung

Die Entwicklung immer besserer Verfahren, Geräte, Software usw. bedingt, daß bei einem Redesign nach einer gewissen Zeit immer Verbesserungsmöglichkeiten durch die Nutzung des Fortschritts gegeben sein müssen. „Das Bessere ist der Feind des Guten.“

Deswegen ist beim Redesign immer zu prüfen, welche Verbesserungsmöglichkeiten durch den zwischenzeitlichen Fortschritt möglich sind. Einige typische Beispiele sind:

- Büroinformationssysteme
- Dokumentenscanning und -archivierung
- E-Mailnutzung
- Fertigungsautomatisierung
- Groupware für Teamarbeit
- Internet und Intranet
- ISDN - Nutzung
- Kommunikationsmittel
- Multimedia
- Workflow Managementsysteme
- Zielfindungssysteme in Autos.

Das können natürlich nur einige Beispiele für Verbesserungsmöglichkeiten sein, die bei dem Redesign eines über 10 Jahre alten Geschäftsprozesses geprüft werden sollten.

2.3.2.6 Beschleunigung

Ein wesentliches Merkmal der Qualität eines Geschäftsprozesses ist seine Dauer. Kurze Geschäftsprozesse müssen das Ziel jedes Redesigns sein.

Durch die Beschleunigung von Geschäftsprozessen können verschiedene **positive Aspekte** erreicht werden:

- Kürzere Lieferfristen
- Niederer Kapitalbedarf
- Geringere Zinsen
- Bessere Termineinhaltung
- Kleinere Bestände
- Größere Wirtschaftlichkeit.

Deswegen ist bei jedem Redesign auch zu untersuchen, wie der Geschäftsprozess möglichst schnell abgewickelt werden kann. Insbesondere folgende **Maßnahmen** bieten sich an:

- Abwicklung in einem einzigen EDV - Verarbeitungsgang
- Vermeidung von Geschäftsprozessen, die von mehreren, unterschiedlichen Abteilungen bearbeitet werden
- Keine Medienbrüche, also kein Übergang von einem zu einem anderen Informationsträger
- Elektronische Informationsübertragung, beispielsweise mit EDI: Electronic Data Interchange
- Kurze Frequenzen bei allen diskontinuierlichen Prozessen
- Übertragung der Entscheidungsbefugnisse an die Mitarbeiter vor Ort
- Just in Time (JiT) - Anlieferung der Materialien von den Lieferanten

- Drastische Verminderung der Liegezeiten
- Beseitigung von Fehlerursachen, Stapelbearbeitungen usw.
- Abbau von Kontrollen, Prüfungen und Überwachungen usw.

Natürlich darf das Ziel nicht nur in einer Beschleunigung der Geschäftsprozesse bestehen, sondern die anderen Ziele müssen gleichwertig angestrebt werden.

2.3.2.7 Auswuchsabbau

Im Laufe der Lebensdauer eines Geschäftsprozesses wird er immer wieder verändert, ergänzt, angepasst oder adaptiert.

Diese Veränderungen können unterschiedliche **Gründe** haben:

- Beschleunigung des Prozesses
- Bearbeitungen von Sonderfällen
- Vereinheitlichung der Bearbeitung
- Fehlerverminderung oder -vermeidung
- Minimierung des Prozessrisikos
- Profilierung von Managern usw.

Diese Verfolgung von Sonderzielen geht oftmals einher mit verschiedenartigen **Auswüchsen**:

- Routinebearbeitung über Sonderfallgeschäftsprozessen
- Übermäßige oder übertriebene Vorsorge- und Sicherungsmaßnahmen
- Unterschiedliche Entscheidungsträger
- Mehrfache Archivierung und redundante Informationsspeicherung
- Mangelnde Beachtung der Mitarbeiterinteressen und -ziele
- Keine Focussierung auf die Kernprozesse und Kernaktivitäten
- Hoher Aufwand für unwichtige Aufgabenerledigungen
- Manuelle Prozesse, die maschinell besser und schneller ausgeführt werden könnten
- Komplexe Geschäftsprozesse, die nur noch schwer übersehen werden können.

Beim Redesign dürfen solche Auswüchse nicht akzeptiert werden. Nur, weil es bisher so gemacht wurde, kann kein Grund für die Übernahme sein.

2.3.2.8 Softwarebezogenes Redesign

Ohne die Nutzung der EDV ist kein Redesign heute mehr vorstellbar. Da liegt die Frage nahe, warum beispielhafte Software nicht die Basis für das Redesign sein sollte.

Bekannte integrierte Standardsoftwaresysteme haben eine Reihe von **Vorteilen**, so beispielsweise:

- Sofortige Verfügbarkeit
- Umfassende Beurteilungsmöglichkeit
- Praxiserprobung mit Fehlerminimierung
- Unterstützungsangebot durch externe Experten
- Keine oder nur geringe Programmiererfordernisse
- Vergleichsweise kostengünstige Alternative.

Um auf diese Vorteile zu verzichten, bedarf es gewichtiger Argumente.

Das Redesign beim Einsatz eines integrierten Standardsoftwaresystems wird sich aber sinnvollerweise immer erheblich an die gewählte Software anlehnen müssen:

- Softwarestrukturierung
- Prozessgestaltungsmöglichkeiten
- Benutzungsalternativen
- Informationsstrukturierung usw.

Da diese Art des radikalen Redesigns in sehr starkem Umfang von der gewählten Standardsoftware geprägt ist, wird es in einem besonderen Hauptkapitel (E.3) behandelt.

2.3.3 Kombinationsansätze

Redesignlösungen werden immer eine Reihe von Ansätzen, also Kombinationen aus den hier genannten oder auch nicht genannten Ansätzen umfassen.

Durch die Kombination ergibt sich oftmals eine **Synergiewirkung**, also der Effekt, daß das Kombinationsergebnis die Summe aller Elemente weit übertrifft.

Solche Synergiewirkungen brauchen nicht nur zufällig zu entstehen, sondern können mit entsprechenden Redesignlösungen bewußt angestrebt werden.

2.4 Methodeneinbindung

In das radikale Redesign sollten natürlich alle wirksamen Methoden, Prinzipien und Techniken der Prozessorganisation eingebunden werden, um zu einem möglichst großen Verbesserungserfolg zu kommen.

Vornehmlich die nachstehenden **Ansätze** kommen dafür in Frage und sind deswegen zu prüfen:

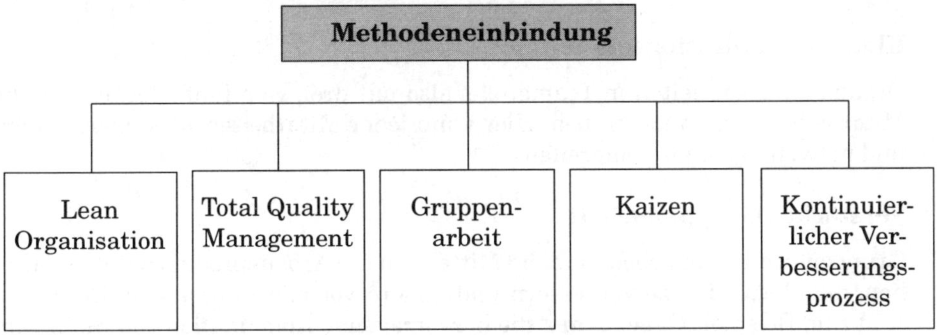

Eine vollständige Aufzählung aller möglichen Ansätze kann hier nicht erfolgen, da sie vom Unternehmen abhängig sind, das sich der Redesignaufgabe unterzieht.

2.4.1 Lean Organisation

Die Lean Organisation orientiert sich am Prinzip der „Einfachheit“. Durch den Verzicht auf unnötige Organisationselemente und durch die Verminderung der Komplexität ist die Prozess- und die Aufbauorganisation möglichst schlank zu machen.

Schwerpunkte der Lean Organisation sind die nachstehenden Forderungen und damit ihre Berücksichtigung in einer neuen Redesignlösung:

- **Kleine Unternehmenseinheiten**

  Flexibel und schnell können nur kleine Unternehmen handeln. Große Unternehmen sind deswegen in mehrere kleine Einheiten zu zerlegen.

- **Wenige Hierarchiestufen**

  Mehr als drei Hierarchiestufen sind ineffizient, deswegen fordert die Methode eine Verkürzung der Hierarchie. Kleine Unternehmenseinheiten genügen der Drei-Stufen-Forderung:

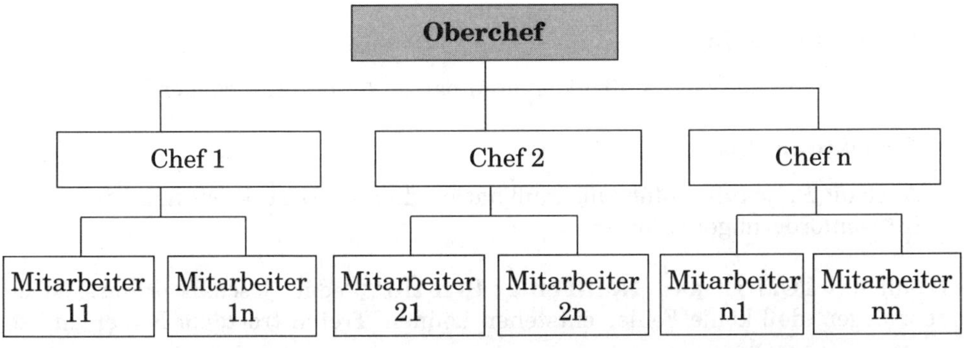

- **Kleine Organisationseinheiten**

  Organisationseinheiten in Teamgröße, also mit drei, vier, fünf oder auch sechs Mitarbeitern sind anzustreben. Hier kann jeder Mitarbeiter alles überschauen und notwendigerweise eingreifen.

- **Verstärkte Gruppenarbeit**

  Gruppen- und Teamarbeit sind die Mittel, um die Arbeitsproduktivität zu erhöhen, die Motivation zu verbessern und andere Vorteile zu erlangen. Deswegen sind zum Beispiel „**Caseteams**" die hervorragende Kombination von radikalem Redesign und Lean Organisation.

Lean Organisation ist heute ein anerkannter Teil des Business Reengineerings.

2.4.2 Total Quality Management

Qualität muß Ziel jedes Geschäftsprozesses sein. Nach dem Total Quality Management (TQM) ist Qualität ein umfassender Begriff:

Qualität - Definition nach *Crosby*:

Erfüllung von vereinbarten Anforderungen.

Der Begriff der Qualität hat beim Total Qualitity Management nicht nur die Erzeugnisse im Blick, sondern bezieht sich auf alle möglichen Qualitätsobjekte:

- **Produktqualität**

  Die Erzeugnisse müssen die festgelegten Eigenschaften erfüllen. Qualität ist bei Erzeugnissen üblicherweise präzise meßbar.

- **Prozessqualität**

  Die Geschäftsprozesse müssen fehlerfrei ausgeführt werden. Nur so ist die erforderliche Prozessqualität erreichbar.

- **Programmqualität**

  Die benutzte Software muß allen vereinbarten Anforderungen genügen.

- **Projektqualität**

  Auch die Projektdurchführung muß natürlich unter Berücksichtigung von Qualitätsanforderungen erfolgen.

Inhalt des TQM ist das „**Null-Fehler-Prinzip**". Jeder Geschäftsprozess ist so auszulegen, daß keine Fehler entstehen können. Treten trotzdem Fehler auf, so sind sie von dem Bereich zu bereinigen, in dem die Fehler entstanden sind. Es gilt das Prinzip der unmittelbaren Qualitätssicherung.

Mit Hilfe von **Quality Circle** (QC), also unter Einsatz von Qualitätszirkeln, werden die notwendigen Qualitätsverbesserungsaktivitäten ausgeführt. In Qualitätszirkeln arbeiten freiwillig die qualitätsinteressierten Mitarbeiter des Geschäftsprozesses oder des Geschäftsbereiches an der Verbesserung der Qualität.

2.4.3 Gruppenarbeit

Bei der Gruppenarbeit führen mehrere Mitarbeiter in gemeinsamer Verantwortung einen Geschäftsprozess oder einen Teilprozess durch. Das bedeutet aber nicht, daß alle die gleiche Aktivität ausüben. Vielmehr können mehrere Aufgaben einer Gruppe zugeordnet werden.

Häufig wird von **„teilautonomer Gruppenarbeit"** und damit von teilautonomen Gruppen gesprochen. Das erfordert, daß folgende Voraussetzungen erfüllt sind:

- **Gemeinsame Aufgabe**

  Einer Mitarbeitergruppe muß gemeinsam der Geschäftsprozess übertragen werden.

- **Gemeinsame Verantwortung**

  Alle Mitarbeiter der Gruppe tragen die Verantwortung für die Durchführung und die Qualität des Geschäftsprozesses und seiner Ergebnisse.

- **Selbständige Planung und Koordination**

  Die Gruppe plant und koordiniert selbständig die Arbeitsdurchführung, wer also was und wann macht.

- **Umfassende Qualifizierung**

  Alle Gruppenmitarbeiter haben die gleiche Qualifikation für alle Aufgaben der Gruppe, so daß jedes Gruppenmitglied jede Prozessaktivität ausüben kann.

- **Erforderliche Arbeitsmittel**

  Die Gruppe hat alle erforderlichen Arbeitsmittel zur Verfügung, um ohne Einschränkungen durch die Arbeitsmittel die Aktivitäten durchführen zu können.

Es ist falsch, die Gruppenarbeit nur für Fertigungsprozesse einzusetzen. Gerade die Prozessorganisation erfordert die teilautonome Gruppenarbeit in allen Bereichen. Das **Caseteam** ist eine teilautonome Arbeitsgruppe.

2.4.4 Kaizen

Die stetige Verbesserung der Geschäftsprozesse durch systematische Lernprozesse ist der Inhalt des aus Japan stammenden Kaizen.

Kaizen erfordert folgende Gegebenheiten:

- Ganzheitliche Strukturierung der Geschäftsprozesse
- Entwicklung der fachlichen Qualifikationen der Mitarbeiter
- Förderung der sozialen Verantwortung der Mitarbeiter.

Damit ist Kaizen ein Teil des kontinuierlichen Verbesserungsprozesses (KVP), auf das im Hauptkapitel E.4 ausführlich eingegangen wird.

2.4.5 Kontinuierlicher Verbesserungsprozess

Radikales Redesign wird nie in solcher Vollkommenheit ausgearbeitet werden können, so daß danach nicht zumindest in Detailbereichen eine Reihe von Verbesserungen erforderlich sind.

Diese Verbesserungsnotwendigkeiten können am besten erkannt werden von den Mitarbeitern, die tagtäglich den Geschäftsprozess ausüben. Diese Mitarbeiter sind auch besonders dazu geeignet, entsprechende Verbesserungsvorschläge auszuarbeiten und diese dann auch einzuführen.

Deswegen wird im Hauptkapitel E.4 ausführlich auf den kontinuierlichen Verbesserungsprozess (KVP) eingegangen.

2.5 Redesignregeln

Für das radikale Redesign wurde eine Reihe von Katalogen mit Regeln ausgearbeitet, um das Redesign zu erleichtern.

Die wesentlichen Regeln wurden von *Hammer* und *Champy* formuliert. Sie werden hier zusammengefaßt ausgewiesen:

Redesignregeln
1. Fokussierung auf die Kernprozesse!
2. Kundenzufriedenheit ist das Hauptziel!
3. Bruch mit allen bisherigen Regeln und Annahmen!
4. Prozessredesign statt Funktionsdesign!
5. Radikales Prozessredesign statt Prozessverbesserungen!
6. Prozessvarianten vorsehen!
7. Möglichst einfache und kurze Prozesse!
8. Kreativer EDV-Einsatz für alle Prozesse!

Redesignregeln
8. Kreativer EDV-Einsatz für alle Prozesse!
9. Ein Geschäftsprozess = eine Organisationseinheit!
10. Keine Medienbrüche im Prozess!
11. Minimierung der Papierproduktion!
12. Gruppenarbeit nutzen!
13. Die Mitarbeiter vor Ort treffen die erforderlichen Entscheidungen!
14. Die Geschäftsprozesse bestimmen die Aufbauorganisation!
15. Radikales Redesign durch den kontinuierlichen Verbesserungsprozess ergänzen!

2.6 Redesignfehler

Da zwischenzeitlich eine Vielzahl von radikalen Redesignprojekten durchgeführt wurde, liegen umfassende Erfahrungen über das Business Reengineering vor.

Deswegen ist es auch möglich, die häufigsten Fehler aus diesen Projekten herauszufiltern.

Insbesondere die folgenden Fehler sollten in Projekten des radikalen Redesigns nach *Hammer* und *Champy* vermieden werden:

Redesignfehler
1. Optimierung von Geschäftsprozessen statt radikalem Redesign!
2. Keine Fokussierung auf Kernprozesse!
3. Prozessredesign ohne flankierende Maßnahmen!
4. Mangelnde Beachtung der Wertvorstellungen und Überzeugungen der Mitarbeiter!
5. Die Bereitschaft, sich mit geringen Ergebnissen zufrieden zu geben!
6. Zu frühe Einstellung von Redesignprojekten!
7. Beschränkung des Projektumfangs von Anfang an!
8. Behinderung der Business Reengineering durch die Haltung des Managements!
9. Redesign von unten nach oben!
10. Wahl des falschen Projektleiters!
11. Sparen bei den Projektressourcen!
12. Redesignprojekt als ein Projekt von vielen!
13. Business Reengineering zwei Jahre vor der Pensionierung des Vorsitzenden der Geschäftsleitung!
14. Ausschließliche Konzentration auf die Redesignphase!
15. Business Reengineering ohne Opfer!

2.7 Prozessgestaltung

Die erkannten Prozessverbesserungen, für die das Unternehmen sich zur Einführung entschieden hat, müssen nun natürlich in allen Details ausgearbeitet werden:

- Prozesskettengestaltung
- Informatiknutzung und -einbindung
- Softwareerlangung und -implementierung
- Aufbauorganisatorische Gestaltung usw.

Häufig wird beim „Radikalen Redesign" im Hinblick auf die Informatiknutzung auch integrierte Standardsoftware eingesetzt. Ist das der Fall, dann sind auch die Überlegungen des nachfolgenden Kapitels „Softwarebezogenes Redesign" relevant (Siehe Kapitel E. 3).

3. Softwarebezogenes Redesign

Während beim radikalen Redesign neue Redesignlösungen gesucht, ausgearbeitet und eingeführt werden, ist beim softwarebezogenen oder softwarebasierten Redesign die Basis der neuen Geschäftsprozesse ein vorgefertigtes Softwaresystem.

Das radikale Redesign erfordert natürlich auch die **Informatikunterstützung** der Geschäftsprozesse. Hier werden jedoch erst dann Softwarelösungen erarbeitet, wenn die konzeptionelle, radikale Redesignlösung vorliegt.

Der Weg geht folglich hier von der Lösung zur Software, während beim softwarebezogenen Redesign die Software die Basis ist, auf der die Lösung des Redesigns aufgesetzt und ausgearbeitet wird.

Für das softwarebezogene Redesign sind zu betrachten:

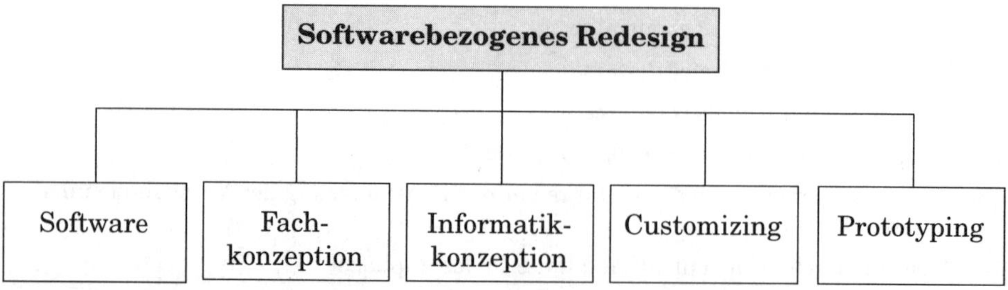

Nach der Auswahl der einzusetzenden Software ist die betriebswirtschaftliche Konzeption, also eine **Fachkonzeption** auszuarbeiten, die natürlich die Möglichkeiten des ausgewählten Softwaresystems berücksichtigen muß.

Aus ihr ist dann die **Informatikkonzeption** abzuleiten, selbstverständlich auch wieder unter Bezugnahme auf das einzusetzende Softwaresystem.

An diese Aufgabenerledigung schließt sich die Anpassung des Softwaresystems an die erarbeiteten Konzeptionen an. Diese Aufgabe wird als „**Customizing**" bezeichnet.

Danach steht ein „**Prototyp**" zur Verfügung, der nun getestet, verbessert, getunt und weiterhin angepasst werden muß. Nach der Abnahme des ausgetesten Prototypen wird dieser als „**Produktivsystem**" genutzt.

Die Ausarbeitung und der Einsatz der erarbeiteten Redesignlösung bedarf einer vielfältigen **Prozessicherung**, an die sich dann die **Prozesseinführung** anschließt (Siehe Kapitel F und G).

3.1 Software

Zunächst stellen sich beim softwarebezogenen Redesign die Fragen:

- Welche Softwarearten kommen für das Redesign in Betracht?
- Welchen Anforderungen muß die einzusetzende Software genügen?
- Welche Kriterien sollten in die Softwareauswahl einbezogen werden?
- Wie ist die Software auszuwählen?
- Wie sollte beim Redesign vorgegangen werden?
- Welche Tools können zum Redesign benutzt werden?

Für die einzusetzende **Anwendungssoftware** sind folglich zu betrachten:

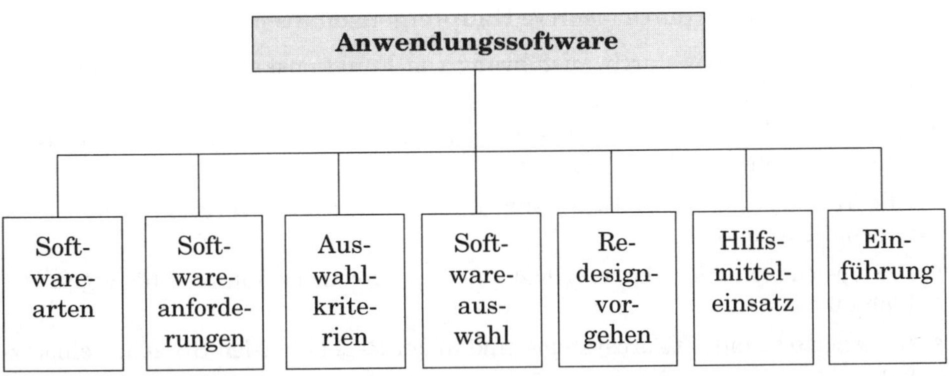

Auf Fragen, wie der Einsatz von Hardware, Betriebssystemen, Client-Server-Systemen, Netzwerksoftware usw. wird hier nicht eingegangen. Sie sprengen den Umfang dieses Organisationsbeitrages.

3.1.1 Softwarearten

Zum Business Reengineering mit der Verfahrensart des „Softwarebezogenen Redesigns“ können unterschiedliche Softwarearten vorgesehen werden:

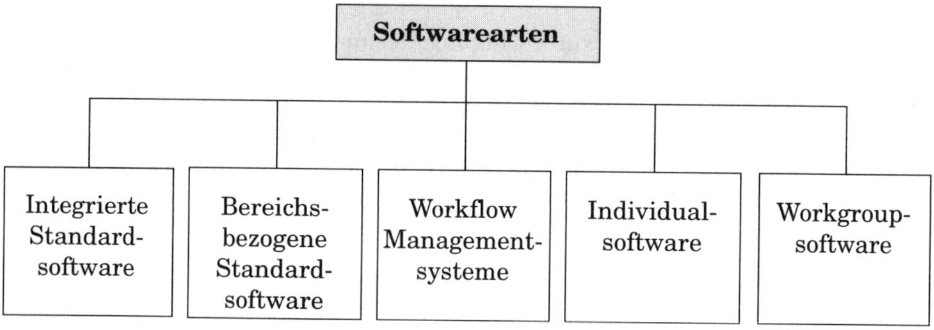

Zur **Erlangung** der Software für das Redesign sind zu unterscheiden:

- Lizenzerwerb von Softwarehäusern.
- Ausarbeitung durch eigene Mitarbeiter.
- Fremderstellung durch Unternehmensberatungen, Freelancer usw.

Beide Gesichtspunkte, Softwareart und Softwareerlangung, sind nachfolgend zu betrachten.

3.1.1.1 Integrierte Standardsoftware

Diese Softwareart ist durch mehrere **Haupteigenschaften** gekennzeichnet:

- Prozessorientierung durch Ausführung von Funktionsketten bei der Informationsverarbeitung.
- Integrierte Standardsoftwaresysteme umfassen in der Regel alle wesentlichen kaufmännische Geschäftsprozesse.
- Alle Teilbereiche der Software sind intern integriert - Durchgängigkeit aller Geschäftsprozesse.
- Die Speicherung der Daten erfolgt in einer oder mehreren unabhängigen Datenbanken.
- Integrierte Standsoftwaresysteme sind in der Regel in vielen Branchen einsetzbar.

- Solche Standardsoftwaresysteme sind an nationale Eigenschaften anpassbar und deswegen international verwendbar.
- Eine einheitliche interaktive grafische Benutzeroberfläche ist weiteres Kennzeichen solcher Systeme.
- Diese Softwareart kann in definierten Grenzen unternehmensindividuell angepaßt werden.
- Durch selbsterstellte Module können integrierte Standardsoftwaresysteme erweitert und damit zusätzlich angepaßt werden.
- Ideale Möglichkeit und Hebel, um verkrustete Strukturen und Abläufe aufzubrechen.

Die **Anpassung** von integrierter Standardsoftware an die Belange eines Unternehmens ist jedoch begrenzt:

- Ohne Softwareänderungen ist die Anpassung nur im Rahmen des vorgesehenen Customizing möglich;
- Eine Modifikation der ausgelieferten Software ist durch eine hohe Komplexität gekennzeichnet;
- Erweiterungen erfordern eine Vielzahl von Schnittstellen, die teilweise nur schwierig zu beherrschen sind;
- Modifikationen und Erweiterungen der ausgelieferten Software können den Releasewechsel sehr erschweren oder gar unmöglich machen.

Gegen den Einsatz von integrierter Standardsoftware sprechen jedoch auch einige bedeutsame **Gründe**:

- Überladene Software mit vielen Funktionen, die nur zum Teil benötigt werden.
- Hochkomplexe Anwendungssysteme, die einen erheblichen Bedarf an hochqualifizierten Mitarbeitern erforderlich machen.
- Die hohe Integration dieser Standardsoftware bedingt bei Änderungen, Anpassungen und Erweiterungen teilweise unübersehbare Wirkungen.
- Hohe Kosten für Lizenzen, Projektdurchführung, Mitarbeiterschulung, Systembetrieb usw.
- Nach Einführung eines integrierten Standardsoftwaresystems ist ein Wechsel zu einem anderen Programmsystem kaum mehr wirtschaftlich möglich.

Das **weltweite Angebot** an integrierter Standardsoftware ist begrenzt. Es ist jedoch erwartbar, daß in den kommenden Jahren weitere Systeme ausgearbeitet und angeboten werden. Das eine oder andere der derzeitig angebotenen Standardsoftwaresysteme wird voraussichtlich in den nächsten Jahren vom Markt wieder verschwinden.

Nicht alle der nachstehend ausgewiesenen **Angebote** sind jedoch in deutscher Sprache verfügbar:

Integrierte Standardsoftware		
Softwarebezeichnung	Anbieter	Plattform
BAAN IV	Baan Business Systems GmbH Hannover	Client-Server
HRMS	Peoplesoft Corp. New York	Client-Server
Office Line	KHK Software AG Frankfurt/Main	Client-Server
ORACLE – Applications	ORACLE GmbH München	Client-Server
PRISM	MARCAM Corporation Los Angeles	IBM AS/400
R/2	SAP AG Walldorf	Großrechner
R/3	SAP AG Walldorf	Client-Server

Integrierte Standardsoftware wird sehr häufig beim softwarebezogenen Redesign eingesetzt. Alle anderen Softwarearten werden nur in Ausnahmefällen benutzt. Dafür gibt es eine Reihe guter **Gründe**:

- **Schnellere Projektergebnisse**

  Durch den Einsatz von integrierter Standardsoftware ist das Redesign und die Prozessrealisation zeitlich kürzer - es muß keine oder nur in geringem Umfang neue Software entwickelt werden. Dafür muß die bestehende Organisation des Unternehmens an die Software angepaßt werden.

- **Weniger Arbeitsaufwand**

  Da beim Einsatz integrierter Standardsoftware keine oder nur in geringem Umfang Programmierung erfolgen muß, ist in der Regel der Arbeitsaufwand geringer.

- **Erfahrungsnutzung**

  Da die integrierte Standardsoftware in anderen Unternehmen eingesetzt wurde, flossen die dabei gemachten Erfahrungen in die neueren Versionen ein und sind somit ebenfalls integrierter Teil des Softwaresystems.

- **Geringeres Risiko**

  Da integrierte Standardsoftware vielfach und auch in der betrieblichen Praxis „getestet“ wurde, ist das Softwarerisiko deutlich geringer.

- **Keine Einarbeitungszeiten**

  Am Arbeitsmarkt gibt es für das Redesign auf der Basis von Standardsoftware eingearbeitete Fachleute, die bei Anwerbung oder bei vertragsvereinbarter Mitarbeit ohne Einarbeitungszeit eingesetzt werden können.

- **Vielfältige Hilfen**

  Zur Einführung von integrierter Standardsoftware gibt es eine Reihe von Hilfen, wie zum Beispiel:

  - Vorgehens- und Referenzmodelle,
  - Tools wie z. B. ARIS - Toolset oder den Analyzer für R/3 der SAP AG,
  - Voreinstellungen und
  - Customizinghilfen usw.

  Die Komplexität der Softwareeinführung ist damit herabgesetzt.

- **Geringere Kosten**

  Durch den Wegfall der Programmierung sollten die Einführungskosten von integrierter Standardsoftware deutlich geringer sein. Bei den Gesamtkosten ergaben sich in der betrieblichen Praxis unterschiedliche Ergebnisse.

- **Integrierte Branchensoftware**

  Zunehmend wird von den Softwarehäusern branchenspezifische, integrierte Standardsoftware angeboten werden, deren Redesign einen wesentlich geringeren Arbeitsaufwand erfordert. So bietet beispielsweise die SAP AG für die Automobilindustrie ihre ISA-Software (Industrie Solution Automotive) an. Sie bietet nach Aussage von SAP:

  - Automobilindustriespezifische Funktionalität
  - Branchenspezifische Komponenten
  - Branchenausgerichteten Service.

  Für das ISA - System ist ein eigener Releasezyklus vorgesehen.

Da zum softwarebezogenen Redesign fast ausschließlich integrierte Standardsoftware eingesetzt wird, beziehen sich die folgenden Hauptkapitel auf den Einsatz von integrierter Standardsoftware.

3.1.1.2 Bereichsbezogene Standardsoftware

Integrierte Standardsoftware deckt üblicherweise den Gesamtbereich der kaufmännischen Geschäftsprozesse ab. Demgegenüber ist diese Softwareart auf einzelne Funktionen oder Hauptfunktionen begrenzt.

Bereichsbezogene Standardsoftware deckt beispielsweise solche **Hauptfunktionen** ab wie:

- Auftragsabwicklung
- Logistik
- Lohn- und Gehaltsrechnung
- Personalwesen
- Produktionsplanung und -steuerung
- Rechnungswesen
- Vertrieb.

Im Vergleich zum Einsatz von integrierten Standardsoftwaresystemen haben diese Systeme mehrere bedeutsame **Nachteile**:

- **Unvollständigkeit der Geschäftsprozesse**

  Durch ihre Bereichsbegrenzung können sie oftmals nicht ganze Geschäftsprozesse bearbeiten, weil diese häufig bereichsübergreifend sind. Oftmals sind Schnittstellen zu den Altsystemen oder zu anderen Anwendungsystemen erforderlich. Sie bedingen häufig erhebliche Probleme.

- **Unterschiedliche Softwaresysteme**

  Zur Durchführung der Gesamtdatenverarbeitung des Unternehmens müssen hier mehrere unterschiedliche Softwaresysteme eingesetzt werden:

  – Unterschiedliche Softwarestruktur
  – Differenzierte Benutzeroberfläche
  – Verschiedenartige Datenorganisation
  – Benutzung mehrerer Programmiersprachen
  – Unterschiedliche Ansprechpartner bei Problemen.

- **Erschwerte Problembeseitigung**

  Durch die Unterschiedlichkeit der Hersteller bzw. der betreuenden Softwarehäuser ist die Problembeseitigung sehr erschwert, weil die Ursachenverantwortung nicht immer eindeutig geklärt werden kann.

- **Vielfältige Schnittstellen**

  Die verschiedenen Softwaresysteme erfordern eine Vielzahl von einheitlichen Schnittstellen, die nur mit großem Aufwand erarbeitet werden können.

Nur in Ausnahmefällen wird man deswegen ein softwarebezogenes Redesign mit bereichsbezogener Standardsoftware ausführen.

3.1.1.3 Workflow Managementsysteme

Unter dem Begriff der „Workflow Managementsysteme“ (WFMS) versteht man „Rahmenprogramme“, in die verschiedene Anwendungsprogramme eingebunden werden können und diese steuern. Sie sind folglich Integrationsplattformen zur Geschäftsprozessabwicklung mit unterschiedlicher Anwendungssoftware.

Workflow Managementsystem - Definition:

Integrationsplattformen zur Geschäftsprozessabwicklung mit unterschiedlicher Anwendungssoftware.

Die einzubindende Software kann unterschiedlichen **Ursprungs** sein:

- Vorhandene, aber bewährte Anwendungsprogramme
- Zu erwerbende, neue bereichsbezogene Standardsoftware
- Zu erstellende Individualsoftware
- Werkzeugprogramme wie Tabellenrechnen, Textverarbeitung usw.
- Mailsysteme, die einbezogen und eingebunden werden müssen.

Daneben wird aber auch eine weitergehende Begriffsbestimmung für Workflowsysteme benutzt, die weitere Funktionen einschließt. Nach *Götzer* können Workflow Managementsysteme auch solche Aufgaben umfassen wie:

- Analyse und Planung im Organisationsbereich
- Design und Konstruktion von Geschäftsprozessen
- Administration der Geschäftsprozessabwicklung
- Benutzervorgaben und -hilfen
- Steuerung der Geschäftsprozessabwicklung.

Eine Vielzahl von Workflow Managementsystemen wird angeboten:

Workflow Managementsysteme		
Software-bezeichnung	Anbieter	Hauptmerkmal
Applixware	Workflow	Dokumenten-Bürokommunikationssystem
Business Workflow	SAP	Komplettes Workflow Managementsystem
CSE Workflow	CSE	Geschäftsprozesssteuerung und Dokumentenarchivierung
Flow Mark	IBM	Modellierung und Steuerung von Geschäftsprozessen
IBIsys	Olivetti	Bürokommunikationssystem mit Vorgangssteuerung
Lotus Notes	Lotus	Workgroupanwendungen
ProMinanD	IABG	Vorgangsabwicklung
OPEN/Workflow	Wang	Vorgangssteuerungssystem
Serie M/...	kühn & weyh	Geschäftsprozessabwicklung mit Anwendungsintegration
Staffware	AIC	Vorgangssteuerungssystem
WorkParty	SNI	Vorgangssteuerungssystem

3.1.1.4 Individualsoftware

Unternehmenserstellte und üblicherweise nur von diesem Unternehmen eingesetzte Software wird als Individualsoftware bezeichnet:

Individualsoftware (IS) - Definition von *Hansen*:

Programme, die für einen Anwendungsfall selbst erstellt wurden und deren Eigenschaften den spezifischen Unternehmensbelangen entsprechen.

Individualsoftware kann fast nie Ausgangspunkt für ein softwarebezogenes Redesign sein, denn damit würden keine neuen Lösungsansätze zum Redesign benutzt, sondern nur „neuer Wein in alte Schläuche gefüllt".

Davon gibt es jedoch Ausnahmen. In Konzernen kann den **Tochterunternehmen** vorgegeben werden, daß sie die selbsterstellte Anwendungssoftware des Mutterunternehmens einsetzt. Dann wird das Tochterunternehmen sinnvollerweise diese Software zum Redesign seiner Geschäftsprozesse benutzen.

Die Ausarbeitung von Individualsoftware kann jedoch oftmals **Folge** des Redesigns sein:

- Die neugestalteten Geschäftsprozesse beim radikalen Redesign müssen softwaregestützt abgewickelt werden. Dazu kann es erforderlich, sein Individualsoftware zu entwickeln.

- Zur Erweiterung und Ergänzung von integrierter Standardsoftware wird ebenfalls Individualsoftware ausgearbeitet. Die SAP AG stellt dafür sogar eine unternehmenseigene Programmiersprache zur Verfügung: ABAP/4. Viele Modifikationen und Erweiterungen erschweren aber einen Releasewechsel erheblich.

- Bestimmte Geschäftsprozesse können in Workflow Managementsystemen mit Individualsoftware abgewickelt werden. Das kann deswegen erfolgen, weil diese Software schon vorhanden ist, aber auch deswegen, weil geeignete Software nicht erwerbbar ist.

Nur in Ausnahmefällen empfiehlt es sich jedoch, Individualsoftware einzusetzen, denn in der Regel hat erwerbbare Fremdsoftware erhebliche Vorteile.

3.1.1.5 Workgroupsoftware

Diese Softwareart ist für die Durchführung von Geschäftsprozessen beispielsweise durch **Caseteams** einsetzbar, deren Mitarbeiter nicht immer am gleichen Ort zur selben Zeit sind.

Workgroupsoftware (WGS) - Definition:

Programme zur Computerunterstützung der Team- und Gruppenarbeit.

Das gemeinsame Arbeiten mit Workgroupsoftware wird als **Workgroupcomputing** bezeichnet.

Nach *Götzer* hat Workgroupsoftware vier Schwerpunkte:

- Gleichzeitige Erstellung, gemeinsame Bearbeitung und Management von Dokumenten durch mehrere Benutzer.
- Gemeinsame Terminplanung durch Nutzung eines Gruppenterminkalenders.
- Führen von Onlinekonferenzen und Gedankenaustausch mit Hilfe von Bulletinboards.
- Administration von Entscheidungsprozessen in Gruppen und Teams.

Workgroupsoftware umfaßt üblicherweise eine Reihe von **Funktionen**:

- Dokumentenmanagement
- Electronic Mail
- Entscheidungsunterstützung
- Informationsverteilung
- Konferenzsystem
- Verteilte Dokumentenerstellung und -bearbeitung
- Zeitmanagement.

Besonders bedeutsam ist es, daß mit Workgroupsoftware sowohl zeitliche als auch räumliche Differenzen überwunden werden können. Damit kann **Gremienarbeit** auch dann durchgeführt werden, wenn die Gremienmitglieder weder zur selben Zeit noch am selben Ort versammelt sind. Solche Gremien können beispielsweise sein:

- Arbeitsteams
- Ausschüsse
- Caseteams
- Kollegien
- Leitungsgruppen
- Projektgruppen
- Review - Boards.

Die Überwindung von Raum und Zeit durch Workgroupsoftware erlaubt nach *Götzer* folgende Aktivitäten:

Wirkungsmatrix	Gleiche Zeit	Unterschiedliche Zeit
Gleicher Ort	Entscheidungsunterstützung Meetingsupport	Zeit- und Projekt-management Informationsharing
Unterschiedlicher Ort	Shared Screen Gemeinsame Dokumentenerstellung	Informationsharing

Durch die Einbindungsmöglichkeit zusätzlicher Anwendungsprogramme bei einigen Workgroupprogrammen ist es möglich, auch Geschäftsprozesse im Team zu bearbeiten. Damit kann Workgroupsoftware auch eine Geschäftsprozesskomponente haben, die vornehmlich für **Caseteams** bedeutsam sein kann.

Typische Workgroupsoftware sind beispielsweise die folgenden Systeme:

Workgroupsoftware		
Softwarebezeichnung	Anbieter	Hauptmerkmal
Action Workflow	Action Technologies	Büroaufgaben und Workflowabwicklung
Business Workflow	SAP	Datenbankgestütztes E-Mail-System
ISDN Office	OCP	Bürokommunikation
Lotus Notes	Lotus	Plattform zur Integration von Anwendungen
MS Mail	Microsoft	Gruppenarbeit
Teamoffice	ICL	Gruppenarbeit und offene Schnittstellen
Workcenter	Autodesk	Büroaufgaben und Workflowabwicklung

3.1.2 Softwareanforderungen

Aus den Ergebnissen der Prozessanalyse, also der Istaufnahme und der Istanalyse sowie aus den Vorgaben des Projektauftrages, sind die Anforderungen an die einzusetzende Software abzuleiten.

Die so erarbeitete Anforderungsliste hat unterschiedliche **Bezeichnungen**:

- Anforderungskatalog
- Pflichtenheft
- Spezifikation.

Eine Softwarespezifikation sollte zumindest folgende Anforderungen einschließen:

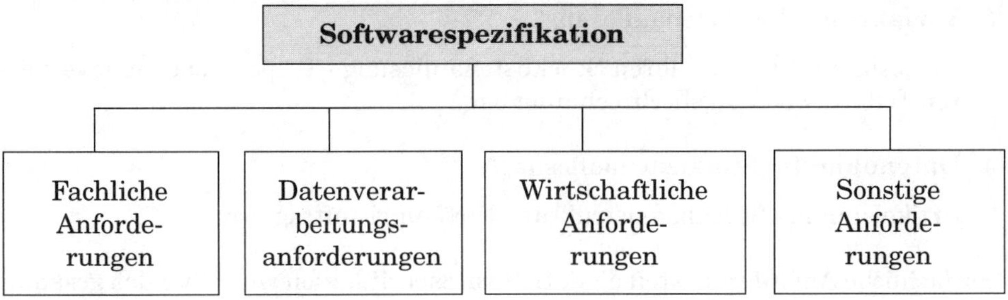

Bei den Anforderungen an eine integrierte Standardsoftware sind zusätzlich zu den sonstigen Anforderungen auch die Integrationserfordernisse zu definieren.

Es hat sich bewährt, zwischen **Muß**- und **Soll**anforderungen zu unterscheiden. Damit ist es möglich, bereits in einer Vorauswahl solche Standardsoftware auszuscheiden, die nicht den Mußanforderungen genügt. Dadurch wird die Zahl der fundiert zu prüfenden Softwarealternativen deutlich verringert.

3.1.2.1 Fachliche Anforderungen

Die fachlichen Anforderungen an eine integrierte Standardsoftware ergeben sicht aus den Ergebnissen der Prozessanalyse. Dabei sind insbesondere die nachfolgenden **Sichten** bedeutsam:

- Prozessicht
- Funktionssicht
- Datensicht
- Informationsflußsicht.

Der fachliche Teil einer Softwarespezifikation sollte diese Anforderungen ausweisen:

(1) Prozessketten
(2) Funktionen
(3) Verfahren
(4) Datenobjekte.

Ein Beispiel aus der Logistik erläutert diese Anforderungen:

(1) **Prozesskette** „Logistik":

Bruttobedarfsrechnung - Nettobedarfsrechnung - Bestellrechnung usw.

(2) **Funktion** „Bruttobedarfsrechnung":

Stücklistenauflösung - Stochastische Bruttobedarfsrechnung - Bedarfsschätzung usw.

(3) **Verfahren** „Stücklistenauflösung“:

Dispositionsstufenverfahren Stücklistenauflösung - Dispositionsstufenverfahren Teileverwendungshochrechnung usw.

(4) **Datenobjekte** „Stücklistenauflösung“:

Artikelstamm - Stücklistenstruktur - Fertigungsauftrag usw.

Der fachliche Anforderungsteil einer Softwarespezifikation wird über das gesamte Unternehmen sehr umfangreich sein müssen. Wird nur für einzelne Geschäftsprozesse oder für alle Kerngeschäftsprozesse eine Softwarespezifikation erarbeitet, so wird auch sie noch einen nicht unerheblichen Arbeitsaufwand bedingen.

3.1.2.2 Datenverarbeitungsanforderungen

Die Anforderungen, die aus den Erfordernissen der Informatik hergeleitet werden müssen, hängen insbesondere von den **Projektvorgaben** und von **Wirtschaftlichkeitsüberlegungen** ab. Solche Anforderungen können beispielsweise sein:

- Die vorhandene Hardware muß eingesetzt werden.
- Ein eingeführtes Client-Server-System und ein eingesetztes Netzwerksystem ist zu nutzen.
- Das bisher angewandte Betriebssystem ist weiterhin einzusetzen.
- Die gewohnte Benutzeroberfläche darf nicht abgeändert werden.
- Eine derzeitig verwandte Datenbank ist auch in Zukunft zu verwenden.

Daraus kann sich eine Reihe von datenverarbeitungsbezogenen **Anforderungen** an ein integriertes Standardsoftwaresystem ergeben, so beispielsweise im Hinblick auf solche Gesichtspunkte wie

- Hardware und ihre Auslegung,
- Betriebssystem,
- Netzwerksoftware,
- Benutzeroberfläche,
- Datenbank,
- Programmiersprache,
- Datensicherheits- und -schutzerfordernisse,
- Schnittstellen zu anderen Anwendungssystemen usw.

Der **Informatikteil** einer Softwarespezifikation wird in der Regel wohl kurz, deswegen aber in keiner Weise von geringerer Bedeutung sein.

3.1.2.3 Wirtschaftliche Anforderungen

Die wirtschaftlichen Anforderungen an eine integrierte Standardsoftware wird üblicherweise nicht nur den **Preis** für den Lizenzerwerb der Software, sondern eine Reihe weiterer wirtschaftlicher Gesichtspunkte umfassen:

- Gesamtkosten
- Zusätzliche Personaldauerkosten
- Projektkosten
- Systemanpassungs- und -erweiterungskosten
- Systemeinführungskosten
- Antwortzeiten
- Ressourceninanspruchnahme
- Gewährleistungen und Schadenersatzansprüche
- Haftung für Rechtsmängel
- Softwarepflege- und Wartungskosten
- Kosten für die Anpassung an erwartbare neue Versionen und Releases
- Zahlungsbedingungen.

Die wirtschaftlichen Gesichtspunkte eines Lizenzerwerbes sind verhandelbar und deswegen beeinflussbar, so daß ein erstes Angebot noch nicht des Lizenzvertrages letzter Inhalt sein muß.

3.1.2.4 Sonstige Anforderungen

Daneben gibt es an ein Softwaresystem weitere Anforderungen durch einen Lizenzerwerber, so beispielsweise:

- **Zeitforderungen**

  Der Verfügbarkeitszeitpunkt einer neuen Version einer Standardsoftware ist dafür ein typisches Merkmal. In wenigen Bereichen werden Versprechen so selten gehalten wie bei Lieferzeitversprechen in der Informatik.

- **Sprachforderungen**

  Die Sprache oder Mehrsprachlichkeit einer Software, der Benutzerhandbücher, der Programmdokumentation usw. sind hier Forderungen, die bedeutsam sein können.

- **Hilfeforderungen**

  Forderungen nach Durchführung oder Mithilfe beim Einführungsprojekt, beim Redesign, beim Customizing und/oder bei der Einführung von integrierter Standardsoftware sind Beispiele für Hilfeforderungen für einen Lizenzerwerb.

Selbstverständlich ist es hier nicht möglich, eine vollständige Aufzählung aller möglichen Anforderungen aufzulisten.

3.1.3 Auswahlkriterien

Über ein so komplexes System wie integrierte Standardsoftware kann verständlicherweise eine Entscheidung über einen Lizenzerwerb nicht nur nach einem Gesichtspunkt getroffen werden - auch wenn die entstehenden Kosten besonders bedeutsam sind.

Eine ganze Reihe von Kriterien werden in diese Softwareentscheidung einbezogen werden müssen. Beispielsweise können das sein:

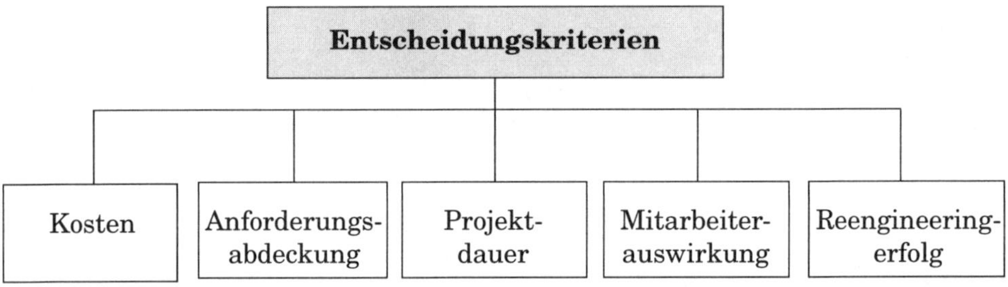

In Abhängigkeit von den Unternehmenszielen werden diese Kriterien unternehmensspezifisch bestimmt werden müssen.

3.1.3.1 Kosten

Zwei Kostenbereiche sind beim Business Reengineering zu unterscheiden:

- **Projektkosten**

  Bei der Durchführung eines Projektes müssen Ressourcen eingesetzt werden. Dieser Ressourceneinsatz verursacht Kosten - ein Werteverzehr zur Erlangung des Projekterfolges oder auch des Projektmißerfolges.

  Die Projektkosten sind wieder zu unterscheiden:

  - **Projektgruppenkosten**

    Alle Kosten, die zur Projektdurchführung von und für die Projektgruppe anfallen.

  - **Projekteinführungskosten**

    Zur Einführung der Ergebnisse der Projektarbeit treten Kosten auf, so beispielsweise für das Training der Mitarbeiter oder die Implementierung der Software.

Projektkosten sind keine Dauerkosten, sondern treten einmalig auf. Sie müssen zur Ermittlung des möglichen Projekterfolges auf einen gewissen Zeitraum umgelegt werden.

Wird an **mehreren Standorten** in verschiedenen Einheiten die gleiche integrierte Standardsoftware eingeführt, so fällt der Hauptteil der Projektkosten bei der ersten Einheit an. Die nachfolgenden Einheiten verursachen dann nur noch geminderte Projektkosten.

- **Prozesskosten**

  Unter den Prozesskosten werden die Kosten für die Durchführung der Geschäftsprozesse verstanden. Um die Wirtschaftlichkeit eines Projektes zu ermitteln, müssen unterschieden werden:

  - **Istprozesskosten**

    Die Kosten für die bisherige Geschäftsprozessabwicklung können mit Hilfe der Prozesskostenrechnung auf der Basis der Istkosten errechnet werden.

  - **Sollprozesskosten**

    Die Kosten für die zukünftige Abwicklung des oder der Geschäftsprozesse müssen geschätzt oder auf der Basis von bereits durchgeführten ähnlichen Reengineeringprojekten prognostiziert werden.

Durch den Vergleich der Ist- mit den Sollprozesskosten unter Berücksichtigung der Projektkosten kann der Projekterfolg abgeschätzt werden.

Grundsätzlich sollten bei der Kostenanalyse folgende **Kostenarten** in diese einbezogen werden:

- Personalkosten einschließlich der Personalnebenkosten
- Sachmittelkosten wie Mieten, Abschreibungen, Zinsen usw.
- Materialkosten wie Büromaterialbedarf usw.
- EDV-Kosten als Kostenblock bei Nutzung eines Rechenzentrums mit einem Großrechner
- Fremdleistungskosten für alle Leistungen, welche externe Rechnungen auslösen wie beispielsweise Beratungen, externe Mitarbeiter usw.
- Lizenzkosten für die integrierte Standard- und andere erforderliche Software
- Kosten der menschlichen Gemeinschaft wie Steuern, Abgaben, Zölle usw.
- Sonstige Kosten.

Da die zu verwendende integrierte Standardsoftware wesentlich die genannten Kosten beeinflußt, müssen entweder die Gesamtkosten oder die genannten Kostengruppen, also die Projektkosten und die Prozesskosten, in die Softwareentscheidung mit einbezogen werden.

3.1.3.2 Anforderungsabdeckung

Die an das integrierte Standardsoftwaresystem gestellten Anforderungen werden nicht von allen Alternativsystemen vollständig abgedeckt werden (Siehe Kapitel 3.1.2):

- Fachliche Anforderungen
- Datenverarbeitungsanforderungen
- Wirtschaftliche Anforderungen
- Sonstige Anforderungen.

Deswegen ist es notwendig, die Anforderungen des Unternehmens den Merkmalen der konkurrierenden integrierten Standardsoftwaresysteme gegenüberzustellen. Das kann mit Hilfe eines **Anforderungsprofildiagrammes** erfolgen:

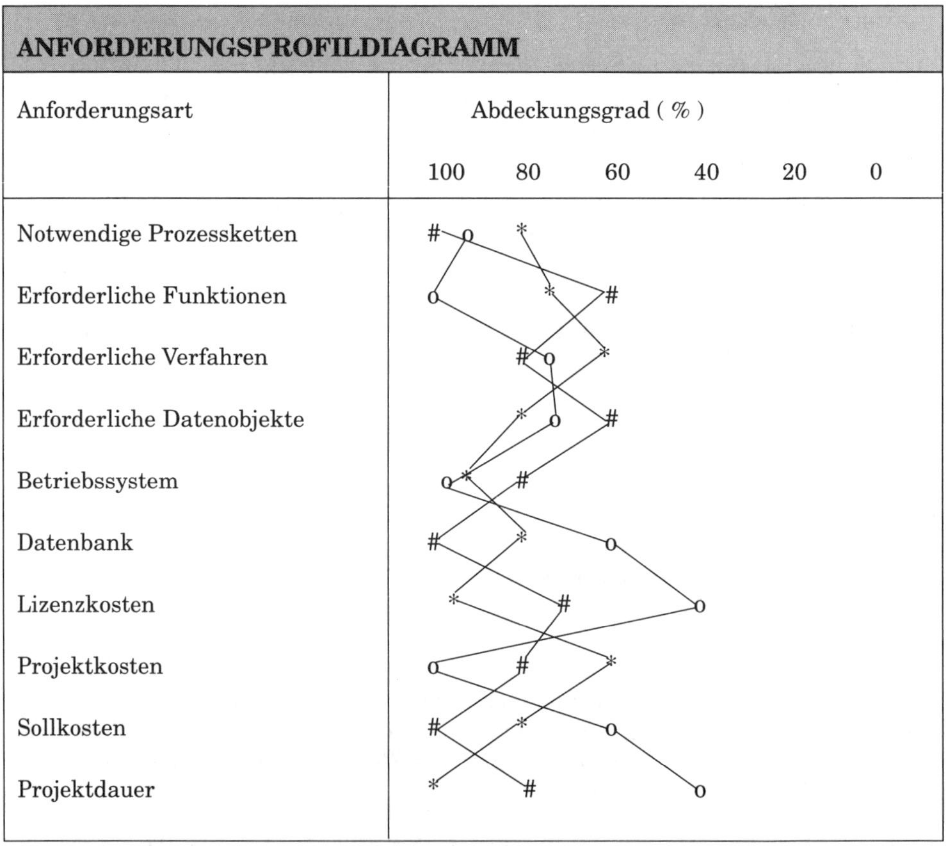

Legende: o Integrierte Standardsoftware A
Integrierte Standardsoftware Q
* Integrierte Standardsoftware X

Der **Abdeckungsgrad** der unterschiedlichen integrierten Standardsoftwaresysteme kann zu einem Entscheidungskriterium gebündelt werden. Es können natürlich auch mehrere Abdeckungsgrade ermittelt werden, so zum Beispiel für die

- Fachanforderungen,
- Datenverarbeitungsanforderungen,
- Wirtschaftliche Anforderungen und die
- sonstigen Anforderungen

und in die Softwareentscheidung einbezogen werden.

3.1.3.3 Projektdauer

Die Dauer eines Reengineeringsprojektes ist von wesentlicher Bedeutung, denn ein schneller Projekterfolg ist ein besserer Erfolg als ein Projektergebnis zu einem späteren Zeitpunkt:

Projektdauer - Definition:

> Zeitdifferenz zwischen dem Projektbeginn und dem Eintreten des Projekterfolges.

Die Projektdauer kann natürlich durch den Einsatz weiterer **Projektmitarbeiter** in einem gewissen Rahmen verkürzt werden. Dadurch erhöhen sich aber die periodenbezogenen Personal- und/oder die Fremdleistungskosten. Diese erhöhten Kosten müssen dann bei dem Faktor „Kosten" berücksichtigt werden.

3.1.3.4 Mitarbeiterauswirkungen

Durch die Nutzung einer integrierten Standardsoftware, die mit einem softwarebezogenen Redesign in einem Unternehmen eingeführt wurde, ergeben sich bei den Mitarbeitern in der Regel eine Reihe von unterschiedlichen Auswirkungen:

- **Softwarebetreuung**

  Jede Standardsoftware bedarf auch nach der Einführung einer umfangreichen Betreuung:

  - Einführung neuer Releases oder Versionen
  - Beseitigung von Fehlern und Durchführung von Verbesserungen
  - Tuning des Gesamtsystems: Anwendungssoftware, Datenbank, Betriebssystem, Netzwerk usw.
  - Anpassungen auf Grund von Benutzerwünschen
  - Erweiterungen für zusätzliche Sonderfälle
  - Ausführung von Wünschen des „Kontinuierlichen Verbesserungsprozesses" (KVP).

- **Benutzerbetreuung**

  Die Anwender bedürfen nicht nur zur Einführung eines integrierten und damit hochkomplexen Standardsoftwaresystems einer intensiven Betreuung, also

  - Coaching,
  - Schulung und
  - Training,

  sondern auch während der Nutzung dieses Softwaresystems einer umfassenden Hilfestellung durch Fachleute dieses Systems:

  - Problemlösung,
  - Sonderfallbearbeitung,
  - Toolsverfügbarmachung,
  - Ergänzungsschulung sowie
  - Beratung und
  - Anleitung.

  Diese Benutzerbetreuung ist unabdingbar für integrierte Standardsoftware. Nur durch diese Betreuung werden die Sachbearbeiter ihre Aufgaben optimal durchführen können.

- **Sachbearbeitereinsatz**

  Durch den Einsatz von integrierter Standardsoftware sinkt der Personalbedarf erheblich. Die Zahl der notwendigen Prozessmitarbeiter ist deswegen geringer, weil

  - der Anteil der maschinellen Arbeit gegenüber den bisherigen Lösungen erheblich größer ist und damit der menschliche Arbeitsumfang deutlich schrumpft;

  - die Zahl der Mensch-Maschinen-Schnittstellen sinkt und damit weniger Hilfstätigkeiten erforderlich sind;

  - verschiedene Arbeitsbereiche ganz oder teilweise maschinell abgewickelt werden, wie beispielsweise

    + Archivierung
    + Datenerfassung
    + Dokumentenverwaltung
    + Extern- und Internpost
    + Vorgangssteuerung und -kontrolle.

Gleichzeitig muß folglich hier ein Teil der Belegschaft abgebaut werden und andererseits muß die Zahl der eingesetzten Informatiker erweitert werden.

Die oftmals komplexeren Geschäftsprozesse bei Einsatz eines integrierten Softwaresystems haben aber in manchen Unternehmen auch eine Aufstockung im

Bereich der Sachbearbeitung erforderlich gemacht, so daß hier keine gegenläufige Personalentwicklung gegeben ist.

Gegenläufige Entwicklungen sollten sozialverträglich durchgeführt werden, weil sonst das Reengineering mit einem erheblichen Risiko verbunden ist. Von *Hammer* und *Champy* wird sehr vor dieser Gefahr gewarnt.

3.1.3.5 Reengineeringerfolg

Der Erfolg eines softwarebezogenen Redesigns ist natürlich auch aus wirtschaftlicher Sicht zu beurteilen:

- Kosten,
- Rendite,
- Amortisation oder
- Shareholder Value.

Aber auch nichtmonetäre Gesichtspunkte sind dabei wesentlich, so beispielsweise

- Kundenfokussierung,
- Durchlaufzeiten,
- Unternehmensimage und die
- Erreichung der angestrebten Ziele.

Der Reengineeringerfolg wird durch beide Gesichtspunkte bestimmt, deswegen darf nicht nur eine monetäre Beurteilung vorgenommen werden.

3.1.4 Softwareauswahl

Die Auswahl eines integrierten Standardsoftwaresystems kann nicht nur nach einem Gesichtspunkt, also beispielsweise den Kosten, erfolgen. Dazu muß eine Reihe von Kriterien herangezogen werden. Deswegen wird hier üblicherweise mit der **Nutzwertanalyse** gearbeitet. Mit ihr können problemlos nichtquantifizierbare Kriterien in die Entscheidung einbezogen werden.

Mit anderen Entscheidungstechniken, wie beispielsweise der Entscheidungsbilanz, wird bei der Softwareauswahl nicht gearbeitet, da die Komplexität des Systems auch eine entsprechende Entscheidungstechnik erfordert.

Nutzwertanalyse - Definition nach *Zangemeister:*

Methodik mit dem Zweck, komplexe Projektalternativen entsprechend den Präferenzen des Entscheidungsträgers bezüglich eines multidimensionalen Zielsystems zu ordnen.

Bei der Nutzwertanalyse zur Auswahl einer integrierten Standardsoftware wird in den nachfolgenden Schritten vorgegangen:

(1) **Alternativenermittlung**

In einer Vorauswahl sind die Standardsoftwaresysteme auszuwählen, welche besonders in Frage kommen. Das kann beispielsweise mit den **MUSSanforderungen** erfolgen. Alle Softwaresysteme, die nicht den MUSSanforderungen genügen, werden von der Nutzwertanalyse ausgeschlossen.

Üblicherweise wird eine Nutzwertanalyse zur Arbeitsminderung nur für zwei, drei oder vier Softwarealternativen durchgeführt.

(2) **Kriterienermittlung**

Weiterhin ist festzulegen, welche Kriterien für die Softwareentscheidung maßgeblich sein sollen:

Beispiele (gemäß Kapitel 3.1.3):

- Kosten
- Anforderungsabdeckung
- Projektdauer
- Mitarbeiterauswirkungen
- Reengineeringerfolg.

(3) **Kriteriengewichtung**

Die Kriterien haben üblicherweise nicht die gleiche Bedeutung. Deswegen müssen sie gewichtet werden. Das erfolgt mit Gewichtungsfaktoren:

Beispiel:

Kriterien	Gewichtungsfaktoren
Kosten	5
Anforderungsabdeckung	3
Projektdauer	2
Mitarbeiterauswirkungen	1
Reengineeringerfolg	5

Die **Gewichtungsfaktoren** können unterschiedlich gewählt werden:

- Gewichtungsmultiplikatoren
- Prozentanteile

Mit Gewichtungsmultiplikatoren können Änderungen einfacher ausgeführt werden, deswegen empfiehlt sich diese Alternative.

(4) **Alternativenbeurteilung**

Die alternativen Standardsoftwaresysteme sind nun für jedes Kriterium zu beurteilen. Diese Beurteilung kann mit verschiedenen **Bewertungssystemen** vorgenommen werden:

- Punktwerte: 10 (Sehr gut) bis 1 (Schlecht)
- Rangreihung: 1. Platz bis n. Platz
- Schulnoten: 1 (Sehr gut) bis 6 (Ungenügend)

Bei der Benutzung von Beurteilungspunkten kann sich das Ergebnis so darstellen:

Kriterien	Software A	Software Q	Software X
Kosten	8	7	10
Anforderungsabdeckung	9	8	7
Projektdauer	5	7	9
Mitarbeiterauswirkung	6	4	3
Reengineeringerfolg	7	4	6

Dabei ist zu beachten, daß die Alternativenbewertung und die Kriteriengewichtung gleichgerichtet ist.

(5) **Ergebnisermittlung**

Durch zwei Rechnungsgänge wird das Ergebnis ermittelt:

- Multiplikation der Alternativenbeurteilung mit der Kriteriengewichtung
- Addition der Multiplikationsergebnisse für jede Softwarealternative

Durch die Ermittlung der Softwarealternative mit der höchsten Punktwertsumme ist das zu erwerbende Softwaresystem bestimmt:

Nutzwertanalyse							
Kriterien	Gewichtung	Software A		Software Q		Software X	
		Beur.	Wert	Beur.	Wert	Beur.	Wert
Kosten	5	8	40	7	35	10	50
Anforderungsabdeckung	3	9	27	8	24	7	21
Projektdauer	2	5	10	7	14	9	18
Mitarbeiterauswirkung	1	6	6	4	4	3	3
Reengineeringerfolg	5	7	35	4	20	6	30
Punktwertsumme			118		97		122

Das Ergebnis dieser Nutzwertanalyse empfiehlt den Einsatz des integrierten Standardsoftwaresystems X, da diese Alternative den höchsten Nutzwert besitzt.

3.1.5 Redesignvorgehen

Das softwarebezogene Redesign ist gekennzeichnet durch eine wechselseitige Anpassung:

- Die ausgewählte Standardsoftware ist an die Unternehmensprozesse anzupassen
- Die Geschäftsprozesse sind an diese Standardsoftware anzugleichen.

Die „**Kunst**" des Redesigns besteht nun darin, diese wechselseitige Anpassung so vorzunehmen, daß dabei eine optimale Lösung im Hinblick auf die angestrebten Ziele entsteht.

Da es sich bei integrierter Standardsoftware üblicherweise um eine beispielhafte Lösung handelt, die sich in vielen anderen Unternehmen bewährt hat, sollte dieses Softwaresystem nicht allzu stark verändert werden:

- Erhebliche Änderung vieler Module
- Häufiger Ersatz von Modulen durch neu erarbeitete Module
- Viele Ergänzungen mit selbsterstellten Modulen
- Verzicht auf viele Module.

Das bedeutet aber in vielen Fällen, daß die bestehenden Geschäftsprozesse und die gesamte Organisation in erheblichem Maße geändert werden muß. Es ergibt sich also auch hier eine **Bombenwurfwirkung** wie beim radikalen Redesign.

Das softwarebezogene Redesign setzt auf den Ergebnissen der Prozessanalyse (siehe Kapitel D) auf. Es empfiehlt sich, zum Redesign in den folgenden Schritten gemäß dem SAP - Vorgehensmodell für das R/3 - System vorzugehen:

(1) **Fachkonzeption**

Auf der Basis des ausgewählten integrierten Standardsoftwaresystems ist zunächst eine betriebswirtschaftliche, also eine Fachkonzeption zu erstellen:

- Erforderliche Geschäftsprozesse
- Gestaltung dieser Geschäftsprozesse
- Auswahl aus dem Angebot der Standardsoftware.

Auch bei Projekten des radikalen Redesigns wird bei Einsatz einer integrierten Standardsoftware hier aufgesetzt.

(2) **Informatikkonzeption**

Nun ist die Informatiklösung unter Einsatz der integrierten Standardsoftware zu erarbeiten. Dabei sind beispielsweise solche Aufgaben zu erledigen wie:

- Die Referenzprozesse sind an die erarbeiteten Geschäftsprozesse anzupassen.

- Planung der DV - Infrastruktur
- Entwurf des DV - Konzeptes
- Feststellung der notwendigen Informationsobjekte
- Beurteilung der DV - Konzeption mit Kennzahlen.

Das fertiggestellte DV - Konzept ist dann die Basis für die Prozessrealisation.

Im SAP R/3 - System werden die beiden genannten Konzeptionen in der Phase „Organisation und Konzeption" ausgearbeitet.

3.1.6 Hilfsmitteleinsatz

Zum softwarebezogenen Redesign kann eine Reihe von Hilfsmitteln eingesetzt werden:

- **Modelle**

  Vornehmlich zwei Modellarten sind für den Redesignprozess von Bedeutung:

  - Vorgehensmodelle wie beispielsweise das IMG - Vorgehensmodell der SAP
  - Referenzmodelle wie zum Beispiel das SAP R/3 - Referenzmodell.

- **Verfahren**

  Eine Reihe von Verfahren ist für das Redesign nützlich:

  - Methoden wie das SAP - Redesignverfahren
  - Techniken wie der Kennzahlenvergleich.

- **Tools**

  Eine Vielzahl von Softwaretools steht für den Redesignprozess zur Verfügung:

  - Vorgehenstools
  - Analyse- und Gestaltungstools
  - Abbildungstools
  - Virtuelle Unternehmen als Simulations- und Testwerkzeuge.

  Oftmals sind diese unterschiedlichen Tools in einem Softwaresystem vollständig oder zumindest teilweise zusammengefaßt, so daß diese Toolsysteme betrachtet werden müssen.

Beispiele für **Toolsysteme** für das Redesign von SAP R/3 - Software zeigt die nachfolgende Tabelle:

Softwaretools		
Toolbezeichnung	Anbieter	Hauptinhalt
ARIS – Toolset	IDS Prof. Scheer AG Saarbrücken	Analyse- und Modellierungs- werkzeug: – Vorgehensmodell – Unterschiedliche Sichten – Betrachtungsebenen
ARIS – Application "Quickstep for R/3"	IDS Prof. Scheer AG Saarbrücken	Geschäftsprozessableitung aus dem Fachkonzept
BAAN Dynamic Enterprise Modeller	Baan Business Systems GmbH Hannover	Geschäftsprozessmodellierung
MAESTRO	Softlab AG München	Daten- und Benutzermodellerstellung
PROMET	IMG St. Gallen	Ableitung von Workflows aus Geschäftsprozessen
R/3 – LIVE	Siemens Nixdorf AG München	Methodenframework zum Redesign auf der Basis der Odysseus-Methode mit – LIVE METHOD – LIVE KIT – LIVE AG
SAP R/3-Analyzer	SAP AG Walldorf	Fachkonzepterstellung mit – Prozessauswahl – Anpassung an R/3 – Informationsobjekten – Informationsflüssen usw.
SAP R/3 Business Navigator	SAP AG Walldorf	Fachkonzepterstellung

Es ist erwartbar, daß in der Zukunft eine Reihe weiterer Tools zum Redesign entwickelt werden und damit der Redesignprozess deutlich verbessert werden kann.

3.1.7 Einführung

Die angebotene integrierte Standardsoftware ist in der Regel so umfangreich und mannigfaltig, daß weder das Gesamtpacket eingeführt wird, noch daß diese Einführung in einem einzigen Schritt vorgenommen wird:

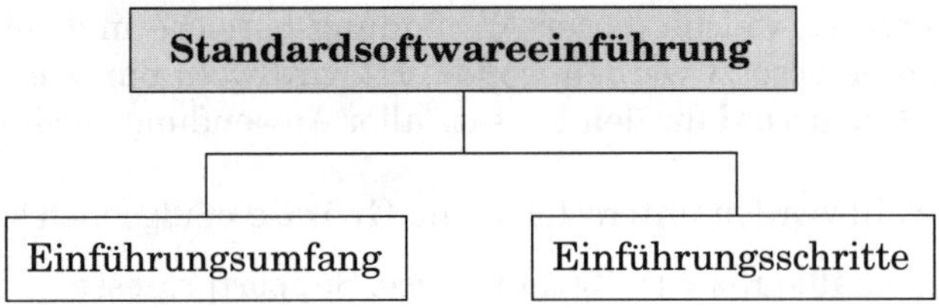

Da sich die Einführung einer integrierten Standardsoftware über Jahre hinziehen kann, ist es notwendig, diese Einführung umfassend zu planen.

3.1.7.1 Einführungsumfang

Integrierte Standardsoftware gliedert sich in der Regel in verschiedene Anwendungsbereiche und diese wieder in eine Reihe von Anwendungsmodulen. Diese bestehen wieder aus einer oder mehreren Funktionen.

Bei dem SAP - System R/3 ist zum Beispiel diese hierarchische Strukturierung gegeben:

1. Ebene: Anwendungsbereiche - Rechnungswesen, Personalwirtschaft und Logistik

2. Ebene: Anwendungsmodule - Rechnungswesen:

   - Finanzwesen
   - Controlling
   - Unternehmenscontrolling
   - Anlagenwirtschaft
   - Treasury
   - Investitionsmangement

   Personal:

   - Personalplanung und -entwicklung
   - Personaladministration und -abrechnung

   Logistik:

   - Materialwirtschaft
   - Produktionsplanung und -steuerung
   - Qualitätsmanagement
   - Instandhaltung
   - Projektsysteme
   - Vertrieb

Zu entscheiden ist, welche dieser Anwendungsbereiche und -module von einem Unternehmen eingesetzt werden wollen. Es wird wohl nur wenige Unternehmen geben, die sich pauschal für den Einsatz aller Anwendungsmodule entscheiden.

Für die Auswahl werden unterschiedliche **Gründe** maßgeblich sein:

- Art der Geschäftsprozesse: Kernprozesse, Supportprozesse
- Qualität der bisherigen Geschäftsprozesse
- Verbesserungsumfang durch die Nutzung neuer Software
- Zielannäherung durch diese Softwareeinführung
- Mitarbeiterverfügbarkeit.

Es empfiehlt sich zumindest, den oder die ersten Meilensteine für die Einführung eines integrierten Standardsoftwaresystems festzulegen.

3.1.7.2 Einführungsschritte

Ist die Einführungsentscheidung getroffen, also die Entscheidung welche Anwendungsmodule im ersten Meilenstein eingeführt werden sollen, so muß sich daran die Planung der Einführungsschritte anschließen.

Dabei können unterschiedliche Einführungsfolgen vorgesehen werden:

- **Lineare Einführung**

  Es wird ein Anwendungsmodul nach dem anderen eingeführt, also beispielsweise:

  (1) Finanzwesen
  (2) Controlling
  (3) Unternehmenscontrolling usw.

- **Parallele Einführung**

  Zwei Anwendungsbereiche werden von zwei verschiedenen Projektgruppen zeitlich parallel eingeführt:

Projektgruppe Rechnungswesen	Projektgruppe Logistik
(1) Finanzwesen	(1) Materialwirtschaft
(2) Controlling	(2) PPS
(3) Unternehmenscontrolling	(3) Vertrieb

- **Vernetzte Einführung**

  Mit einem Netzplan können natürlich komplexere Strukturen zur Einführung eines integrierten Softwaresystems geplant und dann realisiert werden.

Bei der Planung der Einführungsschritte empfiehlt es sich auch, einen **Zeitplan** auszuarbeiten. Dabei muß auf die Erfahrungen anderer Unternehmen zurückgegriffen werden, denn es hat sich gezeigt, daß kaum theoretisch realistische Zeitpläne entworfen werden können.

Beispielsweise für die Einführung der wesentlichen Anwendungsmodule von R/3 sollte unter normalen Umständen durchaus mit einer Dauer von mehreren Jahren gerechnet werden.

3.2 Fachkonzeption

Für den Unternehmenserfolg ist die betriebswirtschaftliche Konzeption der Geschäftsprozesse von hervorragender Bedeutung:

- Kundenausrichtung und -service
- Mitarbeitereinsatz und -bedarf
- Zuverlässigkeit und Fehlerfreiheit
- Zeitbedarf
- Kostenanfall.

Die Informatik ist nur das Instrument, mit dem die „Musik" erzeugt wird. Deswegen hat die Fachkonzeption das **Primat** vor solchen Schritten wie

- DV - Konzeption,
- Prozessrealisation und
- Prozesseinführung.

Zur Erarbeitung der Fachkonzeption sind mehrere, aufeinanderfolgende **Konzeptionsschritte** auszuführen:

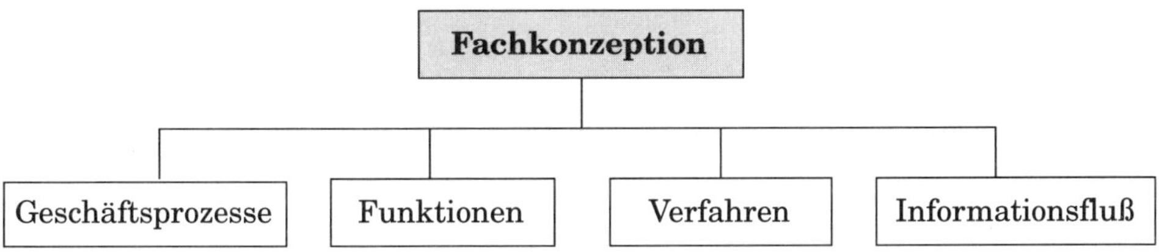

Das ausgewählte integrierte Standardsoftwaresystem steht hier zunächst noch im Hintergrund. Für die Definition der Geschäftsprozesse sind zunächst andere Gesichtspunkte maßgeblich, aber ohne Einbeziehung der Softwaremöglichkeiten kann kein Optimum erreicht werden.

3.2.1 Geschäftsprozesse

Auf der Basis der Ergebnisse der **Prozessanalyse**, also der

- Istaufnahme und der
- Istanalyse,

und der **Projektvorgaben**, insbesondere also der

- Projektaufgaben,
- Projektziele und
- Projektbedingungen,

sind die Geschäftsprozesse festzulegen, die zur Arbeitsabwicklung ausgeführt werden müssen. Dabei stehen die **Ziele** des Business Reengineerings ganz bewußt im Vordergrund:

- Kundenfokussierung,
- Kostenminderung,
- Zeitbedarfminimierung,
- Qualitätsrichtigkeit,
- Mitarbeiterschonung.

Für die **Festlegung** der Geschäftsprozesse, die mit der ausgewählten Standardsoftware ausgeführt werden sollen, sind bedeutsam:

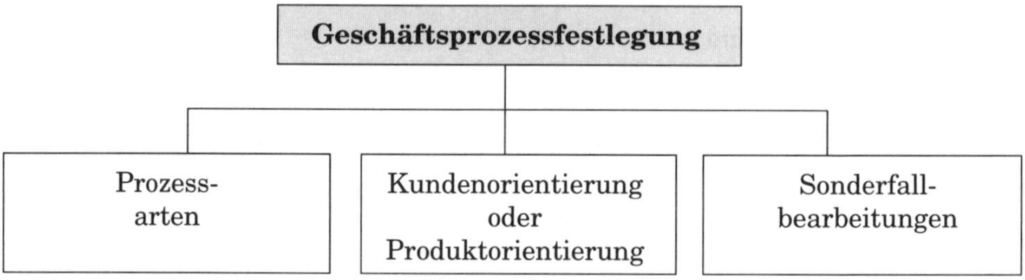

Diese drei **Dimensionen der Prozessgestaltung** bestimmen die Festlegung der Geschäftsprozesse.

3.2.1.1 Prozessarten

Zwei Prozessarten werden beim Business Reengineering unterschieden:

- Kundennahe Geschäftsprozesse = Kernprozesse
- Restgeschäftsprozesse = Supportprozesse

Nicht betrachtet werden beim softwarebezogenen Redesign die Fertigungsprozesse.

Zunächst sind alle **Geschäftsprozesse** zu ermitteln, die erforderlich sind und die eine unterschiedliche Bearbeitung notwendig machen. Diese **Unterschiedlichkeit** kann aus verschiedenen Gründen gegeben sein:

- Unterschiedliche Daten werden benötigt oder sind zu erarbeiten
- Andersartige oder zusätzliche Funktionen sind erforderlich
- Verschiedenartige Dateneingaben sind zu berücksichtigen
- Die Informationsausgaben können different sein
- Die Informationsübermittlung kann verschiedenartig notwendig sein.

Für die kundennahen Kernprozesse kann das Ergebnis dieser Festlegung beispielsweise das folgende Aussehen haben:

Kernprozesse	
1.	Werbung Produktgruppe A
2.	Werbung Produktgruppe B
3.	Werbung Produktwartung
4.	Werbung Schulung
5.	Vertrieb Produktgruppe A
6.	Vertrieb Produktgruppe B
7.	Vertrieb Wartungsverträge
8.	Vertrieb Ersatzteile
9.	Vertrieb Schulung
10.	Vertrieb Reparaturen
11.	Wartungsabwicklung
12.	Schulungssteuerung
13.	Ersatzteilversorgung
14.	Reparaturabwicklung
15.	Reklamationsbearbeitung
16.	Garantieinanspruchnahme
	usw.

Die ermittelten unterschiedlichen Geschäftsprozesse sind nun daraufhin zu untersuchen, ob sie mit der integrierten Standardsoftware bearbeitet werden sollen oder ob eine andere **Bearbeitungsart** eine bessere Lösung sein könnte.

Im obigen Beispiel ist beispielsweise zu prüfen, ob die genannten Werbeprozesse vollständig in die DV-Bearbeitung einbezogen werden sollen oder ob erst mit

- der Bestellung oder mit
- dem Rechnungseingang

die DV-Bearbeitung aufgenommen werden soll.

Für jeden Geschäftsprozess stehen folglich mehrere **Alternativen** zur Auswahl:

- Vollständige Übernahme auf die Standardsoftware
- Teilweise Übernahme auf die Standardsoftware

   - Verzicht auf Funktionen
   - Erfordernis zusätzlicher Funktionen
   - Mitarbeiterausgeführte Funktionen
- Verzicht auf die Übernahme auf die Standardsoftware.

Natürlich genügt eine „Abwahl" nicht, sondern in diesem Fall ist die andersartige Prozessabwicklung zu konzipieren. Deswegen muß das softwarebezogene Redesign immer ein **umfassendes Redesign** sein.

3.2.1.2 Kundenorientierung

Unterschiedliche Kunden- oder Produktgruppen erfordern oftmals unterschiedliche Bearbeitungen. Deswegen sind zunächst die **Kundengruppen** zu ermitteln, die unterschiedliche Wünsche, Bedürfnisse oder Erfordernisse haben können oder die aus anderen Gründen unterschiedlich behandelt werden sollen.

Solche Kundengruppen können beispielsweise sein:

- Key Account Kunden
- Großhandelskunden
- Fachhandelskunden
- Einzelhandelskunden
- Ladenkunden
- Internetkunden
- Direktvertriebskunden
- Endverbraucherkunden
- Belegschaftskunden
- Selbstabholerkunden.

Mit einer Prozessmatrix können nun die Geschäftsprozesse in dem gewählten Beispiel den Kundengruppen zugeordnet werden und dabei geprüft werden, ob ein eigenständiger Prozess erforderlich ist.

Eine solche Prozessmatrix kann zum Beispiel folgenden Inhalt haben:

Prozessmatrix				
Geschäftsprozess	Key Account-kunden	Großhandels-kunden	Fachhandels-kunden	Endverbraucher-kunden
Vertrieb Produktgr. A	X		X	X
Vertrieb Produktgr. B		X	X	
Vertrieb Wartungsvert.			X	X
Vertrieb Ersatzteile			X	X
Vertrieb Schulung			X	X
Vertrieb Reparaturen			X	X

Nach Vorliegen der Prozessmatrix ist zur Minimierung der Geschäftsprozesse zu prüfen, ob verschiedene Geschäftsprozesse gleichartig bearbeitet werden können, ohne daß damit auf erforderliche Spezifika verzichtet werden muß.

Im gewählten Beispiel können das solche **Zusammenfassungen** sein wie:

- Vertrieb Fachhandelskunden Produktgruppen A und B
- Vertrieb Ersatzteile Fachhandelskunden und Endverbraucherkunden

Damit reduzieren sich die Geschäftsprozesse im Beispiel von 13 Kernprozessen auf insgesamt 11 Vertriebsprozesse.

3.2.1.3 Sonderfallbearbeitung

Selbstverständlich können nicht alle Arten von Sonderfällen im Vorfeld erkannt werden. Jedoch können gelegentlich vorkommende Sonderfälle ermittelt werden. Einmalige oder sehr seltene Sonderfallbearbeitungen brauchen auch nicht in die Betrachtung einbezogen werden, da für sie auch keine eigenständigen Prozesse eingerichtet werden sollten.

Eine bewährte **Organisationsregel** besagt, daß die Organisation für 95 bis 99 % der Fälle für Lösungen zu sorgen hat - der Rest ist Aufgabe des fachkundigen Managements!

Diese kluge Organisationsregel gilt auch hier. Es sind also die hin und wieder vorkommenden Sonderfälle zu ermitteln. Diese können beispielsweise bei den Vertriebsprozessen sein:

- Eilaufträge
- Blitzaufträge
- Interkontinentaufträge
- Daueraufträge
- Abholaufträge.

Für jeden solcher Sonderfällen ist zu prüfen, ob ein

- eigener Geschäftsprozess und ob ein
- eigener Geschäftsprozess mit Übernahme auf die Standardsoftware

gewählt werden soll. Das Ergebnis dieser Prüfung kann es beispielsweise sein, daß folgende zusätzliche Geschäftsprozesse erforderlich sind:

- Vertrieb Key Account Kunden - Produktgruppe A - Eilaufträge
- Vertrieb Reparaturen alle Kunden - Blitzaufträge wegen Lebensgefahr
- Vertrieb Schulung Fachhandelskunden - Daueraufträge

Damit erhöhen sich folglich die Geschäftsprozesse im gewählten Beispiel auf 14 Vertriebsprozesse:

Vertriebsprozesse
1. Vertrieb Key Account Kunden – Produktgruppe A
2. Vertrieb Key Account Kunden – Produktgruppe A – Eilaufträge
3. Vertrieb Fachhandelskunden – Produktgruppen A und B
4. Vertrieb Endverbraucherkunden – Produktgruppe A
5. Vertrieb Großhandelskunden – Produktgruppe B
6. Vertrieb Fachhandelskunden – Wartungsverträge
7. Vertrieb Endverbraucherkunden – Wartungsverträge
8. Vertrieb Fachhandels- und Endverbraucherkunden – Ersatzteile
9. Vertrieb Fachhandelskunden – Schulung
10. Vertrieb Fachhandelskunden – Schulung – Daueraufträge
11. Vertrieb Endverbraucherkunden – Schulung
12. Vertrieb Fachhandelskunden – Reparaturen
13. Vertrieb Endverbraucherkunden – Reparaturen
14. Vertrieb Fachhandels- und Endverbraucherkunden – Blitzaufträge

3.2.2 Funktionen

Jeder Geschäftsprozess besteht aus einer oder mehreren Funktionen oder Aktivitäten. Es ist folglich für jeden Geschäftsprozess zu ermitteln, welche Funktionen zu seiner vollständigen Ausführung benötigt werden.

Zur Festlegung der verschiedenen Funktionen für jeden erforderlichen Geschäftsprozess ist in den folgenden Schritten vorzugehen:

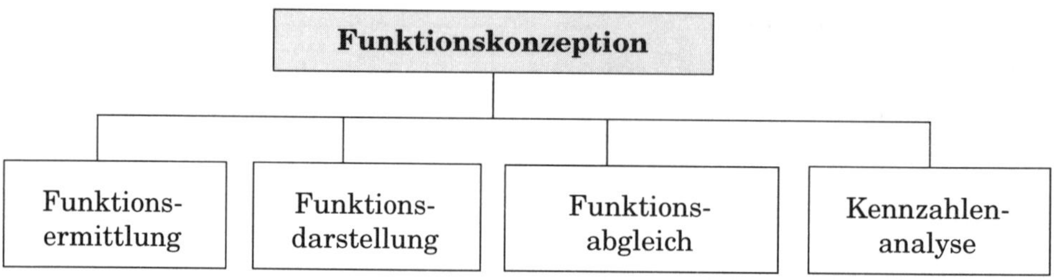

Das Ergebnis der Funktionskonzeption ist die funktionale Gliederung des Prozesses und seine Durchführung mit dem ausgewählten Standardsoftwaresystem.

3.2.2.1 Funktionsermittlung

Für den betrachteten Prozess sind alle erforderlichen Funktionen dieses Geschäftsprozesses zu ermitteln. Das kann mit verschiedenen Verfahren erfolgen:

- Gliederung mit dem Verfahren der hierarchischen Strukturierung. Ergebnis ist dann ein Dekompensationsdiagramm:

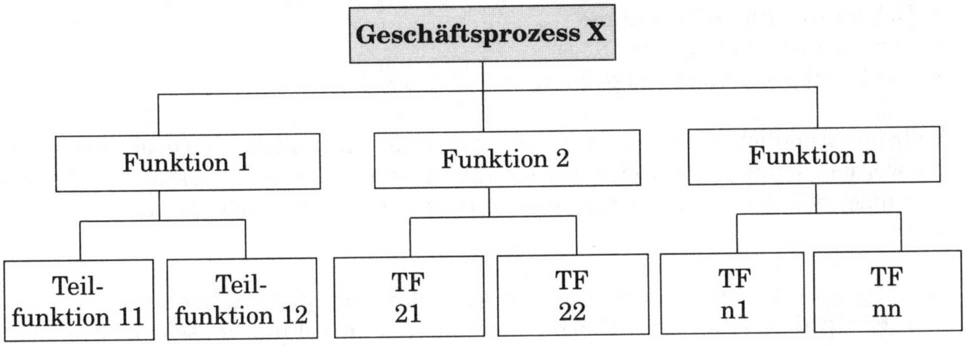

- Auswahl aus dem Funktionsangebot der ausgewählten Standardsoftware. Das kann beispielsweise bei R/3 mit dem R/3 - Referenzmodell erfolgen. Einen Ausschnitt aus diesem Referenzmodell zeigt der nachstehende Ausschnitt aus der Prozeßauswahlmatrix SD (Sales and Distribution):

	Terminauftragsabwicklung	Kontraktabwicklung
Anfragebearbeitung (HP)	Anfragebearbeitung	Anfragebearbeitung
Angebotsbearbeitung (HP)	Angebotsbearbeitung	Angebotsbearbeitung
Rahmenvertrags-bearbeitung (HP)		Kontraktbearbeitung
Auftragsbearbeitung (HP)	Terminauftragsbearbeitung	Kontraktabrufbearbeitung

In beiden Fällen ist das Ergebnis eine Liste der Funktionen des betrachteten Geschäftsprozesses.

3.2.2.2 Funktionsdarstellung

Um die Geschäftsprozesse funktional gut überblicken zu können, empfiehlt es sich, diese Prozesse mit den Techniken der **Prozessicht** wie bei der Istaufnahme (siehe Kapitel D 2.3.1) darzustellen:

- Ereignisgesteuerte Prozessketten (EPK)
- Vorgangskettendiagramme (VKD)
- Petrinetze
- Arbeitsablaufdiagramme.

Um die Funktionen zu strukturieren, darzustellen und zu analysieren, empfiehlt es sich weiterhin, die auch bei der Prozessanalyse benutzte **Funktionssicht** (siehe Kapitel D 2.3.2) in das Redesign einzubinden:

- Dekompensationsdiagramme
- Prozessauswahlmatrizen
- Funktionszuordnungsdiagramme.

Selbstverständlich wird nicht mit allen genannten Techniken gleichzeitig gearbeitet werden, sondern entweder werden die für dieses Projekt günstigsten Techniken ausgewählt oder die vorgegebenen oder vorgeschriebenen Techniken eingesetzt.

Das Ergebnis der Funktionskonzeption kann dann beispielsweise eine Prozessicht mit „**Ereignisgesteuerten Prozessketten**" und eine Funktionssicht mit einem „**Dekompensationsdiagramm**" sein. Für das Beispiel einer Reisekostenabrechnung wird das nachstehende ausgewiesen:

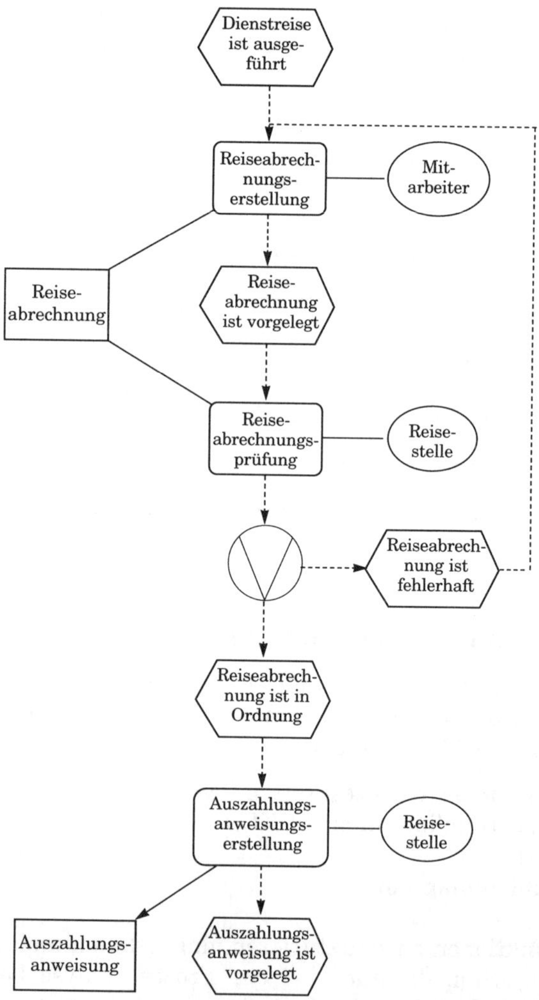

Abb. E03: Ereignisgesteuerte Prozesskette: Reisekostenabrechnung

Das dazugehörige Dekompensationsdiagramm kann dann zum Beispiel folgenden Inhalt haben:

Dekompensationsdiagramm Reisekostenabrechnung:

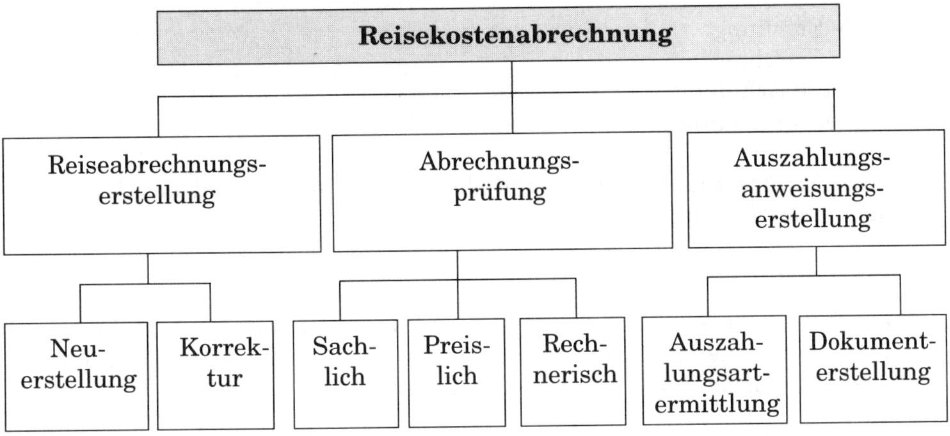

3.2.2.3 Funktionsabgleich

Da ein integriertes Standardsoftwaresystem genutzt werden soll, ist zu prüfen, ob die als notwendig ermittelten Funktionen auch von der Standardsoftware abgedeckt werden oder ob das nicht der Fall ist.

Das hat auch dann zu erfolgen, wenn im vorhergehenden Schritt mit einem Referenzmodell gearbeitet wurde.

Der Funktionsabgleich dient mehreren **Zwecken**:

- **Funktionsverfügbarkeit**

  Die aus betriebswirtschaftlicher und organisatorischer Sicht erstellte Funktionsliste ist mit den verfügbaren Funktionen des ausgewählten Standardsoftwaresystems zu vergleichen. Für jede erforderliche Funktion muß ermittelt werden, ob die Funktion

  – verfügbar oder
  – nicht verfügbar

  ist. Mit dem SAP R/3-Analyzer kann die Funktionsverfügbarkeit maschinell geprüft werden.

- **Funktionserfüllungsgrad**

  Für jede Funktion ist zu prüfen, ob die Standardsoftwarefunktion die geforderten betriebswirtschaftlichen oder organisatorischen Anforderungen erfüllt oder nicht erfüllt. Die Abdeckung wird üblicherweise mit dem Erfüllungsgrad beurteilt:

  - Volle Erfüllung
  - Gute Erfüllung
  - Mittlere Erfüllung
  - Schlechte Erfüllung.

  Der Erfüllungsgrad wird bestimmt durch den Umfang und den Inhalt der Funktionsausführung.

- **Funktionsdurchführung**

  Die erforderliche Ausführungsart jeder Funktion ist mit der Ausführungsart der entsprechenden Funktion des Standardsoftwaresystems zu überprüfen. Bei R/3 werden folgende Ausführungsarten unterschieden:

  - **Online** - Interaktion zwischen System und Nutzer
  - **Batch** - Stapelverarbeitung ohne Interaktion
  - **Automatical** - Einzelvorgangsbearbeitung ohne Interaktion
  - **Manuell** - Benutzerbearbeitung ohne Systemunterstützung

- **Funktionsklassifikation**

  Mit der Funktionsklassifikation wird das Ergebnis des Funktionsabgleichs ermittelt. Für jede erforderliche Funktion ist damit zu bestimmen:

  - Unveränderte Verwendung einer Standardsoftwarefunktion
  - Verwendung einer anderen verfügbaren Softwarefunktion
  - Modifizierung einer Standardsoftwarefunktion
  - Neuentwicklung einer Softwarefunktion.

  Zur Kostenminimierung und zur schnellen Projektdurchführung sollte immer darauf geachtet werden, daß die Großzahl der erforderlichen Funktionen mit Standardsoftwarefunktionen abgedeckt wird und nur in seltenen Ausnahmefällen eine andere Lösung gewählt wird.

Damit ist der Funktionsabgleich abgeschlossen. Aber nun ist noch zu prüfen, ob die ausgewählte integrierte Standardsoftware noch Funktionen besitzt, die zur **Verbesserung der Geschäftsprozesse** beitragen können. Ist das der Fall, so ist zu prüfen, ob diese Funktionen nicht noch zusätzlich aufgenommen werden sollen, denn hier können ohne zusätzlichen Aufwand zusätzliche Vorteile erlangt werden.

Die restlichen nicht benötigten Standardsoftwarefunktionen sind dahingehend zu prüfen, ob sie **MUSSfunktionen** sind. Ist das der Fall, so müssen sie ebenfalls in den Geschäftsprozess aufgenommen werden.

3.2.2.4 Kennzahlenanalyse

Mit entsprechenden Tools, wie beispielsweise dem SAP R/3-Analyzer, können nun die geplanten Geschäftsprozesse, die mit dem Standardsoftwaresystem ausgeführt werden sollen, analysiert werden.

So können beispielsweise mit diesem Tool folgende **Vergleichsarten** maschinell durchgeführt werden:

- Gegenüberstellung verschiedener, alternativer Sollgeschäftsprozesse
- Vergleich zwischen einem Sollgeschäftsprozess mit dem R/3-Referenzprozess
- Differenzprüfung zwischen dem Ist- und dem Sollgeschäftsprozess
- Gegenüberstellung von Istgeschäftsprozess und Referenzprozess.

Die mit dem R/3-Analyzer durchgeführten Vergleichsanalysen können sowohl qualitativ als auch quantitativ durchgeführt werden.

Zur quantitativen Analyse ist es beispielsweise erforderlich, eine Reihe von **Attributen** im Tool zu hinterlegen:

- Mengen- und Häufigkeitsdaten zur Feststellung solcher Ergebnisse wie Systemauslastung, Kapazitätsbedarf, Hardwareerfordernis usw.
- Zeitdaten zur Ermittlung von Durchlaufzeiten, Liegezeiten, Bearbeitungszeiten usw.
- Kosten zur Errechnung solcher Kostenkennzahlen wie Prozesskosten, Vorgangskosten usw.

Da bei dem Einsatz des SAP R/3-Analyzer die Kennzahlenanalyse ein Abfallprodukt sein kann, sollte auf diese Toolfunktion nicht verzichtet werden.

3.2.3 Verfahren

Funktionen können mit unterschiedlichen Verfahren ausgeführt werden. So können beispielsweise für eine Funktion „Abschreibung“ verschiedenartige Techniken eingesetzt werden:

- Lineare Abschreibung
- Degressive Abschreibung
- Progressive Abschreibung
- Leistungsabschreibung
- Substanzverringerungsabschreibung

Da in Standardsoftwarefunktionen unterschiedliche Verfahren benutzt werden können, ist nun aus betriebswirtschaftlicher Sicht festzulegen, welche Verfahren im Rahmen der ausgewählten Softwarefunktionen eingesetzt werden sollen.

Dabei ist es natürlich falsch, die bisher eingesetzten Verfahren ungeprüft wieder zu übernehmen. Hier können wesentliche **Verbesserungseffekte** erreicht werden, auf die nicht verzichtet werden dürfen:

- Kostengünstigere Lösungen
- Schnellere Abwicklung der Geschäftsprozesse
- Geringere Kapitalbindung
- Minderung der manuellen Bearbeitung
- Effizientere Verfahren.

Deswegen ist für jede alternative Verfahrensart unabhängig von der bisherigen Lösung zu prüfen, welche Lösung für den neuen Geschäftsprozess zu wählen ist.

3.2.4 Informationsfluß

Der Informationsfluß wird durch zwei Komponenten bestimmt:

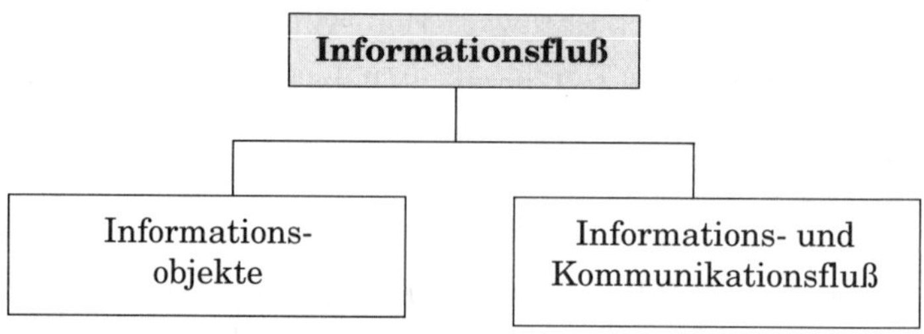

Die Daten- und die Informationsflußsicht der Prozessanalyse sind die Basis der Informationsflußgestaltung.

3.2.4.1 Informationsobjekte

Nach dem allgemeingültigen **EVA - Prinzip**:

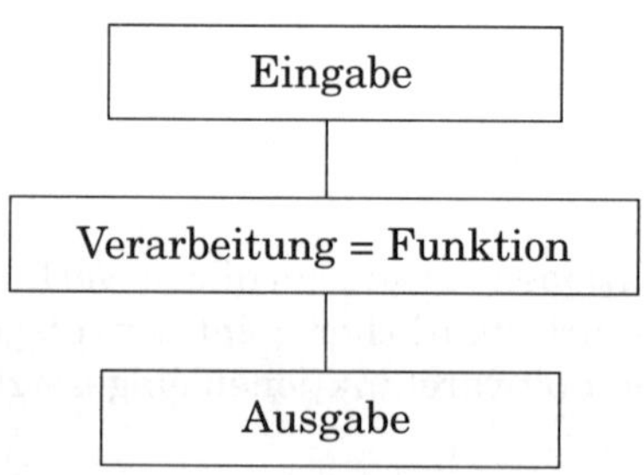

bedarf es für jede Funktion sowohl der Eingabe als auch der Ausgabe von Informationsobjekten. Solche **Informationsobjekte** können beispielsweise sein:

- Angebote
- Aufträge
- Bestellungen
- Buchungssätze
- Lieferungen
- Mahnungen
- Rechnungen
- Zahlungen.

Für jede Funktion sind die Informationsobjekte zu ermitteln:

- Eingabeobjekte
- Ausgabeobjekte.

Weiterhin ist zu ermitteln, wie die erforderlichen Eingaben oder Ausgaben erfolgen sollen. Dazu ist es notwendig zu wissen, auf welchen Datenträgern die Informationsobjekte verfügbar sind. Das können zum Beispiel folgende **Datenträger** sein:

- Direktzugriffsspeicher
- Sequentieller Speicher
- Formular auf Papier
- Unstrukturierter Text auf Papier.

Die **Eingabe** von Informationsobjekten kann in Abhängigkeit vom Datenträger erfolgen:

- Datenbankabfrage
- Dateilesung
- Tastatureingabe
- Automatische Beleglesung
- Informationsscanning.

Die **Ausgabe** von Informationsobjekten kann entsprechend in Abhängigkeit vom Empfänger erfolgen:

- Bildschirmanzeige
- Dateischreibung
- Datenbankausgabe
- Printausgabe.

Auch hier gilt es zu beachten, daß die bisherigen Informationsobjekte, Datenträger, Ein- und Ausgabearten nicht auch zwangsläufig für die neuen Geschäftsprozesse maßgeblich sein müssen. Vielmehr können Änderungen in diesem Bereich ebenfalls zu erheblichen Verbesserungen führen.

3.2.4.2 Informations- und Kommunikationsfluß

Nachdem die Informationsobjekte ermittelt und analysiert wurden, kann der Informations- und Kommunikationsfluß festgestellt werden. Das erfolgt beispielsweise mit dem **Informationsflußdiagramm**. Zur Prozessanalyse wurde diese SAP - Technik beschrieben.

Das Informationsflußdiagramm kann für verschiedene Ebenen erstellt werden:

- Funktionsebene
- Funktionsbereichsebene
- Organisationseinheitenebene.

Soll das Informationsflußdiagramm für die Ebene der Organisationseinheiten erstellt werden, dann ist zunächst die Organisationsstruktur zu überprüfen und gegebenfalls neu zu konzipieren. Dabei sollte insbesondere der aufbauorganisatorische Grundsatz des Business Reengineerings eingehalten werden:

Ein Geschäftsprozess = Eine Organisationseinheit.

Daneben sollten aber auch alle anderen relevanten Grundsätze hier berücksichtigt werden, so zum Beispiel die Grundsätze:

- Keine Medienbrüche in einem Geschäftsprozess
- Frühestmögliche Informationserfassung
- Minimierung der Papierproduktion

Ein Informationsflußdiagramm auf der Ebene der Organisationseinheiten kann dann beispielsweise folgenden Inhalt haben:

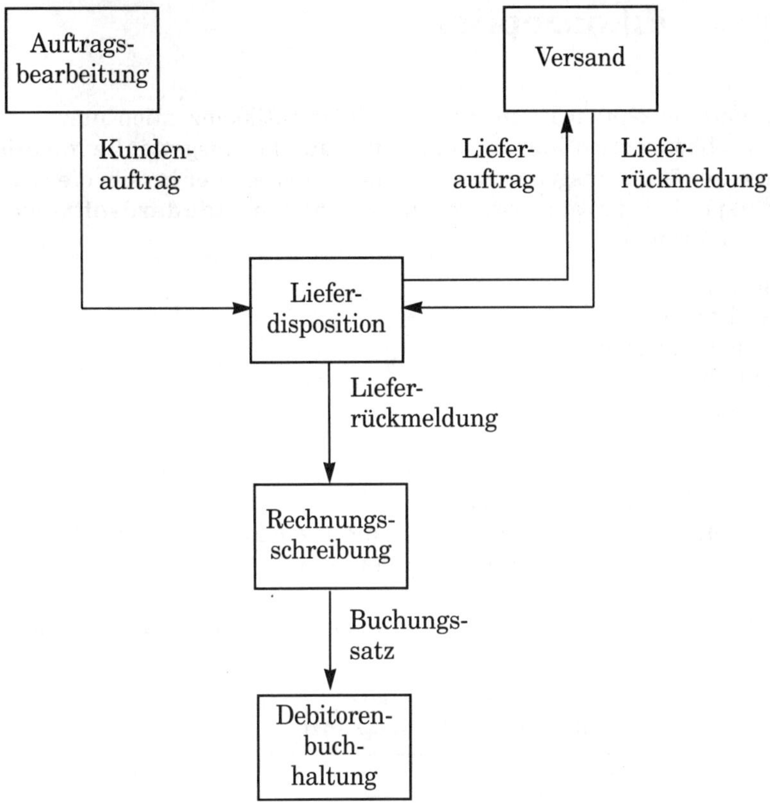

Mit der Ausarbeitung des oder der Informationsflußdiagramme ist die Fachkonzeption erstellt. Damit ist es nun auch möglich, vollständige „Ereignisgesteuerte Prozesskettendiagramme" (EPK) oder andere Techniken zu erarbeiten, weil nun alle benötigten **Inhalte** vorliegen:

- Informationsobjekte
- Informationsflüsse
- Organisationseinheiten.

Die fertiggestellte Fachkonzeption muß nun in eine DV-Konzeption umgesetzt werden.

3.3 Informatikkonzeption

Die erstellte Fachkonzeption ist nun in eine Informatikkonzeption umzusetzen. Da auch die Fachkonzeption immer im Hinblick auf das ausgewählte integrierte Standardsoftwaresystem ausgearbeitet sein muß, müssen hier bereits die wesentlichen Gesichtspunkte der einzusetzenden integrierten **Standardsoftware** berücksichtigt worden sein:

- Geschäftsprozesse
- Funktionsauswahl
- Funktionsmodifikationen
- Zusatzfunktionen
- Informationsobjekte
- Informationsflüsse.

Die Teile der Fachkonzeption, die sich mit der Informatikkonzeption überschneiden, sollten bereits auf die Bedürfnisse der Informatikkonzeption bei der Ausarbeitung des Fachkonzeptes ausgerichtet worden sein.

Die Ausarbeitung der Informatikkonzeption beinhaltet insbesondere solche **Aufgaben** wie:

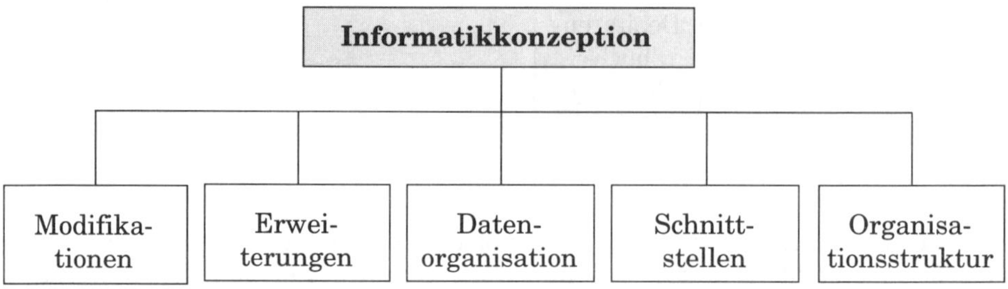

Nach der Erstellung der Informatikkonzeption sind deren Inhalte auf das integrierte Standardsoftwaresystem zu übertragen und dieses entsprechend anzupassen. Diese Aufgabe wird als „**Customizing**“ bezeichnet. Der daraus entstandene **Prototyp** des angepaßten Softwaresystems ist dann weiterhin zu verbessern, bevor er eingeführt werden kann.

3.3.1 Modifikationen

In Abhängigkeit der stärkeren oder weniger starken Ausrichtung der Fachkonzeption auf das einzusetzende Softwaresystem können deren Funktionen nun unverändert eingesetzt werden oder müssen in unterschiedlichem Maße geändert werden.

Folgende **Modifikationsarten** können unterschieden werden:

- **Keine Modifikation**

  Funktionen und ihre Transaktionen werden ohne jede Veränderung übernommen.

- **Alternativenauswahl**

  Im Softwaresystem vorgesehene Alternativen werden für die eigene Nutzung ausgewählt und damit die anderen Alternativenausprägungen abgewählt. Solche Alternativen können beispielsweise sein:

  - **Transaktionsalternativen** wie beispielsweise die Auswahlmöglichkeit zwischen einer Transaktion für Vorfakturierung und einer Nachfakturierungstransaktion.

  - **Verfahrensalternativen** wie zum Beispiel die Auswahlmöglichkeit zwischen unterschiedlichen Abschreibungsarten.

  - **Datenalternativen** wie beispielsweise die Wahl zwischen einer oder mehrerer Währungen: DM, Dollar, Euro usw.

- **Änderungen**

  Verfügbare Softwaremodule werden verändert. Diese Änderungen können unterschiedliche Aufgaben umfassen:

  - **Austausch** von angebotenen Programmodulen durch neuerstellte Programmodule.

  - **Erweiterung** der vorhandenen Funktionen oder Transaktionen durch zu erstellende Softwareergänzungen.

  - **Umgestaltung** von Masken, um sie zum Beispiel an den Unternehmensstandard anzupassen oder um Daten auszublenden.

Daneben kann es natürlich zur Umsetzung der Fachkonzeption notwendig sein, im ausgewählten Softwaresystem nicht verfügbare Funktionen zu erarbeiten. Es kann dann von einer **Softwareerweiterung** gesprochen werden.

3.3.2 Erweiterungen

Sind im ausgewählten integrierten Standardsoftwaresystem erforderliche Funktionen nicht vorhanden, so müssen sie entweder selbst entwickelt werden oder es muß anderweitig verfügbare Anwendungssoftware eingebunden werden. Das letztere kann in manchen Standardsoftwaresystemen mit einem **Workflowmodul** erfolgen.

Üblicherweise unterstützten integrierte Standardsoftwaresysteme die Selbsterarbeitung von Erweiterungen. So bietet beispielsweise R/3 dazu ihre „**Development Workbench**“ an. Mit der SAP-eigenen Programmiersprache ABAP/4 können R/3-spezifische Erweiterungen problemlos erarbeitet werden.

Es empfiehlt sich dabei so vorzugehen:

(1) **Anforderungsermittlung**

Aus der Fachkonzeption sind die betriebswirtschaftlichen Anforderungen abzuleiten, welche durch die Erweiterungen abgedeckt werden müssen. Es sind folglich alle Arbeitselemente zu ermitteln, die durch die Erweiterungen ausgeführt werden müssen.

(2) **Logikerarbeitung**

Die Verarbeitungslogik der Erweiterungen ist zu ermitteln und auszuarbeiten. Dazu können die gängigen Techniken eingesetzt werden:

- Ablaufplan
- Pseudocode
- Struktogramm
- Strukturablaufdiagramm.

Im Band „Programmorganisation - Software Engineering“ dieser Reihe wird ausführlich auf diese Techniken eingegangen.

(3) **Programmierung**

Zur Programmierung von Erweiterungen werden beispielsweise vom R/3-System neben der Programmiersprache ABAP/4 umfangreiche **Programmierhilfen** zur Verfügung gestellt:

- Editor
- Menupainter
- Screenpainter
- Query/Report
- Data Dictionary.

Die Abkürzung ABAP/4 ergibt sich aus der Bezeichnung „ **Advanced Business Application Programming**“. Die /4 soll die Zugehörigkeit zur 4. Generation von Programmiersprachen ausweisen.

(4) **Programmtest**

Der Test von Erweiterungsprogrammen ist von besonderer Bedeutung, denn neben dem Syntax- und dem Logiktest ist hier natürlich auch ein Integrationstest in das Basissoftwaresystem durchzuführen.

Auch für den Programmtest bieten integrierte Standardprogramme üblicherweise wirksame Hilfen an. So können bei R/3 zum Test eingesetzt werden:

- Computer Aided Test Tool (**CATT**)
- Debugger
- Remote Function Calls (**RFC**)

Natürlich sollte die Zahl der Erweiterungen für eine integrierte Standardsoftware sehr begrenzt werden, da sie die Projektdauer erheblich ausweiten und die Projektkosten deutlich erhöhen kann.

3.3.3 Datenorganisation

Zur unternehmensspezifischen Organisation der Daten für die Nutzung eines integrierten Standardsoftwaresystems sind zwei Datenarten zu unterscheiden:

- **Stammdaten**

  Im Gegensatz zu den Geschäftsvorgangsdaten sind Stammdaten diejenigen Daten, die sich nicht von Geschäftsvorgang zu Geschäftsvorgang verändern, sondern üblicherweise unverändert bleiben. Stammdaten sind zum Beispiel:

  - Kundendaten
  - Artikeldaten
  - Mitarbeiterdaten.

- **Geschäftsvorgangsdaten**

  Bewegungs- oder Geschäftsvorgangsdaten sind solche Daten wie:

  - Auftragsdaten
  - Bestelldaten
  - Gehaltsabrechnungsdaten.

Die für das Unternehmen benötigten Daten sind zu ermitteln und zu modellieren. Zur **Modellierung** der Daten können verschiedene Verfahren eingesetzt werden:

- Entity Relationship Modellierung (ERM)
- Jackson - Diagramme
- Normalisierung.

Im Kapitel D.2 und D.3 werden diese Modellierungsverfahren beschrieben.

Mit der „**Objektorientierten Systemanalyse**“ (OOSA) können die unternehmensspezifischen Informationsobjekte ermittelt und ihnen die relevanten Attribute zugeordnet werden. Auf sie wird im Band „Programmorganisation - Software Engineering“ dieser Reihe ausführlich eingegangen.

Die Datenmodellierung zur Erarbeitung der Datenorganisation kann durch den Einsatz von **Tools** und anderer maschineller Hilfsmittel wesentlich erleichtert werden.

Deswegen bieten zur Datenorganisation integrierte Standardsoftwaresysteme entsprechende Hilfsmittel an. So verfügt beispielsweise das SAP R/3-System dazu über drei wirksame Hilfen:

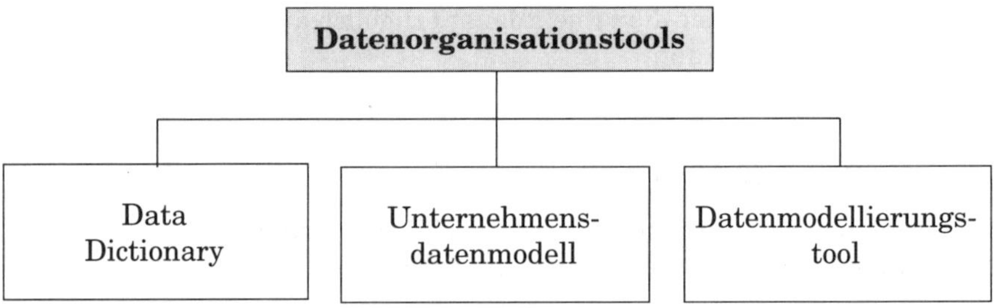

Diese Tools sind deswegen für die Datenorganisation von integrierten Standardsoftwaresystemen besonders hilfreich, weil sie die Ergebnisse der Datenorganisation direkt mit dem Standardsystem abgleichen und die ausgearbeitete **Datenorganisation** direkt in das Standardsoftwaresystem integriert übernehmen.

3.3.3.1 Data Dictionary

Ein Data Dictionary (DD) oder ein Data Repository (DR) ist ein Datenverzeichnis über alle in einem Softwaresystem verwandten Informationen:

Data Dictionary - Definition:

Metasystem zur Dokumentation von Daten, ihren Strukturen und Feldern sowie ihrer Verwendung in Funktionen, Transaktionen, Masken usw. und deren Verknüpfungen.

Das beispielsweise ab Release 3.0 beim R/3-System mit „ABAP/4 Dictionary" bezeichnete Datenverzeichnis hat zum Beispiel folgenden **Informationsinhalt**:

- Informationsobjekte und ihre Attribute
- Eigenschaften der Datenfelder
- Beziehungen zwischen den Daten
- Ihre Verwendung in Masken und Programmen
- Ihre Zuordnung zu Datentabellen
- Abrufbare Hilfsinformationen.

Da im R/3-System alle Daten nur im ABAP/4-Dictionary definiert und abgeglichen sind, obwohl von allen Systemteilen auf dieses Datenverzeichnis zugegriffen werden kann, ist damit **Datenkonsistenz** und **Datensicherheit** gewährleistet. Jede Änderung von Daten an einer beliebigen Stelle des Systems führt zu einem Abgleich mit dem ABAP/4-Dictionary.

Es wird deswegen hier von einem „**Aktiven Data Dictionary**" (ADD) gesprochen.

Ein **Informationssystem** zum Data Dictionary (DD - Infosystem) steht weiterhin in R/3 zur Verfügung. Mit ihm können alle erforderlichen Informationen über die Datenorganisation von R/3 abgerufen werden. Typische **Abfragemöglichkeiten** sind beispielsweise:

- Suche mittels Bezeichner nach
  - Objekten
  - Tabellen
  - Feldern
  - Domänen
- Suche mittels Eigenschaften von Objekten
- Ausgabe von Verwendungsnachweisen
- Information über Beziehungen zwischen Tabellen, Objekten usw.
- Erarbeitung von Modifikationsanalysen.

Damit steht zur Datenmodellierung in diesem System ein mächtiges Werkzeug zur Verfügung.

3.3.3.2 Unternehmensdatenmodell

Zur Übersicht über die verwandten Daten und zur Erleichterung der Datenmodellierung besitzen integrierte Standardsoftwaresysteme manchmal ein Unternehmensdatenmodell.

So hat beispielsweise das R/3-System ein integriertes Unternehmensdatenmodell (UDM), das alle vom R/3-System angesprochenen bzw. bearbeiteten Daten und ihre Verknüpfungen ausweist und darstellt.

Das R/3-Unternehmensdatenmodell hat folgenden Inhalt:

- Informationsobjekte
- Daten
- Datenattribute
- Beziehungen.

Im R/3-Unternehmensdatenmodell wird das SAP-spezifische „**Strukturierte Entity Relationship Modell**“ (SAP - SERM) verwendet. Ein Beispiel verdeutlicht diese Darstellungstellungsart der Datenorganisation:

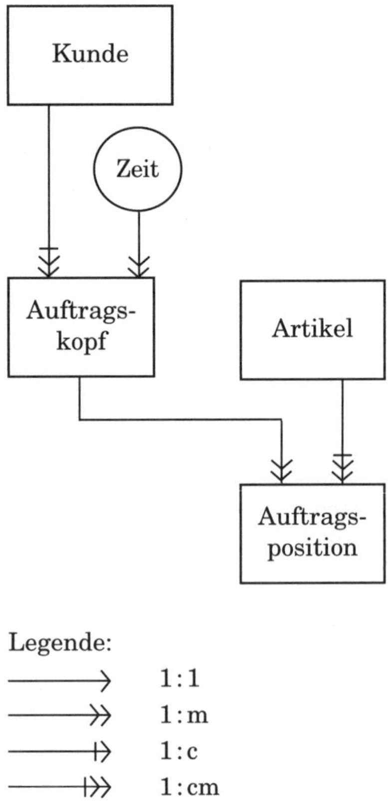

Abb. E04: Beispiel SAP – SERM

Das Unternehmensdatenmodell von R/3 ist in verschiedene Stufen gegliedert, angefangen mit einem Einstiegsmodell.

3.3.3.3 Datenmodellierungstool

Zur Modellierung der Unternehmensdaten kann beispielsweise beim R/3-System ein Modellierungstool benutzt werden.

Mit dem R/3-Data Modeler können ebenfalls „Strukturierte Entity Relationship - Modelle“ in der SAP - spezifischen Form erstellt werden (SAP - SERM).

Der „Data Modeler" des R/3-Systems kann für folgende **Aufgaben** eingesetzt werden:

- Darstellung und Detaillierung von Datenmodellen
- Datenorganisation für die Informatikkonzeption
- Datenorganisation für Erweiterungen und Modifikationen
- Pflege und Änderung von benutzten Datenmodellen.

Der Data Modeler von R/3 ist mit einem grafischen Editor ausgestattet, so daß grafische Datenmodelle ausgegeben werden können.

3.3.3.4 Datenorganisationsbeispiel

Ein wesentlicher Teil der Informatikkonzeption ist die Datenorganisation. Die Informatikkonzeption im Hinblick auf die Daten sollte bei Einsatz des R/3 - Systems zwei Ausarbeitungen umfassen:

- Strukturiertes Entity Relationship Modell (SAP - SERM)
- Datenobjekttabellen.

Ein Ausschnitt aus dem Unternehmensdatenmodell von R/3 in der SAP-eigenen Darstellungsform des „Strukturierten Entity Relationship Modells" (SAP - SERM) illustriert die **Datenrelationen**:

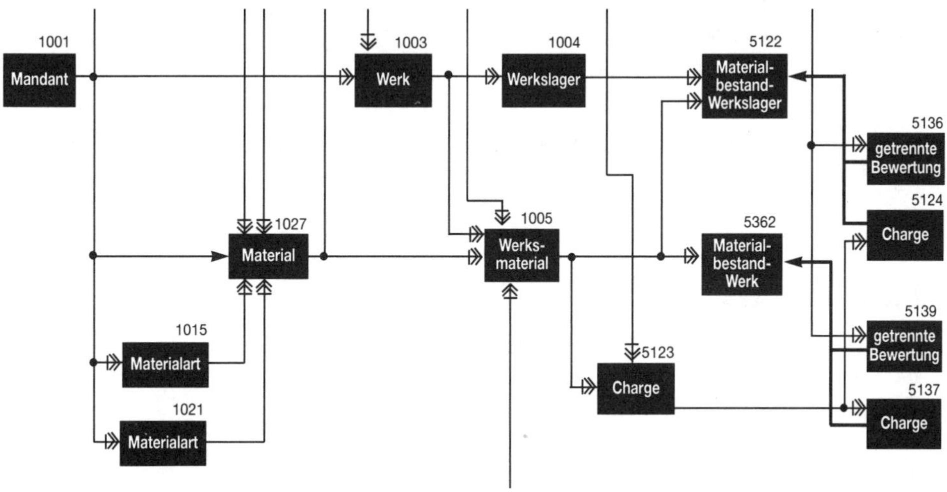

Abb. E05: Beispiel R/3 Datenmodell SAP – SERM – Ausschnitt

Ein Beispiel für eine **Datenobjekttabelle** kann für ein Unternehmen folgenden Inhalt haben:

Datenobjekttabelle: Material			
Bezeichner	Identifizierer	Feldlänge (Bytes)	Darstellungsart
Materialnummer	MANO	6	NUM
Materialkurzbezeichnung	MABE	18	CHAR
Materialname	MANA	80	CHAR
Normzuordnung	NORM	24	CHAR
Materialart	MAART	3	NUM
Zeichnungsnummer	ZENO	10	NUM
Mengeneinheit – intern	MEEI	3	CHAR

Selbstverständlich ist das Beispiel unvollständig, illustriert aber hinreichend solche Datentabellen.

3.3.4 Schnittstellen

Über Schnittstellen wird der Datentransfer zwischen unterschiedlichen Softwaresystemen abgewickelt.

Neben **Kommunikationsschnittstellen,** wie beispielsweise

- EDI - Electronic Data Interchange: Datenaustauschschnittstelle mit Kunden und Lieferanten
- TCP/IP - Netzwerkprotokollschnittstelle
- ALE - Application Link Enabling: Kooperation mit anderen Anwendungssystemen
- OLE - Object Linking and Embedding: Einbeziehung von Daten aus Fremdanwendungen

werden für R/3 **interne Schnittstellen** benötigt. Es werden unterschieden:

- **Dauerschnittstellen**

  Regelmäßiger Datenaustausch zwischen unterschiedlichen R/3-Modulen erfordert ebenso wie der Datenaustausch mit Fremdprogrammen die Definition von Dauerschnittstellen.

- **Einmalschnittstellen**

  Zur Übernahme der Daten bei der Einführung des neuen Standardsoftwaresystems sind Einmalschnittstellen erforderlich.

Während die Kommunikationsschnittstellen bei R/3 vefügbar sind, müssen die Dauerschnittstellen teilweise und die Einmalschnittstellen immer definiert werden.

3.3.5 Organisationsstruktur

Da integrierte Standardsoftwaresysteme üblicherweise hierarchisch strukturiert sind, ist im Rahmen der Informatikkonzeption auch die zukünftige hierarchische Organisationstruktur für das Unternehmen festzulegen und im Rahmen des Customizing dann einzurichten.

Im Band „Aufbauorganisation“ dieser Reihe wird ausführlich auf die Gestaltung von Unternehmensstrukturen eingegangen.

Für die Informatikkonzeption sind zum Beispiel beim Einsatz des R/3-Standardsoftwaresystems die folgenden **Organisationseinheiten** und damit ihre Hierarchie zu definieren:

1. **Ebene: Mandant**

   Die oberste oder die umfassenste Einheit wird in R/3 als Mandant bezeichnet. Es kann sich hier folglich handeln um

   - Konzern
   - Unternehmensgruppe
   - Unternehmen.

2. **Ebene: Buchungskreis**

   Die unter der obersten Ebene liegende Organisationseinheit wird in diesem Standardsoftwaresystem als Buchungskreis bezeichnet. Dies demonstriert seine Herkunft als „Rechnungswesensystem“. Buchungskreise sind selbstbilanzierende Organisationseinheiten:

   - Unternehmensgruppe
   - Unternehmen
   - Unternehmensbereich.

3. **Ebene: Geschäftsbereich**

   Der Geschäftsbereich ist dadurch gekennzeichnet, daß er eine eigenständige Organisationseinheit ist, die auch ein eigenes Ergebnis ermittelt:

   - Bereichsbilanz
   - Gewinn- und Verlustrechnung.

   Diese Ergebnisermittlungen sind jedoch ausschließlich unternehmensintern.

4. **Ebene: Werk**

   Bei standörtlich unterschiedlichen Unternehmenseinheiten wird üblicherweise in

- Werke
- Niederlassungen
- Verkaufsbüro

unterschieden. Damit ist es möglich, solche Einheiten abrechnungstechnisch zu differenzieren und ein Einheitenergebnis festzustellen.

5. **Ebene: Bereich**

Damit können beispielsweise solche Organisationseinheiten wie

- Abrechnungsbereiche
- Mahnbereiche
- Lagerorte

unterschieden und differenziert betrachtet werden.

Eine **Unterscheidung** zwischen der offiziellen und formalen Aufbauorganisation eines Unternehmens und seiner hierarchischen Strukturierung in einem System wie R/3 bedingt erhebliche Systembrüche und ist deswegen in jedem Fall zu vermeiden.

Da mit der Aufbaustrukturierung jedoch weitgehende Unterschiede bei der Bearbeitung mit R/3 verbunden sind, ist es notwendig, diese Gliederung erst nach einer umfassenden Analyse vorzunehmen.

Erst nachdem die durch den Einsatz des integrierten Standardsoftwaresystems notwendigen aufbauorganisatorischen Veränderungen ausgearbeitet und verabschiedet sind, kann die Organisationsstruktur in ein System wie R/3 übernommen werden.

3.4 Customizing

Die Anpassung eines integrierten Standardsoftwaresystems an die Erfordernisse des nutzenden Unternehmens wird als Customizing bezeichnet. Für das R/3 - System von SAP kann Customizing so definiert werden:

Customizing - Definition nach *AFOS*:

> Verfahren im System R/3, mit dem die unternehmensneutral ausgelieferte Funktionalität den spezifischen betriebswirtschaftlichen Anforderungen eines Unternehmens angepaßt wird.

Das Customizing wird auch als **Parametrisierung** des Standardsoftwaresystems bezeichnet.

Da bereits eine Informatikkonzeption zum Customizing vorliegen sollte, ist dann beim Customizing noch die konkrete Anpassung und Veränderung der neutralen Version der ausgewählten integrierten Standardsoftware an die ausgearbeitete Informatikkonzeption vorzunehmen.

Bei Benutzung des Standardsoftwaresystems R/3 von SAP wird von diesem Unternehmen üblicherweise ein Mandant 000 ausgeliefert. Zum Customizing wird eine Kopie als Mandant 001 erstellt. Alternative Versionen sind dann die Mandanten 002, 003 usw.

Die Anpassung durch das Customizing erfordert die Durchführung einer Reihe von **Aufgaben**. Die nachfolgend genannten Aufgaben stellen dabei keine verbindliche Reihenfolge dar. Sie ist verständlicherweise von System zu System verschieden.

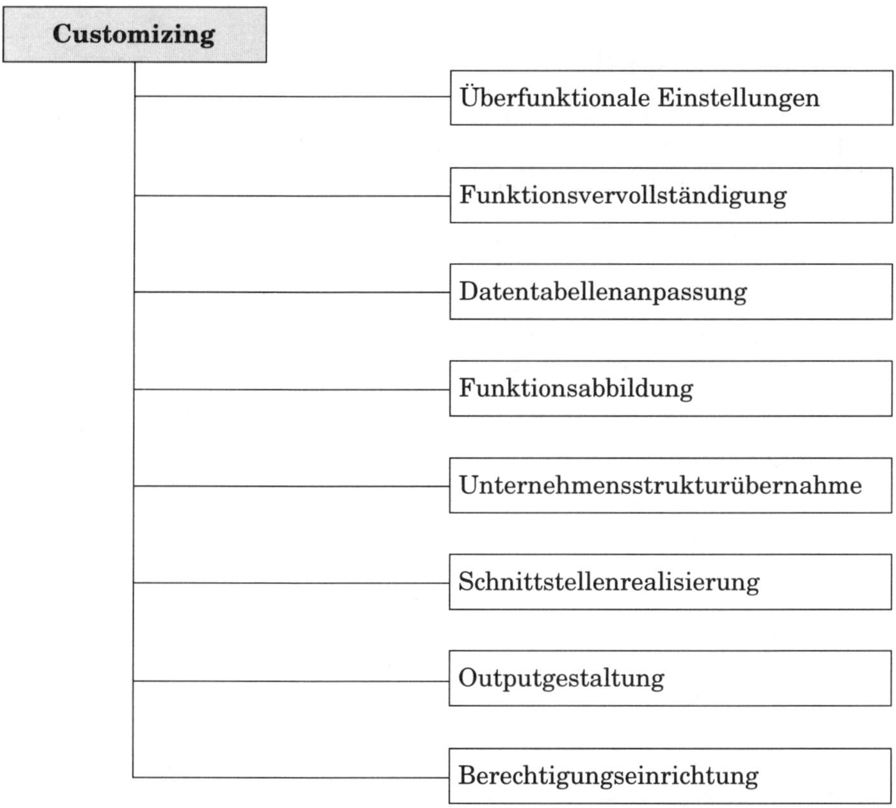

Das Customizing ist eine sehr komplexe und umfangreiche Aufgabensammlung. Sie

- umfasst in der Regel weit mehr als 1.000 Aktivitäten. Insgesamt sind über 4.000 mögliche Customizingaktivitäten bei R/3 gezählt worden;

- erfordert hochqualifiziertes Personal, das die Funktionalität und die Abhängigkeit des Systems gut kennt;
- hat einen erheblichen Einfluß auf die zukünftigen Verwaltungskosten;
- beeinflußt den Erfolg des Projektes erheblich;
- bestimmt wesentlich die Dauer des Projektes.

Da das Customizing ein wichtiger und sehr umfangreicher Aufgabenblock ist, wird diese Aufgabenerledigung von den integrierten Standardsoftwaresystemen in der Regel durch unterschiedliche **Hilfsmittel** unterstützt. Sie gilt es zunächst zu betrachten.

Das Ergebnis des Customizing ist dann ein erster Prototyp, der getestet, verbessert, weiterhin angepaßt, getunt und realisiert werden muß.

3.4.1 Customizinghilfen

Um das umfangreiche und hochkomplexe Customizing möglichst wirksam, schnell und problemlos durchzuführen, verfügen integrierte Standardsoftwaresysteme üblicherweise über eine Reihe von Hilfsmitteln.

So verfügt beispielsweise R/3 über solche Customizinghilfen wie:

- **Vorgehensmodell**

  Das R/3 - Vorgehensmodell umfasst den ganzen Projektablauf zur Einführung von R/3. Selbstverständlich schließt das auch die unterschiedlichen Aufgaben des Customizing ein.

- **Einführungsleitfaden**

  Im Einführungsleitfaden werden die im Vorgehensmodell ausgewiesenen Projektschritte konkretisiert. Jeder Arbeitsschritt des Einführungsleitfadens entspricht einem Projektschritt des Vorgehensmodells.

  Der Einführungsleitfaden wird von SAP auch als „Implementation Guides" (IMG) bezeichnet.

  Der Einführungsleitfaden umfaßt drei Teile:

  - **Informationsteil** mit Standardeinstellungen, SAP-Empfehlungen, Aktivitäten mit Anleitungen usw.

  - **Projektsteuerungsteil** mit Statuseinstellungen, Kurztexte für Hinweise usw.

  - **Projektdokumentation** zur Hinterlegung der Projektdurchführungsaktivitäten.

Den Einführungsleitfaden von R/3 gibt es in unterschiedlichen Versionen:

- Gesamtversion
- Funktionsbezogene Version
- Releasebezogene Version.

Der Einführungsleitfaden ist mit einer weiteren Hilfe des R/3-Systems eng verknüpft: „Einstellungsmenu".

- **Einstellungsmenu**

  Zur unmittelbaren Einstellung der verschiedenenartigen Parameter dienen die Einstellungsmenus. Mit ihnen kann die anwendungsübergreifende und anwendungsspezifische Einstellung vorgenommen werden, ohne die technischen Hintergründe kennen zu müssen.

Vorgehensmodell und Einführungsleitfaden stehen bei R/3 als **Hypertext** zur Verfügung, der aus Bausteinen mit Texten, Grafiken usw. sowie aus Querverweisen besteht. Damit ist es möglich, nicht nur Bausteine sequentiell abzurufen, sondern in einem Verweisnetz zu navigieren. Damit ist ein merklich schnellerer Zugriff auf gewünschte Informationen möglich.

3.4.2 Überfunktionale Einstellungen

Zunächst sind beim Customizing funktionsübergreifende, also das ganze Softwaresystem betreffende Einstellungen vorzunehmen. Bei R/3 werden sie als „Globale Einstellungen" bezeichnet.

Überfunktionale Einstellungen können beispielsweise sein:

- **Änderungsbelege**, die alle unternehmensspezifischen Änderungen der Grundversion dokumentieren;
- **Bankleitzahlen** zur Abwicklung des Zahlungsverkehrs;
- **Kalender**, mit dem die Arbeitstage dem System vermittelt werden. Damit können auch „Fabrikkalender" benutzt werden;
- **Kontenpläne**, wenn alternative Kontenrahmen wie IKR (Industriekontenrahmen) oder GKR (Gemeinschaftskontenrahmen) ausgewählt werden müssen.
- **Länderschlüssel** für Außenhandelsgeschäftsprozesse;
- **Landesversionen**, mit der nationale Besonderheiten abgebildet werden;
- **Maßeinheiten**, wenn sie vom internationalen Einheitensystem (SI) abweichen;
- **Normen**, wenn anstelle der ISO - Norm nationale Normen Berücksichtigung finden müssen;

- **Nummernkreise**, die für Informationsobjekte wie Aufträge, Bestellungen, Rechnungen usw. vergeben werden sollen;
- **Postleitzahlen** zur Abwicklung des Briefverkehrs;
- **Regionen**, wenn für Länder weitere geografische Gliederungen erforderlich sind;
- **Sprachen,** mit denen das Unternehmen im System arbeiten möchte;
- **Währungen**, in denen die Geschäftsprozesse abgewickelt werden sollen.

Selbstverständlich können die überfunktionalen Einstellungen nur Beispiele sein. Sie werden von Standardsoftwaresystem zu Standardsoftwaresystem unterschiedlich sein müssen.

3.4.3 Funktionsvervollständigung

Die in einem unternehmensspezifischen Standardsoftwaresystem eingesetzten Funktionen und Transaktionen können unterschiedlicher Art sein:

- **Standardfunktionen**

  Diese Funktionen und/oder Transaktionen werden unverändert vom Standardsoftwaresystem übernommen.

- **Erweiterungsfunktionen**

  Funktionen und/oder Transaktionen, an denen unternehmensspezifische Erweiterungen vorgenommen wurden, müssen wieder in das Standardsoftwaresystem übernommen werden.

- **Änderungsfunktionen**

  Geänderte Funktionen und/oder Transaktionen müssen wieder in das Standardsoftwaresystem eingebunden werden.

- **Zusatzfunktionen**

  Vollkommen neue Funktionen und/oder Transaktionen müssen ebenfalls in das damit erweiterte Standardsoftwaresystem übernommen werden.

Solche Standardfunktionen, die nicht für das jeweilige Unternehmen benötigt werden, müssen aus dem Standardsoftwaresystem ausgeblendet werden. Vorher ist jedoch zu prüfen, ob es sich dabei um eine MUSSfunktion oder -transaktion handelt. Auf solche Systemteile kann nicht verzichtet werden. Sie müssen folglich in das Standardsoftwaresystem einbezogen bleiben, auch wenn sie nicht benötigt werden.

3.4.4 Datentabellenanpassung

Die Datenorganisation der Stammdaten ist bei Standardsoftwaresystemen in Tabellen festgelegt. Diese Tabellen liegen in einer Grundversion vor. Sie müssen nun an die Datenorganisation des Unternehmens angepaßt werden.

Die Datenorganisation der Informatikkonzeption wird bei Einsatz von R/3 zweckmäßigerweise in zwei Techniken ausgearbeitet:

- Strukturiertes Entity Relationship Modell (SAP - SERM)
- Datenobjekttabellen

Zwischen den vorgegebenen Datentabellen für die Stammdaten und den Datentabellen der Datenorganisation des Informatikkonzeptes sind nun die Differenzen zu ermitteln:

- Objekte
- Objekttypen
- Attribute
- Beziehungen
- Feldlängen
- Darstellungsart
- usw.

Die ermittelten Differenzen müssen durch Änderung der Datentabellen in diese eingarbeitet werden.

Mit dem Werkzeug „**Tabellenabgleich**" können in R/3 Tabelleninhalte beispielsweise von zwei Mandanten maschinell miteinander verglichen und Unterschiede festgestellt werden.

3.4.5 Funktionsabbildung

Die ausgewählten, modifizierten oder neu erarbeiteten Funktionen und die erforderlichen Geschäftsprozesse müssen eingestellt und eingebunden werden. Diese Funktionen werden in ihren Bildschirmmasken für den Benutzer abgebildet.

Zur Anpassung an die unternehmensspezifischen Bedürfnisse können in den **Bildschirmmasken** folgende Änderungen und Anpassungen vorgenommen werden:

- Maskenaufbau
- Erforderliche Felder
- Feldlängen
- Felddarstellung
- Feldeigenschaften.

Selbstverständlich muß dabei die in den Datentabellen definierte **Formatierung** der Daten berücksichtigt werden.

3.4.6 Unternehmensstrukturübernahme

Standardsoftwaresysteme sind hierarchisch aufgebaut. Deswegen muß ihnen auch die Hierarchie gemäß der vom System vorgegebenen Struktur vorgegeben werden.

So kann man zum Beispiel in R/3 mit den nachfolgenden **Hierarchieebenen** arbeiten:

- Mandant
- Buchungskreis
- Geschäftsbereich
- Werk
- Bereich.

Gemäß der Informatikkonzeption ist hier für jede Organisationseinheit des Unternehmens die Zuordnung vorzunehmen.

Diese Organisationsstruktur durchdringt die ganze betriebswirtschaftliche Bearbeitung bei R/3. Sie ist deswegen besonders bedeutsam für die Geschäftsprozesse und ihre Auswertungen.

3.4.7 Schnittstellenrealisierung

Die nicht in einem Standardsoftwaresystem vorgegebenen Schnittstellen müssen realisiert werden. Bereits bei der Informatikkonzeption wurden deswegen zwei Schnittstellenarten unterschieden:

- Dauerschnittstellen mit anderen Softwareprogrammen
- Einmalschnittstellen zur Datenübernahme vom Vorgängersystem.

Diese Schnittstellen müssen in der Regel gemäß den Programmvorgaben des Informatikkonzeptes programmiert werden. Nur wenige Dauerschnittstellen werden beispielsweise von SAP ausgeliefert, beispielsweise die MM-MOB-Schnittstelle zur Übernahme der Daten aus einer mobilen Datenerfassung.

Vor allem die **Datenübernahme** aus dem Vorgängersystem über die Einmalschnittstellen ist sehr arbeits- und zeitaufwendig:

- Oftmals muß eine Vielzahl von Dateien übernommen werden.
- Diese Dateien können sehr unterschiedlich aufgebaut sein.
- Die Schnittstellen müssen getestet werden.
- Die Dateien müssen vor der Übernahme für das neue System bereinigt oder ergänzt werden.

- Die Übernahme der vielen Dateien muß durchgeführt werden.

Zur Erstellung des **Prototypen** genügt zunächst die Verfügbarkeit von Testdaten. Die Datenübernahme der laufenden Geschäftsprozesse erfolgt dann bei der Systemeinführung.

3.4.8 Outputgestaltung

Die Ausgabengestaltung betrifft mehrere Arten von Output und deren Layout:

- **Papierausgaben**

  Auf Papier werden üblicherweise ausgegeben:

  - Textinformationsobjekte wie Briefe, Berichte, Mahnungen, Verträge usw.
  - Formularbezogene Datenobjekte wie Rechnungen, Bestellungen, Lieferscheine, Stücklisten usw.
  - Formularlose Datenobjekte wie Listen, Reports, Tabellen, Aufstellungen usw.

- **EDI - Ausgaben**

  Die elektronische Übermittlung von Informationen an Kunden, Lieferanten, Banken, Sozialversicherungen usw. werden zunehmend die Papierausgaben ersetzen.

Die Ausgabe von Informationen in Dateien, Datenbanken, Archivierungssystemen ist hier nicht zu betrachten, da es sich dabei um systeminterne Ausgaben handelt.

Standardsoftwaresysteme bieten üblicherweise eine Vielzahl von vorgefertigten Ausgaben an. Sie können unverändert übernommen werden oder sie können verändert werden. Es ergibt sich folgende Matrix der Ausgabenänderungen:

Ausgabenmatrix		**Datenträger**		
		Unverändert	Verändert	Anderer Träger
Informations-inhalt	Unverändert	1.1	1.2	1.3
	Verändert	–	2.2	2.3

Neben diesen vorgesehenen Ausgaben kann es weiterhin notwendig sein, zusätzliche Ausgaben einzuplanen. Dann sind gegebenenfalls zu erstellen bzw. festzulegen:

- Informationsinhalt
- Formulargestaltung
- Ausgabeart.

Die Durchführung von Änderungen oder die Neuerstellung von Ausgaben kann beispielsweise bei R/3 mit unterschiedlichen **Werkzeugen** vorgenommen werden:

- ABAP/4
- ABAP/4 Query
- Report Painter
- Report Writer

Von R/3 wird auch eine Vielzahl von **Berichten** bzw. **Reports** erstellt. Für sie ist zu prüfen, ob diese Berichte

- überhaupt benötigt werden;
- den vorgegebenen Inhalt behalten sollen;
- an den vorgegebenen Verteiler gehen sollen;
- als Bildschirmberichte ausreichen;
- ausreichen oder ob zusätzliche Berichte erforderlich sind.

Durch die Vielzahl der Ausgaben ergibt sich ein erheblicher **Arbeitsaufwand** für die Ausgabengestaltung. Deswegen ist jeweils gut zu überlegen, ob nicht die Vorgaben von R/3 unverändert benutzt werden sollten.

Dem steht jedoch in vielen Unternehmen die Forderungen der

- Corporate Identity bzw.
- Corporate Image

entgegen. Sie machen oftmals die Änderung aller Ausgaben erforderlich.

3.4.9 Berechtigungseinrichtung

In Standardsoftwaresystemen stehen oftmals ausgeklügelte Berechtigungssysteme zur Verfügung. Für die verschiedenen Phasen der Arbeit mit dem ausgewählten integrierten Standardsoftwaresystem, wie zum Beispiel für das Customizing und zur weiteren Verbesserung der verschiedenen Prototypversionen ist es erforderlich, jeweils die **Berechtigungsregelungen** für die einzelnen Phasen festzulegen und vorzugeben:

- Berechtigungsphase 1: Customizing
- Berechtigungsphase 2: Prozessverbesserung
- Berechtigungsphase 3: Benutzerschulung
- Berechtigungsphase 4: Produktivbetrieb

Hier sind zunächst die Berechtigungsregelungen für die Berechtigungsphasen 1 und 2 festzulegen.

Durch die Benutzung unterschiedlicher **Mandanten** können auch mehrere Berechtigungsphasen zeitlich parallel benutzt werden.

Auch beim R/3-System ist es beispielsweise notwendig, die Berechtigungen für die genannten Berechtigungsphasen zu vergeben. Das erfogt bei R/3 in mehreren Schritten:

(1) **Berechtigungssystem ausarbeiten**

Zunächst ist festzulegen, wer welche Berechtigung bei welchem Mandanten in welcher Berechtigungsphase erhalten soll. Jede Berechtigung besteht aus

- **Berechtigungsart**, wie beispielsweise die Berechtigung zur Anzeige, Änderung oder Löschung.
- **Berechtigungswert**, wie die Berechtigung für einzelne Werte, für Intervalle oder auch für generische Werte.
- **Berechtigungsobjekt**, wie zum Beispiel Personalstammsatz, Kontenplan, Businessplan, Payroll usw.

(2) **Benutzerstammsatz anlegen**

Der Benutzerstammsatz besteht aus zwei Teilen:

- **Benutzerfestwerte** wie Benutzername, Paßwort, Benutzeradresse, Memoryparameter usw.
- **Benutzerprofiltabelle**, in welcher die Berechtigungen zum Ausführen von R/3 - Aktionen gespeichert sind.

(3) **Berechtigungen zuweisen**

Die Zuweisung von Berechtigungen erfolgt mit Hilfe von Berechtigungsprofilen für die einzelnen Mandanten. Durch die Zusammenfassung von mehreren Profilen kann bei R/3 mit Sammelprofilen gearbeitet werden.

Die Berechtigungen können bei R/3 üblicherweise nur vom Systemadministrator oder vom Anwenderbetreuer vergeben werden.

3.5 Prototyping

Bei der Entwicklung von EDV-Systemen bedeutet die Erstellung eines ersten Prototypes die Ausarbeitung eines einfachen **Kernsystems.**

Prototyp - Definition nach *Hansen*:

Einfache Vorversion eines nutzungsfähigen Informationssystems.

Diese Art von Prototyp dient vornehmlich dazu, in Abstimmung mit den zukünftigen Benutzern das System zu

- verfeinern,
- erweitern,

- verbessern,
- testen und zu
- vervollkommnen.

Der erste Prototyp einer integrierten **Standardsoftware** beinhaltet dagegen bereits ein umfassendes, voll einsatzfähiges System. Dieser Prototyp dient der Anpassung der vorgefertigten Standardsoftware an die betrieblichen Erfordernisse.

Die **Aufgaben**, die mit einem Standardsoftwareprototypen auszuführen sind, unterscheiden sich deswegen vom üblichen Prototyping erheblich:

- Statt funktionaler Verfeinerung und Erweiterung steht bei Standardsoftwareprototypen die Anpassung und damit Änderung der Funktionen und Transaktionen im Vordergrund.
- Während bei der Neuentwicklung eines Anwendungsprogrammes das Fach- und Informatikkonzept entwickelt werden muß, stellt sich beim Prototyping von Standardsoftware immer die Frage, ob die Lösung der Standardsoftware nicht einfach übernommen werden soll.
- Während Masken, Dateien, Printausgaben usw. bei Neuentwicklungen erst ausgearbeitet werden müssen, sind sie bei einem Standardsoftwareprototypen bereits vorhanden. Sie sind nur noch anzupassen, zu ändern oder zu verbessern.
- Bei der Neuentwicklung eines EDV-Systems wird in der Regel ein unternehmensoptimales System ausgearbeitet. Beim softwarebezogenen Redesign wird versucht, ein vorhandenes Standardsystem an die eigenen Erfordernisse anzupassen.

Mit dem ersten Prototyp kann eine Reihe von **Aufgaben** ausgeführt werden:

- Zunehmende Anpassung an die Unternehmenserfordernisse
- Umfassender Test aller Funktionen, Prozessketten und Transaktionen
- Abgleich der Organisationsstrukturen
- Erkennung weiterer erforderlicher Schnittstellen
- Training der Projektmitarbeiter mit Hilfe des ersten Prototypen.

Der erste Prototyp muß durch zusätzliches Customizing und durch andere Anpassungsmaßnahmen fortlaufend verbessert werden und immer stärker an die Erfordernisse einer optimalen Lösung angepasst werden. Das bedeutet, daß eine ganze **Reihe von Prototypen** im Fortgang des Projektes nach dem ersten Prototyp entsteht.

Da integrierte Standardsoftware nicht unbegrenzt an die betrieblichen Anforderungen anpassbar ist, ergibt sich beim Prototyping aber oft sehr schnell die **Entscheidungsnotwendigkeit**:

- Verzicht auf weitere Anpassungen
- Funktionserweiterungen oder -modifikationen durch Programmerweiterungen oder Neuprogrammierung.

Mit Erweiterungen und Modifikationen sollte jedoch sparsam umgegangen werden, da sie das Projekt erheblich verteuern, verzögern, erschweren und beschweren können.

Der Vorgang des Prototyping ist dann abschlossen, wenn es für den vorliegenden Prototypen keine Änderungserfordernisse mehr gibt. Da dies ein seltender Fall ist, muß durch eine straffe Projektführung dafür gesorgt werden, daß das Prototyping zu einem definierten Ende geführt wird.

Liegt der den Endtest bestandene Prototyp vor, so ist eine **Einführungsentscheidung** zu treffen. Ist das erfolgt und sind auch die Maßnahmen der Prozesssicherung abgeschlossen, so kann die Projekteinführung erfolgen.

4. Kontinuierlicher Verbesserungsprozess

Durch das Redesign von Geschäftsprozessen können erhebliche Verbesserungen erreicht werden. Quantensprünge sind erreichbar! Viele Beispiele können dafür angezogen werden.

Das bedeutet aber nicht, daß damit auch in jeder Hinsicht optimale Geschäftsprozesse erreicht wurden. Vielmehr werden auch diese neuen Geschäftsprozesse verbesserungsfähig sein, denn nicht jedem Aspekt wird weder beim

- radikalen Redesign noch beim
- softwarebezogenen Redesign noch beim
- radikalen Redesign, das anschließend mit einem softwarebezogenen Redesign realisiert wurde,

Optimalität verliehen worden sein. Es werden danach noch weitere Verbesserungen möglich und nötig sein. Diese Verbesserungen können mit dem „**Kontinuierlichen Verbesserungsprozess**“ (KVP) erreicht werden.

Das Verfahren des kontinuierlichen Verbesserungsprozess kann aber auch eingesetzt werden, wenn weder ein radikales noch ein softwarebezogenes Redesign vorausgegangen ist. Dieses Organisationsverfahren sollte in jedem Fall genutzt werden.

Während bei den anderen Verfahren grundlegende Prozessveränderungen angestrebt werden, ist hier das Ziel eine stetige Prozessverbesserung. Also ein Verfahren, das viele Einzelverbesserungen anstrebt.

Kontinuierlicher Verbesserungsprozess - Definition:

Prozessoptimierung durch moderierte Prozessmitarbeitergruppen.

Selbstverständlich können Schwachstellen oder Defekte der durch das Redesign erarbeiteten, neuen Geschäftsprozesse auch durch neue Projekte beseitigt werden. Bei **größeren Veränderungsnotwendigkeiten** wird man in der Regel auch diese Alternative wählen.

Für die erforderliche Reihe von **Einzelverbesserungen** sollte aber der kontinuierliche Verbesserungsprozess gewählt werden, weil er für diese Einzelverbesserungen ein angemessenes und gutgeeignetes Organisationsverfahren ist.

Zum Einsatz des kontinuierlichen Verbesserungsprozess sind verschiedene **Merkmale** zu betrachten:

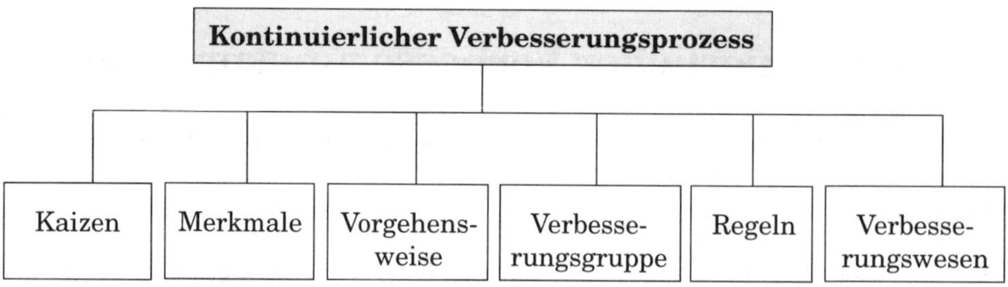

Zunächst steht die Entwicklung dieses Organisationsverfahrens im Mittelpunkt.

4.1 Kaizen

„Verbesserung“ ist die deutsche Übersetzung dieses japanischen Wortes. Kaizen ist jedoch mehr als die Verbesserung von Prozessen, Produkten, Projekten usw. Kaizen ist eine umfassende Managementtechnik:

Kaizen - Definition von *Imai*:

Ständiger Verbesserungsprozess unter Einbezug aller Mitarbeiter und Führungskräfte.

Basis von Kaizen ist die Annahme, daß alle menschlichen Bereiche, also auch die Unternehmen, einer ständigen Verbesserung bedürfen. Das Bessere muß das Gute verdrängen!

Dazu sind alle Mitarbeiter nicht nur aufgerufen, sondern sie sind aktiv an diesem Verbesserungsprozess der kleinen Schritte zu beteiligen. Ergebnis dieses Verbesserungsprozesses sind folglich nicht große Innovationen. Diese müssen durch das radikale oder das softwarebezogene Redesign erreicht werden.

Wesentliche **Kennzeichen** von Kaizen sind:

- Unternehmenskultur, die weit über eine Managementtechnik hinausgeht
- Die Mitarbeiter sind in jeden Verbesserungsprozess einzubeziehen
- Im Mittelpunkt jedes Verbesserungsprozesses stehen die Geschäftsprozesse
- Verbesserungen sind immer kundenorientiert vorzunehmen und müssen zu größerer Kundenzufriedenheit führen
- In Kaizen werden alle erfolgsversprechenden Verbesserungsverfahren einbezogen wie beispielsweise:

  - Quality Management System (QMS)
  - Total Quality Management (TQM)
  - Null Fehler Programm (ZDP)
  - Just in Time (JiT)
  - Kanban
  - Betriebliches Vorschlagswesen (BVW).

Der kontinuierliche Verbesserungsprozess ist eine Übertragung von Kaizen auf die westlichen Unternehmen.

4.2 Merkmale

Wie Kaizen ist der kontinuierliche Verbesserungsprozess mehr als nur eine Organisationsmethode. Sie umfaßt auch ein besonderes Verbesserungsbewußtsein mit der dazu notwendigen Verbesserungsmotivation. Sie bezieht systematisch die Mitarbeiter in den Verbesserungsprozess ein.

Die Definition des kontinuierlichen Verbesserungsprozesses als Prozessoptimierung durch moderierte Prozessmitarbeitergruppen ist durch mehrere **Merkmale** gekennzeichnet:

- Im Fokus aller Betrachtungen stehen die Geschäftsprozesse.
- Die Optimierung der Prozesse ist durch möglichst viele Einzelverbesserungen anzustreben.
- Die von der Verbesserungsgruppe erkannten Mängel und Schwachstellen sind die Aufgabenstellung.
- Diese Verbesserungen sind von den Verbesserungsgruppen auszuarbeiten und einzuführen.

- Die Verbesserungsgruppen sind soweit wie notwendig von Fachleuten zu betreuen und zu unterstützen.
- Die Verbesserungen sind kontinuierlich von den Mitarbeitergruppen anzustreben.

Sind größere Redesignaufgaben zu lösen, so wird man in aller Regel ein **Projekt** aufsetzen, bei dem eine **Projektgruppe** die Arbeit ausführt.

Beide Organisationsverfahren unterscheiden sich in mehreren **Merkmalen**:

Merkmal	**Projektgruppenredesign**	**Kontinuierlicher Verbesserungsprozess**
Aufgabe	Großverbesserungen	Einzelverbesserungen
Aufgabenträger	Projektgruppe	Verbesserungsgruppe
Personal	Projektmitarbeiter und Projektleiter	Prozessmitarbeiter und Moderatoren
Arbeitsart	Hauptamtlich	Nebenamtlich
Einsatzart	Fallweise	Kontinuierlich
Arbeitsumfang	Vollzeit	Teilzeit
Dauer	Begrenzt	Unbegrenzt
Unterstützung	Keine erforderlich, da Fachleute eingesetzt werden	Betreuung und Unterstützung durch Fachleute und Moderatoren

4.3 Vorgehensweise

Die wesentlichen Aufgaben des kontinuierlichen Verbesserungsprozesses sind:

(1) **Erkennung von Verbesserungsmöglichkeiten**

Da die Prozessmitarbeiter täglich unmittelbar mit ihrem Geschäftsprozess befaßt sind, erleben sie alle Vorzüge und Schwachstellen direkt „am eigenen Leib". Sie haben folglich eine ganz andere Erkennungs- und Beurteilungsmöglichkeit im Vergleich zu Organisatoren.

Jedoch tritt zunehmend eine gewisse Betriebs- und Prozessblindheit bei den Prozessmitarbeitern auf, welche die Schwachstellenerkennung vermindert.

Durch die kritische Beobachtung des Geschäftsprozesses werden ermittelt:

- Zielabweichungen
- Schwachstellen
- Mängel
- Probleme
- Neue Bedürfnisse
- Verbesserungsmöglichkeiten.

(2) **Ermittlung von Verbesserungsalternativen**

Das Erkennen einer Schwachstelle erfolgt oftmals indirekt: Durch eine bessere Lösung wird erkannt, daß eine Schwachstelle vorliegt. Hier liegt folglich bereits eine Verbesserungsalternative vor. Ansonsten sind Verbesserungsalternativen systematisch zu suchen:

- Befragung von Fachleuten
- Quellenauswertung
- Lösungen anderer Unternehmen
- Systematische Erarbeitung
- Intuition

(3) **Auswahl der optimalen Verbesserungsalternative**

Die ermittelten Lösungsalternativen sind zu prüfen und die optimale Lösung ist auszuwählen. Das kann durch den direkten Vergleich oder mit Hilfe von Beurteilungsverfahren wie ein Kostenvergleich oder eine Nutzwertanalyse erfolgen.

(4) **Ausarbeitung der Prozessverbesserung**

Die ausgewählte Verbesserungsalternative ist nun auszuarbeiten und in allen Details festzulegen. Dazu kann es notwendig sein, entsprechende Fachleute einzuschalten, die entweder beratend tätig werden oder welche die Ausarbeitung teilweise oder vollständig vornehmen.

(5) **Entscheidung über die erarbeitete Verbesserung**

Nach Vorliegen der ausgearbeiteten Verbesserung ist zu entscheiden, ob die Verbesserung eingeführt werden soll oder ob davon abgesehen wird. Diese Einführungsentscheidung kann entweder autonom von der Mitarbeitergruppe getroffen werden oder sie wird gemeinsam mit dem Prozessmanager oder der Geschäftsleitung getroffen. Entsprechende **Entscheidungsvorgaben** sind oftmals in Unternehmen vorzufinden bzw. sind den Verbesserungsgruppen vorzuschreiben.

(6) **Einführung der Verbesserungslösung**

Die Verbesserung kann häufig direkt von der Mitarbeitergruppe eingeführt werden. Sie hat somit auch unmittelbar die Möglichkeit, die Auswirkungen der Verbesserung zu erkennen. Sie kann gegebenfalls korrigierend eingreifen.

Die Verbesserungsgruppen machen regelmäßig ihre **Gruppensitzungen**: Wöchentlich werden eine oder zwei Besprechungen durchgeführt und die Aufgaben besprochen und Aufträge an Gruppenmitglieder und Externe erteilt. Die Ergebnisse werden besprochen und beurteilt und das weitere Vorgehen abgestimmt.

Da die kontinuierliche Verbesserungsarbeit nur mit einem geringen Arbeitszeitanteil geleistet werden kann, ist der Ergebnisumfang begrenzt. Durch das andauernde, stetige Bemühen werden aber trotzdem im Laufe der Zeit oftmals erhebliche Verbesserungen erreicht. Die Qualität der Verbesserungen bestimmt insbesondere den Erfolg des kontinuierlichen Verbesserungsprozesses.

4.4 Verbesserungsgruppe

Im kontinuierlichen Verbesserungsprozess setzen sich die Verbesserungsgruppen aus Prozessmitarbeitern und einem oder auch mehreren Moderatoren zusammen. Beteiligt sind am Verbesserungsprozess folgende Mitarbeiter:

- **Prozessmitarbeiter**

  In mitarbeitergeringen Geschäftsprozessen sind üblicherweise alle Mitarbeiter in der Verbesserungsgruppe beteiligt. Bei umfangreichen Geschäftsprozessen sind es entweder ausgewählte oder die besonders interessierten Prozessmitarbeiter, welche in der Verbesserungsgruppe tätig sind.

  In einem umfangreichen Geschäftsprozess können auch mehrere Verbesserungsgruppen eingerichtet werden, die unterschiedliche Verbesserungen bearbeiten.

- **Gruppenmoderator**

  Jeder Verbesserungsgruppe werden üblicherweise ein oder auch mehrere Gruppenmoderatoren zugeordnet. Ihre Aufgaben sind:

  - Betreuung der Verbesserungsarbeit
  - Coaching der Gruppenmitarbeiter
  - Steuerung der Gruppenarbeit
  - Hilfestellung und Hilfeeinholung.

  Gruppenmoderatoren sind keine Gruppenleiter und damit auch nicht die Vorgesetzten der Gruppenmitarbeiter. Genausowenig sollten Vorgesetzte eine Funktion als Moderator übernehmen.

- **Prozessmanager**

  In den kontinuierlichen Verbesserungsprozess sind Prozessmanager nicht direkt eingebunden. Sie können jedoch am Entscheidungsprozess beteiligt werden. In den Entscheidungsvorgaben ist ihre Einbindung zu regeln.

- **Fachleute**

  Bei Bedarf werden interne oder externe Fachleute für bestimmte Verbesserungen hinzugezogen und mit definierten Aufgaben betraut. Sie gehören nicht der Verbesserungsgruppe an.

Für die **Gruppengröße** wird eine Zahl von 4 bis 10 Mitarbeitern genannt, um möglichst effizient arbeiten zu können.

Die Gruppengröße wird von mehreren Faktoren bestimmt werden müssen:

- Zahl der Mitarbeiter im Geschäftsprozess
- Komplexität des Geschäftsprozesses
- Zahl der geeigneten und mitarbeitsinteressierten Mitarbeiter

Für Mitarbeiter in Verbesserungsgruppen wird nach *Heeg* eine ganze Reihe von **Eigenschaften** gefordert:

- Lernfähigkeit und -bereitschaft
- Geistige Beweglichkeit und schöpferische Phantasie
- Informationsverarbeitungskapazität
- Aufgeschlossenheit gegenüber neuen Ideen
- Kritikfähigkeit und Kritikverarbeitungsfähigkeit
- Positive innere Einstellung.

Für die Gruppenarbeit sprechen insbesondere Motivationseffekte, gegenseitige Lernmöglichkeiten, Gruppenkreativität und soziale Unterstützung durch die Gruppe.

Nachteilig wird bei Verbesserungsgruppen der nicht unerhebliche Arbeitsaufwand für die Gruppenarbeit gesehen.

4.5 Regeln

Für kontinuierliche Verbesserungsprozesse wurden einige plakative Regeln aufgestellt:

KVP – Regeln
1. Der kontinuierliche Verbesserungsprozess macht Betroffene zu Mittätern.
2. Hilfe zur Selbsthilfe ist das Motto des kontinuierlichen Verbesserungsprozesses.
3. Das herkömmliche Denken muß aufgegeben werden.
4. Es ist darüber nachzudenken, wie etwas besser gemacht werden kann und nicht gefragt werden, warum es nicht gemacht werden kann.
5. Eine 50%-Lösung sofort ist besser als eine 100%-Lösung nie.
6. Die Kundenwünsche sind wichtiger wie die Mitarbeitervorlieben.
7. Alle an einer Verbesserung Beteiligten müssen Anerkennung erhalten.

In den kontinuierlichen Verbesserungsprozess sollte das betriebliche Vorschlagswesen einbezogen werden, damit die Verbesserungsideen aller Mitarbeiter für den Verbesserungsprozess zur Verfügung stehen.

4.6 Betriebliches Vorschlagswesen

Auch in die Prozessorganisation sind die bewährten und klassischen Verfahren der Organisation einzubeziehen. Eine dieser bewährten Einrichtungen ist das betriebliche Vorschlagswesen (BVW).

„Niemand ist so klug wie alle" ist das Motto des betrieblichen Vorschlagswesens. Hiermit wird versucht, alle Mitarbeiter in den kontinuierlichen Verbesserungsprozess einzubeziehen.

Das klassische betriebliche Vorschlagswesen hat jedoch einige **Schwachstellen**, die für den kontinuierlichen Verbesserungsprozess ausgemerzt werden sollten:

- Das Erfordernis, einen **schriftlichen** Verbesserungsvorschlag einreichen zu müssen, schreckt viele Ideengeber ab, da sie nicht zur schriftlichen Ausarbeitung kommen. Deswegen sind Verbesserungssprechstunden einzurichten, in denen die Verbesserungsideen auch mündlich vorgestellt werden können.

- Oftmals wird nur eine **Schwachstelle** erkannt, ohne daß der Erkenner bereits eine Verbesserung vorschlagen könnte. Auch das Erkennen von Schwachstellen kann wertvoll sein. Deswegen sollte auch dafür eine Prämierung vorgesehen werden.

- Für Verbesserungsvorschläge, die den **eigenen** Arbeitsplatz oder den Geschäftsprozess betreffen, in welchem der Mitarbeiter tätig ist, sollten ebenfalls Erfolgsprämien für Verbesserungen bezahlt werden.

Zum kontinuierlichen Verbesserungsprozess sollte das betriebliche Vorschlagswesen aktiviert werden und die Zahl der eingereichten Verbesserungsvorschläge sollte durch intensive Werbung deutlich gesteigert werden.

F. Prozessicherung

Zeitlich parallel zur Durchführung solcher Aufgaben wie

- Prozessrealisierung,
- Customizing und
- Prototypentest

sollte eine Reihe von Aufgaben zur Sicherung der Prozessorganisation ausgeführt werden. Diese Aufgaben müssen noch vor der Einführung der neuen Prozessorganisation erledigt worden sein.

Prozessicherung - Definition:

Begleitende Maßnahmen zur Gewährleistung des Erfolges der Prozessorganisation.

Besonders bedeutsam zur Prozessicherung sind mehrere **Maßnahmenbereiche**:

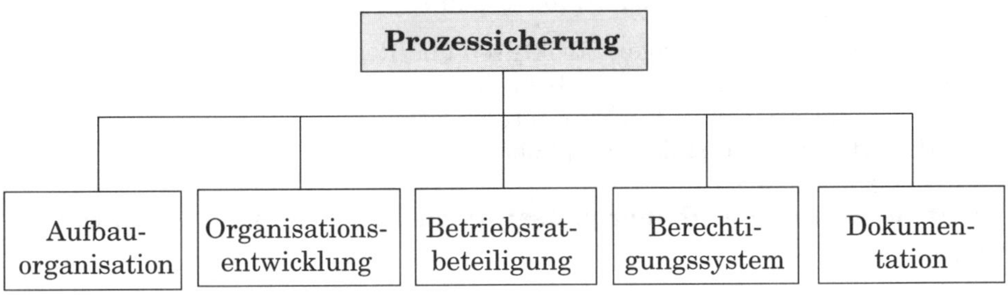

Nach Ausführung der Maßnahmen zur Prozessicherung kann mit der Prozesseinführung begonnen werden.

1. Aufbauorganisation

Eine der zentralen Forderungen der Prozessorganisation ist die Unterordnung der Aufbauorganisation unter die Anforderungen der Prozessorganisation. Das bedeutet, daß die Aufbauorganistion so zu gestalten ist, wie es für die optimale Durchführung der Geschäftsprozesse erforderlich ist.

Deswegen wurde ein Grundsatz von der Prozessorganisation zur Strukturierung von Unternehmen aufgestellt:

Ein Prozess = Eine Abteilung

Da es aber einem Kunden nicht zumutbar ist, daß er mit mehreren unterschiedlichen Abteilungen zu tun hat, ist es notwendig, ihm einen einzigen Ansprechpartner zuzuordnen. Außerdem sollte dieser Ansprechpartner Kenntnisse und Erfahrungen der Kundenbranche besitzen.

Deswegen sind alle Prozesse, die eine Kundengruppe betreffen, zu bündeln. Jedem Kunden wird ein **Caseworker** oder ein **Caseteam** zur Ausführung seiner Aufgaben, Aufträge, Wünsche usw. zugeordnet:

Ein Kunde = Ein Caseworker bzw. Caseteam

Die Caseworker bzw. die Caseteams sind wieder in einer Organisationseinheit zu bündeln. Das erfolgt mit einer der Organisationseinheiten, die üblicherweise als „Center“ oder „Unit“ bezeichnet werden:

Alle Caseworker bzw. Caseteams = Ein Center

Zur prozessualen Gestaltung der Aufbauorganisation genügt die Einhaltung dieser Grundsätze noch nicht. Auch die anderen relevanten Forderungen der Prozessorganisation müssen bei der Aufbauorganisation gelten:

- Infragestellen aller bisherigen Strukturen und Regeln
- Entscheidungen werden auf der Ebene der Casemitarbeiter getroffen
- Prozessorganisation statt Funktionsorganisation
- Kundenzufriedenheit ist das Hauptziel.

Für die **prozessuale Aufbauorganisation** sind mehrere Aspekte betrachtenswert:

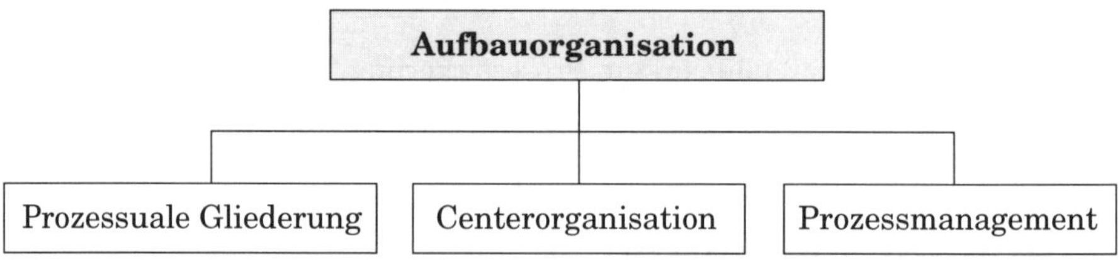

Die prozessuale Ausrichtung der Aufbauorganisation hat neue Organisationsformen einführen lassen, die bisher nur in ganz seltenen Ausnahmefällen in deutschen Unternehmen benutzt wurden.

1.1 Prozessuale Gliederung

Die Ausrichtung der Geschäftsprozesse auf die Kunden und die Bestrebungen, die Kunden soweit wie möglich zufriedenzustellen, macht es erforderlich, zunächst die verschiedenen **Kundenarten** zu unterscheiden, denn Kunden sind im Sinne des

Business Reengineerings nicht nur die Abnehmer von Erzeugnissen, sondern alle mit dem Unternehmen zusammenarbeitende Partner:

- Kunden für die Abnahme von Erzeugnissen, Dienstleistungen, Rechten usw.
- Lieferanten für die Beschaffung von Materialien, Baugruppen, Handelsware, Büromaterial usw.
- Finanzdienstleister wie Banken, Versicherungen, Makler usw.
- Mitarbeiter wie Arbeitnehmer, Auszubildende, Vertreter usw.

Für jede dieser Kundenarten ist eine kleinere oder größere Zahl von **Geschäftsprozessen** zu gestalten, so beispielsweise für die „Kunden" im klassischen Wortsinn:

- Werbung und Kaufvorbereitungsmaßnahmen
- Kaufabschluss und Auftragsbearbeitung
- Warenlieferung und Inbetriebnahme
- Bearbeitungen von Reklamationen und Garantieleistungen
- Durchführung von Wartungs- und Reparaturarbeiten
- Wissens- und Knowhowvermittlung an Kundenmitarbeiter
- Versorgung mit Ersatzteilen, Verschleißteilen usw.
- Zurverfügungstellung von Nachweisen, Zeugnissen, Zertifikaten usw.

Diese prozessuale Betrachtung bedingt für die Aufbauorganisation eine zusätzliche Gliederungsmöglichkeit für die Unternehmen.

In der Vergangenheit wurden Unternehmen insbesondere nach folgenden **Gliederungsarten** aufgebaut:

- **Funktionale Gliederung**

  Nach Tätigkeitsarten, also Funktionen, erfolgt hier die Strukturierung des Unternehmens:

  - Fertigung
  - Vertrieb
  - Verwaltung usw.

  Zu den typischen Organisationsformen, die funktional gegliedert sind, zählen beispielsweise:

  - Linienorganisation
  - Stablinienorganisation
  - Produktmanagement
  - Projektmanagement.

  Im Band „Aufbauorganisation" dieser Reihe wird ausführlich auf die Organisationsformen eingegangen.

- **Produktionale Gliederung**

  Diese Gliederungsart unterscheidet nach Erzeugnissen, Erzeugnisbereichen, Erzeugnisgruppen usw. Unternehmen sind hier folglich strukturiert in

  – Produktgruppe A, z. B. PKW
  – Produktgruppe B, z. B. LKW
  – Produktgruppe C, z. B. Busse usw.

  Auch bei der produktionalen Gliederungsart gibt es eine Reihe von Organisationsformen, die vornehmlich von Großunternehmen gewählt werden:

  – Divisionalorganisation
  – Matrixorganisation
  – Tensororganisation.

- **Regionale Gliederung**

  Die Gliederung eines Unternehmens erfolgt dabei nach geografischen oder geopolitischen Gesichtpunkten wie Kontinent, Land, Wirtschaftsraum, Bereich, Stadt usw. Unternehmen sind hier beispielsweise in solchen Einheiten strukturiert wie

  – Rhein - Ruhr
  – Rhein - Main
  – Rhein - Neckar usw.

- **Personale Gliederung**

  Die Strukturierung des Unternehmens erfolgt in dieser Organisationsform nach den beteiligten Personen, also beispielsweise Eigentümer, Aufsichtsräte, Geschäftführer usw. Die Macht und der Willen der beteiligten Personen und nicht sachliche Gesichtspunkte bestimmt hier oft die Struktur des Unternehmens.

Zu diesen gängigen Gliederungsarten von Unternehmen kommt nun ein weiteres Gliederungskriterium: Der **Geschäftsprozess**. Man spricht dabei von einer **prozessualen Gliederung**.

Bei der prozessualen Gliederung sind vornehmlich zwei Organisationsformen zu unterscheiden:

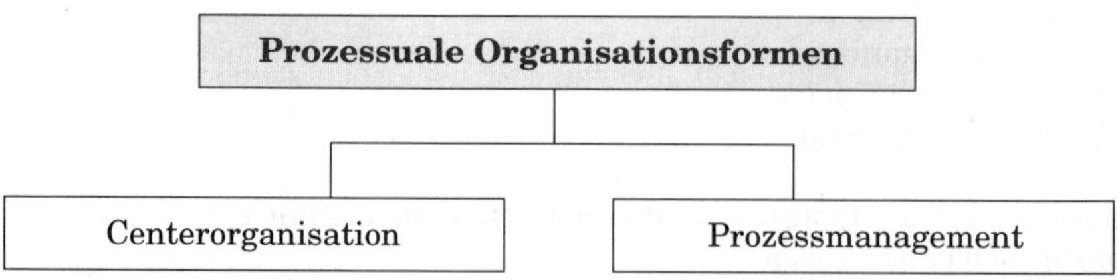

Durch die Prozessorganisation, das Business Reengineering, erweitert sich damit die Palette der Organisationsmodelle für die Aufbauorganisation:

Modell-art / Gliederungs-art	Einlinienmodelle	Mehrlinienmodelle
Funktional	Linienorganisation Stablinienorganisation	Produktmanagement Projektmanagement
Produktional	Divisionalorganisation	Matrixorganisation Tensororganisation
Prozessual	Centerorganisation	Prozessmanagement

Abb. F01: Modell der Organisationsformen

Beide Organisationsformen der Prozessorganisation realisieren die Gestaltung der Aufbauorganisation nach Geschäftsprozessen jedoch in unterschiedlicher Ausprägung. Während in der Centerorganisation die Grundsätze der Prozessorganisation vollständig realisiert werden, ist beim Prozessmanagement nur eine einzige prozessuale Komponente ausgeprägt.

1.2 Centerorganisation

Nach dem genannten Grundsatz „Alle Caseworker bzw. -teams = ein Center" ist für jede Kundengruppe eine Organisationseinheit einzurichten. Damit werden mehrere unterschiedliche Geschäftsprozesse in einer Organisationseinheit zusammengefaßt, wenn sie auf die gleichen Kunden oder Kundengruppen ausgerichtet sind.

Ansprechpartner und Erlediger der Kundenwünsche können sein:

- **Caseworker**

  Alle Belange eines Kunden werden von einem einzigen Mitarbeiter abgedeckt. Im deutschen Sprachraum wird dabei häufig von einem „**Kundenbeauftragten**" gesprochen. Selbstverständlich bearbeitet ein Kundenbeauftragter nicht nur einen Kunden, sondern in Abhängigkeit des Kapazitätsbedarfes eine unterschiedliche Zahl von Kunden.

- **Caseteam**

  Werden zur Betreuung eines Kunden nicht nur ein Mitarbeiter, sondern mehrere Mitarbeiter mit unterschiedlichen Aufgaben und Fähigkeiten benötigt, so werden diese Mitarbeiter in einem Caseteam zusammengefaßt. Beispielsweise können das in einem Softwarehaus sein:

- Kundenbetreuer
- Anwendungsberater
- Systemanalytiker
- Anwendungsprogrammierer.

Hier wird dabei oftmals von einem „**Kundenteam**“ gesprochen. Auch dabei gilt wieder, daß ein Kundenteam mehrere Kunden betreut. Häufig werden die Kundenteams nach Branchen oder nach Kundenarten gegliedert. Ein Kundenteam ist dann auf alle Kunden einer Branche oder einer Kundenart ausgerichtet.

Alle Kundenberater oder die Kundenteams, die eine Kundengruppe betreuen, sind in einer Organisationseinheit zusammengefaßt. Diese Organisationseinheit wird in der Regel als „**Center**“ oder „Unit“ bezeichnet:

- Kundencenter
- Lieferantencenter
- Finanzcenter
- Mitarbeitercenter usw.

Hinzu kommt das **Fertigungscenter** in Industrieunternehmen und ein **Supportcenter**, das solche Aufgaben ausführt wie:

- Controlling
- Rechnungswesen
- Personalwesen
- Informatik
- Organisation.

In Industrieunternehmen ist manchmal noch ein Entwicklungs- oder Konstruktionscenter vorhanden.

In der folgenden Abbildung ist ein Beispiel für eine Centerorganisation dargestellt:

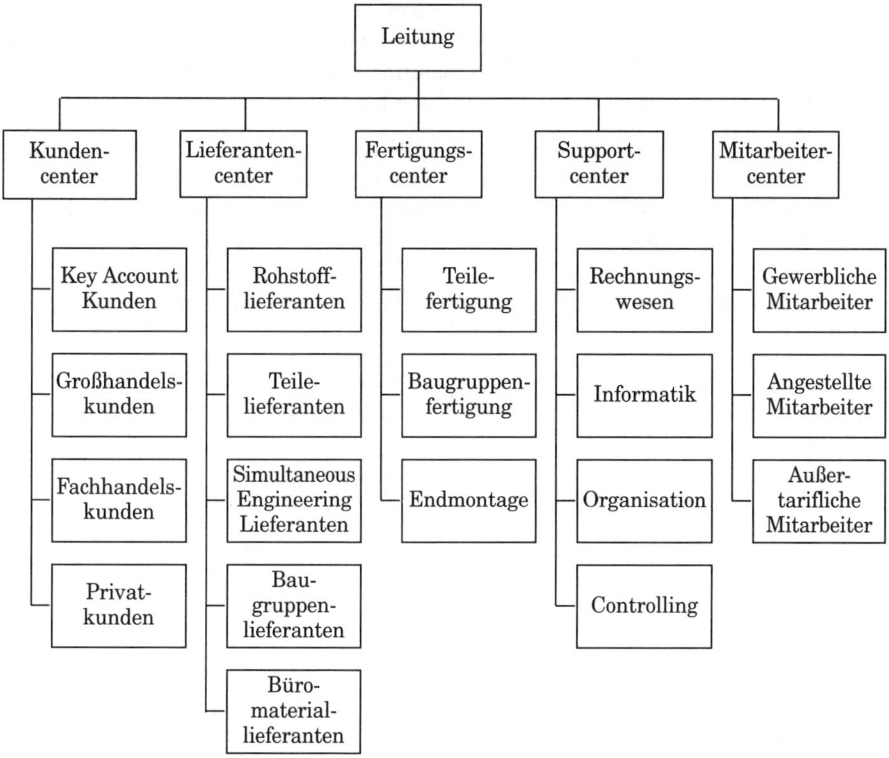

Abb. F02: Centerorganisation

Obwohl bisher keine Untersuchungsergebnisse oder Statistiken über den Einsatz der Centerorganisation in Deutschland vorliegen, ist zu erkennen, daß dieses Organisationsmodell zunehmend in die Aufbauorganisation Eingang findet.

1.3 Prozessmanagement

Das ideale Organisationsmodell für die Prozessorganisation, die Centerorganisation, kann oftmals trotz eines erfolgreichen Projektes

- des radikalen Redesigns und/oder
- des softwarebezogenen Redesigns

nicht erreicht oder durchgesetzt werden. Die **Gründe** dafür können unterschiedlicher Art sein, so beispielsweise

- Machtverhältnisse bei Eigentümern und Management
- Fehlende Einsichten und Einstellungen
- Veränderungsfeindlichkeit und Gewohnheitsstärke
- Historie und Entwicklung des Unternehmens
- Rücksichtnahme auf erfolgreiche und verdiente Manager

Um trotzdem die Prozessorganisationsmerkmale zumindest begrenzt in die Aufbauorganisation einzubringen, wird manchmal die Lösung gewählt für die Kerngeschäftsprozesse verantwortliche **Prozessmanager** einzusetzen, die für die Abwicklung ihrer Geschäftsprozesse zuständig sind.

Analog zu den Produktmanagern sind die Prozessmanager für ihre Geschäftsprozesse zuständig und damit auch verantwortlich, ohne daß damit aber die funktionalen Organisationseinheiten aufgegeben werden würden. Die Prozessmanager müssen mit den Funktionalmanagern zusammenarbeiten.

Für die **Mitarbeiter** bedeutet der Einsatz von Prozessmanagern zusätzlich zu den Funktionalmanagern:

- Zwei oder mehrere Vorgesetzte mit der daraus resultierenden Konfliktgefahr
- Abgrenzungsnotwendigkeit im Hinblick auf Aufgaben, Befugnisse und Verantwortung
- Prioritätsprobleme bei Anforderungen durch mehrere Vorgesetzte
- Lange Entscheidungsdauer bei der Notwendigkeit von Kollektiventscheidungen.

Diese Zusammenarbeit zwischen Prozess- und Funktionalmanagern kann im Hinblick auf die Entscheidungsbefugnisse unterschiedlich gestaltet werden:

- **Vollkompetenter Prozessmanager**

  Diese Art von Prozessmanager besitzt für seinen oder seine Geschäftsprozesse **Alleinentscheidungsrecht**. Die Funktionalmanager haben hier folglich im Hinblick auf die Geschäftsprozesse nur ein Mitspracherecht. Bei allen Entscheidungsnotwendigkeiten entscheiden die Funktionalmanager souverän.

  Daß diese Organisationsform natürlich besonders konfliktträchtig ist, braucht nicht besonders betont zu werden.

- **Teilkompetenter Prozessmanager**

  Diese Prozessmanager sind wohl für ihre Geschäftsprozesse zuständig, aber haben kein Alleinentscheidungsrecht. Vielmehr besitzen sie nur ein **Mitentscheidungsrecht**. Nur gemeinsam mit dem oder den zuständigen Funktionalmanagern können hier verbindliche Entscheidungen getroffen werden.

  Dieses Mitentscheidungsrecht bedingt ebenfalls eine Reihe von weiteren Nachteilen:

  - Langwieriger Entscheidungsprozess
  - Unterschiedliche Betrachtungssichten: Prozessual und funktional
  - Gefahr des Aussitzens von Entscheidungskonflikten
  - Verzicht auf die Prozessorganisationsvorteile durch Überbetonung der funktionalen Aspekte.

Prozessmanager können für einen oder auch für mehrere Geschäftsprozesse zuständig sein. Auf keinen Fall wird man jedoch für alle Geschäftsprozesse Prozessmanager einsetzen. Sie werden ausschließlich für die Kernprozesse zuständig sein.

Aber für besonders wichtige Prozesse können jeweils **Prozessmanager** tätig werden, so beispielsweise:

- Kundenprozessmanager
- Planungsprozessmanager
- Materialprozessmanager
- Controllingprozessmanager usw.

In der nachfolgenden Abbildung ist diese Art des Prozessmanagements ausgewiesen:

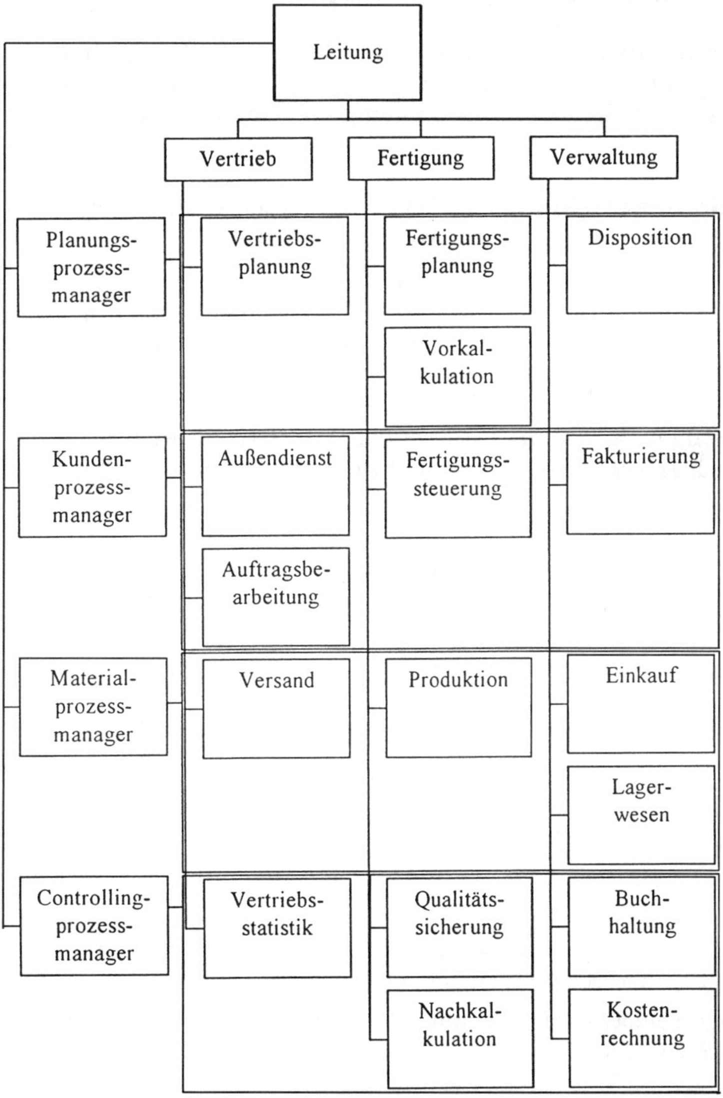

Abb. F03: Prozessmanagement

Obwohl das Prozessmanagement keine Ideallösung für die Aufbauorganisation bei der Prozessorganisation der Abläufe darstellt, ist dieses Organisationsmodell zumindest ein zu diskutierender Lösungsansatz für die Aufbauorganisation des Business Reengineerings, wenn es nicht möglich ist, eine Centerorganisation durchzusetzen.

2. Organisationsentwicklung

Mit der Organisationsentwicklung (OE) bzw. dem Changemanagement wird angestrebt, neue Organisationslösungen bei den und durch die Mitarbeiter dadurch abzusichern, daß deren Zustimmung und Unterstützung zu erreichen versucht wird:

Organisationsentwicklung - Definition der Gesellschaft für Organisationsentwicklung (GOE):

Längerfristig angelegter, organisationsumfassender Entwicklungs- und Veränderungsprozess von Organisationen und der in ihr tätigen Mitarbeiter.

Um die Zustimmung und die Unterstützung für Organisationslösungen zu erreichen, ist nach *Trebesch* eine Reihe von Erfordernissen für die Mitarbeiter notwendig:

- Überzeugende Organisationslösung
- Weitgehende Information der Mitarbeiter
- Fachliche Fortbildungsmöglichkeit
- Möglichkeit zum Erfahrungserwerb über die neue Lösung
- Berufliche Entwicklungsmöglichkeit.

Bei der Prozessorganisation ist die Organisationsentwicklung eine wesentliche Prozessicherungsaufgabe. Die **Gründe** dafür sind mannigfaltig:

- Sowohl durch das radikale wie auch durch das softwarebezogene Redesign werden grundlegende Veränderungen durchgeführt.
- Von den Mitarbeitern werden durchgreifende Änderungen ihrer Arbeitsinhalte und -verfahren verlangt.
- Mit radikalen Organisationsänderungen gehen bei vielen Mitarbeitern vielfältige Ängst einher! Sie müssen bekämpft werden.
- Überzeugungsnotwendigkeit, daß nur noch der dauernde Wandel in Zukunft erfolgreich sein kann.

Zur Organisationsentwicklung sind mehrere **Aspekte** zu betrachten. Dabei ist zu beachten, daß die Organisationsentwicklung im Rahmen der Prozessorganisation natürlich auch eine eigenständige Prozessorganisation ist:

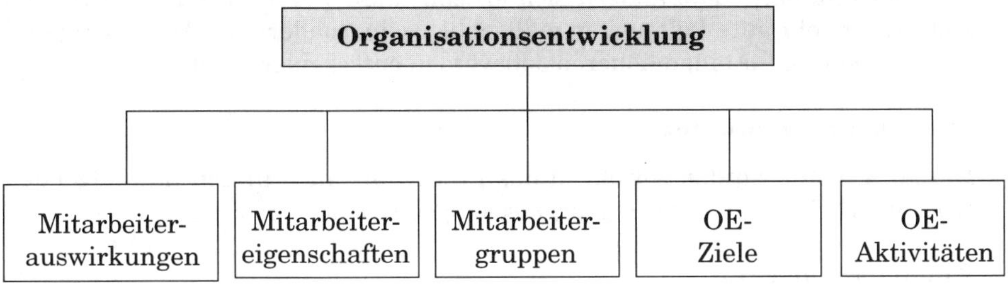

Bei der Organisationsentwicklung geht es nach einem bekannten Slogan nicht darum, die Mitarbeiter davon zu überzeugen, daß sie nicht härter, sondern daß sie **intelligenter** arbeiten müssen.

2.1 Mitarbeiterauswirkungen

Durch eine neue Prozessorganisation werden die Mitarbeiter in vielfältiger Weise beeinflußt. Für die Mitarbeiter ergeben sich oftmals folgende Auswirkungen:

- **Arbeitsänderungen**

  Die Arbeitsbereiche der Mitarbeiter verändern sich. So können ihnen neue Arbeitsaufgaben übertragen werden oder der Arbeitsbereich kann um zusätzliche Aufgaben angereichert werden. In aller Regel ändern sich die Arbeitsverfahren, mit andersartiger Software muß gearbeitet werden, die auch eine andere Benutzeroberfläche haben kann.

- **Vorgesetztenänderung**

  Nicht nur daß sich der oder die Vorgesetzten ändern können, es kann sich auch ergeben, daß nun zwei verschiedenartige Vorgesetzte zuständig sind: Geschäftsprozessmanager und Funktionalmanager.

  Aber auch die Eigenschaften der Vorgesetzten und ihr Führungsstil sollte sich durch die Prozessorganisation verändern: Nicht Kontrolleure, Anweiser, Aufseher und Befehlsgeber sollten nun vorgesetzt sein, sondern Berater, Problemlöser, Coachs, Helfer und Tipgeber nehmen nun die Rolle des Vorgesetzten ein.

- **Wertewandel**

  Mit der Prozessorganisation geht auch ein Wertewandel einher. Die Beurteilungskriterien und -werte beispielsweise für Beförderungen, Gehaltserhöhungen, Einstellungen usw. ändern sich erheblich. So werden für Beförderungen nicht mehr sehr gute Leistungen maßgeblich sein, sondern die Ausbildung und die Fähigkeiten für einen höheren Job werden entscheidend sein.

- **Mitarbeitereinbindung**

  Die Mitarbeiter werden sowohl in das Projekt als auch in den nachfolgenden kontinuierlichen Verbesserungsprozess eingebunden.

- **Kundeneigenschaft**

  Mitarbeiter sind eine der Kundenarten im Rahmen der Prozessorganisation. Da die Prozessorganisation die Kundenfokussierung auf ihre Fahnen geschrieben hat, sind die mitarbeiterbezogenen Prozesse in der Betrachtung der Prozessorganisation Kernprozesse mit allen daraus resultierenden Auswirkungen.

- **Motivationsänderung**

  Von den Mitarbeitern wird erwartet, daß ein Bewußtseinswechsel erfolgt. Bisher tut der Mitarbeiter etwas, weil sein Vorgesetzter ihn dazu anweist. In Zukunft wird erwartet, daß der Mitarbeiter aktiv wird, weil er einen persönlichen Aktionsbedarf erkennt.

- **Beteiligungserfordernis**

  Von den Mitarbeitern wird erwartet, daß sie sich aktiv an der neuen Prozessorganisation beteiligen:

  - Bereitschaft zur Schulung und zum Training
  - Motivation zur Mitarbeit im kontinuierlichen Verbesserungsprozess
  - Erfahrungserwerb in den neuen Geschäftsprozessen
  - Mitwirkung beim Coaching und der Moderation der Veränderungsprozesse

Den Mitarbeitern muß aber auch verdeutlicht werden, welche **positiven Auswirkungen** die neue Prozessorganisation haben wird. Das kann beispielsweise sein:

- Bessere Arbeitsbedingungen bei besserem Unternehmens- und Mitarbeiterimage
- Keine Entlassungen durch die Prozessorganisation
- Keine Abgruppierungen auch bei Arbeitsplatzwechsel
- Einführung eines Prämiensystems für gute Leistungen zusätzlich zum bestehenden Entlohnungssystem
- Deutliche Abgrenzung zu erfolglosen Projekten der Vergangenheit
- Erweiterung der Mitarbeiterqualifikation durch Schulung und Training bedeutet bessere Berufschancen

- Mehr Entscheidungskompetenz und Verantwortung bei weniger Routinearbeit durch die Prozessorganisation.

Diesen Auswirkungen auf die Mitarbeiter durch die Prozessorganisation stehen die Mitarbeitereigenschaften gegenüber.

2.2 Mitarbeitereigenschaften

Viele Mitarbeiter sind im Hinblick auf die Veränderungen durch das Business Reengineering durch solche **Eigenschaften** und **Einsichten** gekennzeichnet wie beispielsweise:

- Gefühlsmäßige Ablehnung von Neuerungen
- Befürchtungen des Verlustes von Macht und Einfluss
- Mangelnde Identifikation mit dem Arbeitsplatz und mit dem Unternehmen
- Ängste im Hinblick auf Arbeitsplatzverlust und Einkommensminderungen
- Sorge, den Anforderungen der Schulung und des Trainings nicht zu genügen
- Anspruchsdenken und Forderungen auf Grund vergangener Verdienste
- Befürchtung des Zwanges, liebgewordene Gewohnheiten verlassen zu müssen
- Erwartung, größere Flexibilität und Reaktionsfähigkeit nicht beweisen zu können.

Aus diesen Eigenschaften und Einsichten vieler Mitarbeiter werden von ihnen bewußt und unbewußt Strategien entwickelt, um gegen solche Befürchtungen, Ängste und Sorgen anzugehen. Daraus resultieren dann **Mitarbeiterwirkungen** wie:

- Geringe Motivation für den Änderungsprozess
- Innere Kündigung mit den daraus sich ergebenden Wirkungen
- Behinderung der Umsetzung durch Dienst nach Vorschrift
- Festhalten an überholten, geschriebenen und ungeschriebenen Gesetzen
- Zusagen werden nicht eingehalten, wenn kein Zwang vorhanden ist
- Die bisherigen Gewohnheiten werden weiter gepflegt
- Die Leistungsbereitschaft wird deutlich vermindert
- Mit unwesentlichen Unzulänglichkeiten werden grundlegende Einwände begründet und abgelehnt
- Nach außen werden die Änderungen akzeptiert, aber bei jeder möglichen Gelegenheit wird dagegen angekämpft.

Bei älteren Mitarbeitern kommt noch hinzu, daß ihre Fähigkeiten gegenüber jüngeren Mitarbeitern gemindert sein können. John *Steinbeck,* der große amerikanische Dichter, meinte dazu: „Es liegt in der Natur des Menschen, daß er mit zunehmenden Alter gegen Veränderungen protestiert, insbesondere gegen den Wandel zum Besseren!“

2.3 Mitarbeitergruppen

Bei der Projektorganisation sind unterschiedliche Mitarbeitergruppen beteiligt, die dabei verschiedenartige Probleme haben und deswegen unterschiedlich behandelt werden müssen. Folgende **Hauptgruppen** sind zu unterscheiden:

- **Projektmitarbeiter**

  Die das Prozessorganisationsprojekt durchführenden Mitarbeiter bedürfen einer besonderen Betreuung, wie das beispielsweise für die Projektauslösung beschrieben wurde. Weiterhin sind sie in die Aktivitäten der Organisationsentwicklung einzubeziehen, damit sie mit den Gegebenheiten in den Fachabteilungen vertraut sind.

- **Prozessmitarbeiter**

  Den Mitarbeitern in den neuen Prozessen gilt natürlich das Hauptaugenmerk der Organisationsentwicklung. Für sie wird die Vielzahl der Aktivitäten durchgeführt.

- **Prozessmanager**

  Die Prozessmanager haben eine Doppelrolle im Rahmen der Organisationsentwicklung. Einerseits müssen sie Coach, Moderator und Motor für ihre Mitarbeiter sein, andererseits müssen sie auch als Subjekt in den Prozess der Organisationsentwicklung eingebunden werden.

- **KVP - Mitarbeiter**

  Die Mitarbeiter im kontinuierlichen Verbesserungsprozess brauchen eine besondere Betreuung, da sie später in die Rolle der Verbesserer eintreten sollen. Dazu brauchen sie spezielle Motivation, Kenntnisse und Knowhow.

- **Betriebsräte**

  Der Betriebsrat ist ebenfalls in die Organisationsentwicklung einzubeziehen, denn er hat bei der Prozessorganisation eine dreifache Rolle: Betreuungssubjekt, Mitgestalter der Organisationsentwicklung und Projektmitentscheider.

Für jede dieser Mitarbeitergruppen ist zu prüfen, welche Aktivitäten durch die Organisationsentwicklung für sie durchgeführt werden sollen. Dazu ist aber Voraussetzung, die Ziele der Organisationsentwicklung für das Unternehmen im Hinblick auf das Projekt festgelegt zu haben.

2.4 Entwicklungsziele

Voraussetzung zur Planung der Aktivitäten zur Organisationsentwicklung ist die Entscheidung über die Entwicklungsziele und ihrer Prioritäten:

Organisationsentwicklungsziele - Definition:

Bemühungsvorgaben zur Überzeugung der Mitarbeiter von den Vorteilen eines Projektes.

Von welchen Vorteilen sollen üblicherweise die Mitarbeiter bei der Projektdurchführung überzeugt werden:

- **Projektbedeutung**

  Die Bedeutung des Projektes muß allen Mitarbeitern verdeutlicht werden. Jeder Mitarbeiter muß sich klar darüber sein, daß es sich bei einem Business Reengineering Projekt nicht um ein Projekt unter vielen anderen Projekten handelt, sondern daß es sich hier um ein „Jahrhundertprojekt" handelt, das für die Zukunft des Unternehmens und damit auch für jeden Arbeitsplatz von entscheidender Bedeutung ist.

  Weiterhin muß jedem Mitarbeiter einsichtig sein, daß die gewählte Projektlösung optimal für das Unternehmen und für ihn persönlich ist.

- **Wertewandel**

  Jedem Mitarbeiter muß der Wandel der Werte durch die Prozessorganisation klar gemacht werden, also beispielsweise:

  - Für Beförderungen ist nicht mehr nur Leistung maßgeblich, sondern vornehmlich Kenntnisse, Fähigkeiten und Fertigkeiten
  - Gehaltserhöhungen werden durch ein Prämiensystem ersetzt
  - Die Lern- und Weiterbildungsbereitschaft hat einen deutlich höheren Stellenwert
  - Für Einstellungen sind andere Kriterien maßgeblich als bisher: Motivation, Engagement, Entscheidungsfähigkeit, Hilfsbereitschaft usw.
  - Die Mitarbeiterbeurteilung hat andere Kriterien und Gewichtungen
  - In Vorgesetzten sind nicht mehr Anweiser und Aufpasser, sondern Berater, Beistand und Betreuer, Helfer und Experten zu sehen.

- **Verhaltensänderung**

  Den Mitarbeitern muß nicht nur ein vielfältiger Wertewandel verdeutlicht werden, sondern auch die Notwendigkeit, ihre Verhaltensweisen zu ändern. Dazu zählt insbesondere:

- die Bereitschaft zur Übernahme von größerer Verantwortung;
- der Willen, den größeren Entscheidungsrahmen zielgerichtet zu nutzen;
- die Ausrichtung auf das Primat des Kunden und seiner Bedürfnisse;
- die Realisierung der neuen Gesetze, Grundsätze und Regeln;
- das Anspruchsdenken hintenan zu stellen und im Fokus die gemeinsamen Ziele zu sehen.

Sind die Ziele der Organisationsentwicklung bestimmt, können die Aktivitäten zur Erreichung dieser Ziele ermittelt und festgelegt werden.

2.5 Entwicklungsaktivitäten

Zur Organisationsentwicklung von Projekten wird nach *Beckhard/Harris* ein mehrgliedriges Vorgehen empfohlen, das mit Hilfe der nachstehenden Abbildung leicht nachvollzogen werden kann:

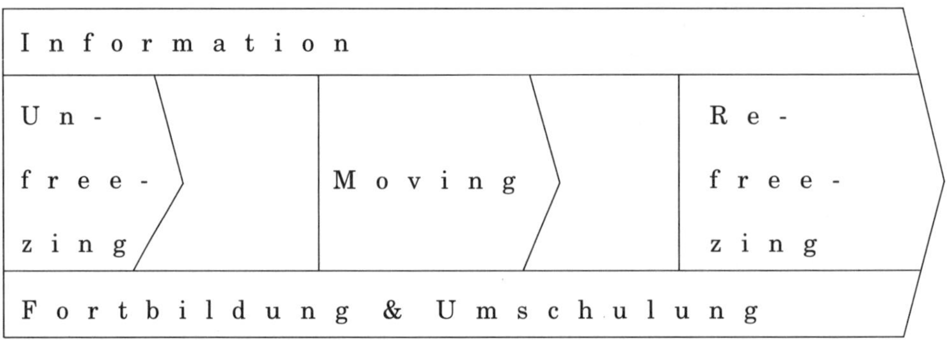

Für diese verschiedenen Bereiche der Organisationsentwicklung gibt es eine Reihe von **Aktivitäten**, die ausgewählt werden und dann mit verschiedener Intensität durchgeführt werden können:

(1) **Information**

Zur Information über ein Prozessorganisationsprojekt und seine Ergebnisse können zum Beispiel eingesetzt werden:

- Dienstbesprechungen
- Information des Betriebsrates
- Mitarbeiteranschreiben
- Mitarbeitergruppen- und -einzelgespräche
- Präsentation der Projektergebnisse
- Projektbroschüre
- Referate in Betriebsversammlungen

- Schwarze Projektbretter
- Veröffentlichungen in einer Mitarbeiterzeitschrift.

(2) **Fortbildung und Umschulung**

Zur Vermittlung von Kenntnissen und Knowhow, Fähigkeiten und Fertigkeiten können benutzt werden:

- Computer Based Training (CBT)
- Trainingsveranstaltungen am Personalcomputer
- Selbsttraining durch Anwendungen am Computer
- Fallstudienbearbeitung
- Handlungsorientierter Unterricht
- Planspiele
- Rollenspiele
- Sachverständigenbefragungen
- Seminarveranstaltungen
- Workshops.

(3) **Unfreezing**

Hier gilt es, das Bewußtsein für die notwendigen Änderungen zu verschaffen. Dazu ist es notwendig, manifeste Gewohnheiten, Einsichten, Überzeugungen und Einstellungen der Mitarbeiter zu schwächen. Das kann beispielsweise erfolgen durch:

- Anforderungsermittlung für eine neue Prozessgestaltung
- Multiplikatorworkshop über bessere Geschäftsprozesse
- Expertenbegutachtung der bisherigen Geschäftsprozesse
- Dienstbesprechungen mit Schwachstellendiskussion
- Erklärung der Geschäftsleitungsabsichten
- Intensivinformation über die positiven Aspekte der neuen Geschäftsprozesse
- Problemdiskussionen über bisherige Lösungen
- Durchführung von Schwachstellenanalysen
- Verdeutlichung der Erfolgsnotwendigkeit des Projektes
- Benchmarking der bisherigen Geschäftsprozesse.

(4) **Moving**

Die Mitwirkung bei den Veränderungen bewirkt verständlicherweise eine besonders starke Motivation zu den neuen Lösungen der Projektorganisation:

- Mitarbeitersozialbestandsgarantie
- Abschluß von Betriebsvereinbarungen über diese Garantie
- Ausarbeitung einer Einführungsbroschüre
- Beteiligung an einer Verbesserungsvorschlagsaktion
- Pilotmitarbeitertest
- Key - User - Konzept
- Exkursion zu bewährten Lösungen

- Informationstag mit Messecharakter
- Mitarbeitermotivationsprogramm
- Veröffentlichung erster Erfolgsmeldungen mit dem neuen Geschäftsprozess
- Präsentation von beispielhaften Lösungen anderer Unternehmen
- Regelmäßige Information über Zwischenergebnisse
- Visionsverdeutlichung durch die Geschäftsleitung.

(5) **Refreezing**

Die neue Prozessorganisation ist in den Zustand des Selbstverständlichen, Üblichen und Notwendigen zu überführen:

- Beteiligung am Einführungsprozess
- Einführungscoaching
- Jobrotation in den neuen Geschäftsprozessen
- Mitarbeiteranerkennungsprogramm
- Mitwirkung im kontinuierlichen Verbesserungsprozess
- Prämienzahlungen für gelungene Umstellungen
- Regelmäßige Auditierung der Geschäftsprozesse
- Sonderfalltraining
- Start des kontinuierlichen Verbesserungsprozesses.

In die Festlegung der Aktivitäten zur Organisationsentwicklung sollten die Ergebnisse der durchgeführten Risikoanalyse (vgl. Kapitel C.1) einbezogen werden.

3. Betriebsratsbeteiligung

Nicht nur weil der Betriebsrat bzw. der Personalrat nach dem Betriebsverfassungsgesetz (BVG) bzw. nach dem Personalvertretungsgesetz (PerVG) im öffentlichen Recht Beteiligungsrechte bei der Einführung einer neuen Prozessorganisation hat, ist es notwendig, den Betriebsrat an der Prozessorganisation zu beteiligen.

Die Arbeitnehmervertretung mit „in das Boot" zu nehmen, also aktiv in die Projektarbeit einzubeziehen, ist aus mehreren **Gründen** empfehlenswert:

- Die Projektbedeutung erfordert Fokussierung aller bedeutsamen Kräfte im Unternehmen auf das Projekt.
- Durch die Betriebsratseinbeziehung kann eine Minderung des Projektrisikos erreicht werden.
- Die Kenntnisse und die Erfahrungen des Betriebsrates können effizient genutzt werden.
- Die Wünsche, Bedenken, Forderungen, Anregungen, Kritik usw. des Betriebsrates bei der Prozessorganisation können unmittelbar berücksichtigt werden.

- Betriebsratmitgliedern kann damit direkte Projekterfahrungen vermittelt werden.
- Frühestmögliche Information des Betriebsrates, nämlich durch Beteiligung bei der Ausarbeitung von Lösungen, kann damit erreicht werden.
- Abgestimmte Projektentscheidungen können damit gemeinsam mit dem Betriebsrat angestrebt werden.
- Verkürzung der Entscheidungswege und -dauern durch unmittelbare Einbindung des Betriebsrates in den Projektentscheidungsprozess.
- Einbeziehung des Abschlusses von Betriebsvereinbarungen für mitbestimmungspflichtige Entscheidungen in den Prozess der Prozessorganisation.
- Der sich anschließende kontinuierliche Verbesserungsprozess (KVP) wird mit dem Betriebsrat gemeinsam vorbereitet.

Für die Betriebsratsbeteiligung sind mehrere **Aspekte** zu betrachten:

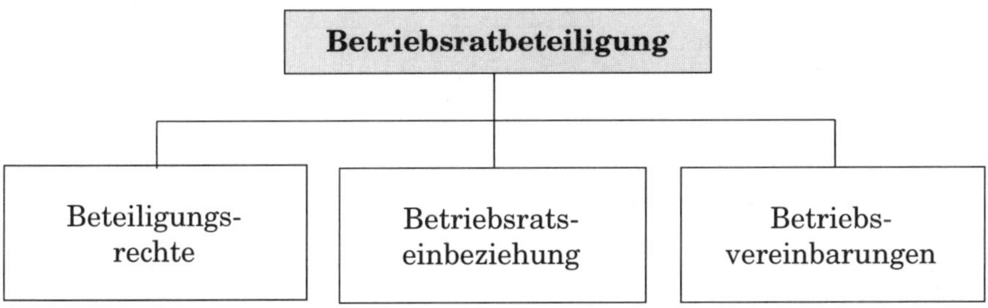

Bei der Betriebsratsbeteiligung in der Prozessorganisation sind natürlich die Unternehmensgepflogenheiten und -befindlichkeiten zu berücksichtigen.

3.1 Beteiligungsrechte

Nach dem Betriebsverfassungsgesetz (BVG) hat der Betriebsrat eine Reihe von Beteiligungsrechten bei der Durchführung eines Projektes der Prozessorganisation. Diese Rechte können sein:

- **Informationsrecht**

  Informationsanspruch über den Projektfortschritt und über Projektentscheidungen oder über anstehende Projektentscheidungen des Betriebsrates.

- **Beratungsrecht**

  Einbringung von Anregungen, Wünschen, Kritik usw. in das Projekt und in Projektentscheidungen durch den Betriebsrat.

- **Mitbestimmungsrechte**

  Notwendigkeit des Abschlusses von Betriebsvereinbarungen im Hinblick auf das Projekt mit dem Betriebsrat.

Gemäß dem Betriebsverfassungsgesetz sind bei der Projektdurchführung folgende Rechte gegeben:

Beteilungsrechte des Betriebsrates	
Rechtsart	BVG
Arbeitnehmerschutzüberwachung	§ 80
Arbeitsmethoden	§ 111
Arbeitnehmerauswirkungen	§ 90
Berufsbildungsmaßnahmen	§ 97
Betriebsänderungen	§ 111, 112
Bildungsmaßnahmen: Art und Umfang	§ 92
Bildungsmaßnahmen: Durchführung	§ 98
Berücksichtigung von Vorschlägen	§ 90
Betriebsorganisationsänderungen	§ 111
Gesundheitsschutz	§ 87
Interessenausgleich	§ 112
Kontrolleinrichtungen	§ 87
Personalbedarfsinformation	§ 92
Personale Einzelmaßnahmen	§ 99
Ordnung des Betriebes	§ 87
Sachverständigenhinzuziehung	§ 80
Sozialplan	§ 112
Technische Kontrolleinrichtungen	§ 87
Unterrichtung und Information	§ 80

In diesem Listing sind nur die wesentlichen informatikrelevanten Rechte ausgewiesen. Weitere Rechte können bei softwareunabhängigen Projekten betroffen sein.

3.2 Betriebsratseinbeziehung

Beim Business Reengineering empfiehlt es sich, nicht nur den Gesetzen Genüge zu tun, sondern alles zu tun, um das Projekt erfolgreich abzuschließen. Dafür gibt es mehrere gute Gründe. Sie wurden oben ausführlich genannt.

Die Einbeziehung des Betriebsrates in ein Projekt der Prozessorganisation über die gesetzlichen Forderungen hinaus kann auf verschiedene Weise erfolgen:

- Regelmäßige Projektmeetings zwischen Projektleitung bzw. Projektgruppe mit dem Betriebsrat.
- Paritätisch besetzter Projektbeirat mit Unternehmensleitung und Betriebsrat unter Einbeziehung der Projektleitung.
- Hinzuziehung des Betriebsrates bei allen wichtigen Projektentscheidungen.
- Mitarbeit von einem oder mehreren Betriebsräten in Projektteilbereichen.
- Aufnahme und Mitarbeit eines oder mehrerer Betriebsräte in die Projektgruppe während der gesamten Projektdurchführung.

Die große Bedeutung eines Projektes des Business Reengineerings läßt erwarten, daß sich der Betriebsrat einer Bitte auf Mitarbeit nicht verschließen kann.

3.3 Betriebsvereinbarungen

Das Mitbestimmungsrecht des Betriebsrates erfordert den Abschluß mehrerer Betriebsvereinbarungen über die Durchführung eines Projektes der Prozessorganisation.

Die Arbeitsgemeinschaft arbeitsorientierter Forschung und Schulung (AFOS) nennt beispielsweise u. a. folgende Regelungsgegenstände in Form von Betriebsvereinbarungen bei der Einführung von den integrierten Standardsoftwaresystemen von SAP in deutschen Unternehmen:

- **Verfahrensregelungen**
  - Mitbestimmung für jedes Modul
  - Hinzuziehung von Sachverständigen
  - Personal- und Qualifizierungsplanung
  - Beteiligung der betroffenen Arbeitnehmer
  - Entsendung von Fachabteilungsmitgliedern in das Projekt
  - Kontrollrechte des Betriebsrates.

- **Schutzregelungen**
  - Schutz vor Entlassungen und Nachteilen
  - Handhabung von Versetzungen
  - Gesundheitsschutz
  - Belastungsanalysen
  - Einschränkung von Kontrollfunktionen des SAP-Systems.

- **Einzelregelungen spezieller Funktionen**
  - Aufgabenzuschnitt
  - Qualifizierungsmaßnahmen
  - Verhaltens- und Leistungskontrollen
  - Umstellungserfordernisse.

Selbstverständlich hat diese Aufzählung keinen Anspruch auf Vollständigkeit. Ob in jedem Fall diese Betriebsvereinbarungen für notwendig gehalten werden, ist jeweils zu prüfen.

4. Berechtigungssystem

Wie im Kapitel über das Berechtigungssystem für Projektmitarbeiter (siehe Kapitel E.3.4.9) dargestellt wurde, ist sowohl für die Benutzerschulung als auch für den Produktivbetrieb das Berechtigungssystem zur Prozessicherung festzulegen.

Mit dem Berechtigungssystem wird bestimmt, **wer was** im integrierten Unternehmenssoftwaresystem machen darf. Damit wird natürlich auch festgelegt, was einzelne Mitarbeiter nicht tun dürfen.

Das Berechtigungssystem ist damit nicht nur eine funktionale und prozessuale Festlegung, sondern auch ein Mitarbeitereinstufungssystem, das den Mitarbeiter in seinem Selbstwert beeinträchtigen kann: Positiv oder negativ.

Ein Softwareberechtigungssystem kann verglichen werden mit der **Schließordnung** eines Unternehmens:

- Wer erhält einen Passpartout - Schlüssel, der alle Schlösser öffnet?
- Wer erhält einen Hauptgruppenschlüssel, der alle Türen eines Hauses aufschließen läßt?
- Wer erhält einen Gruppenschlüssel, mit dem alle Schlösser einer Etage geschlossen werden können?
- Wer erhält nur einen Zimmerschlüssel, der nur sein eigenes Zimmer auf- und zuschließt?

Das Berechtigungssystem als Softwareschließordnung kann deswegen nicht nur nach prozessualen, funktionalen, praktischen, datenschutzrechtlichen oder hierarchischen Gesichtspunkten festgelegt werden, sondern es sind hier auch **betriebspsychologische Aspekte** zu berücksichtigen.

Integrierte Standardsoftwaresysteme haben in der Regel Einrichtungen, um allen Anforderungen eines ausgeklügelten Berechtigungssystems zu genügen. Folgende Berechtigungsarten sind zu unterscheiden:

- **Funktionsberechtigung**

  Nicht alle Mitarbeiter müssen mit allen Funktionen arbeiten können. Deswegen ist für jeden Mitarbeiter festzulegen, mit welchen Funktionen oder Transaktionen er zu arbeiten berechtigt ist.

- **Datenberechtigung**

  Mitarbeiter müssen nicht auf alle Daten des Unternehmens zugreifen können, sondern nur auf die Daten, welche sie zu ihrer Arbeitserledigung brauchen. Deswegen ist festzulegen, auf welche Dateneinheiten jeder Mitarbeiter Zugriff haben soll:

  - Dateien
  - Datensegmente
  - Datenfelder.

- **Manipulationsberechtigung**

  Nicht alle Bearbeitungsarten müssen von allen Mitarbeitern ausgeführt werden können. Deswegen ist festzulegen, welche Veränderungen in den gespeicherten Daten von einem Mitarbeiter ausgeführt werden dürfen:

  - Datensätze lesen
  - Neue Datensätze erstellen
  - Gespeicherte Datensätze ändern
  - Datensätze löschen.

- **Terminalberechtigung**

  Von einem Terminal oder vernetztem Personalcomputer eines Unternehmens sollten nur bestimmte Funktionen oder Manipulationen ausgeführt werden können oder auf Dateneinheiten zugegriffen werden können.

Es ist dabei zu beachten, daß nicht nur zum Beginn der Benutzerschulung und zum Start der Produktionsphase das Berechtigungssystems ausgearbeitet vorliegt und im Softwaresystem eingerichtet ist, sondern das Berechtigungssystem fortgeschrieben wird:

- Neuaufnahme von Mitarbeitern mit festgelegten Berechtigungen
- Änderung von zugestandenen Berechtigungen von Mitarbeitern
- Löschung von Berechtigungen einzelner Mitarbeiter
- Entfernung von Mitarbeitern aus dem Berechtigungssystem

Das Berechtigungssystem ist ein wesentlicher Teil der Datensicherung und des Datenschutzes eines Unternehmens.

5. Dokumentation

Zur Prozessicherung ist es notwendig, alle wichtigen Gegebenheiten der Projektdurchführung und der Projektgestaltung festzuhalten und die kurzfristige Wiedergewinnung zu ermöglichen.

Dabei ist es erforderlich, die Dokumentation für die Prozessbeteiligten besonders auszuarbeiten, um ihnen ihre Arbeit so einfach wie möglich zu machen:

Dokumentation - Definition:

Niederlegung und Ausweis aller wesentlichen Projekt- und Prozessgegebenheiten.

Diese Definition wurde bewußt zweideutig gewählt, um die **Doppeldeutigkeit** des Begriffes „Dokumentation" zu kennzeichnen:

- Tätigkeit der Dokumentation, also der Niederlegung wesentlicher Projekt- und Prozessfakten.
- Ergebnis der Dokumentation ist die Darstellung aller wesentlicher Projekt- und Prozessgegebenheiten.

Die Dokumentation wird heute häufig nicht mehr unmittelbar auf Papier erfolgen, sondern auf einem **magnetischen Datenträger**, der im Bedarfsfall dann auf Papier mit einem Drucker ausgegeben werden kann.

Bei der Projekt- und Prozessdokumentation müssen die verschiedenen **Aufgaben** und damit **Inhalte** unterschieden werden:

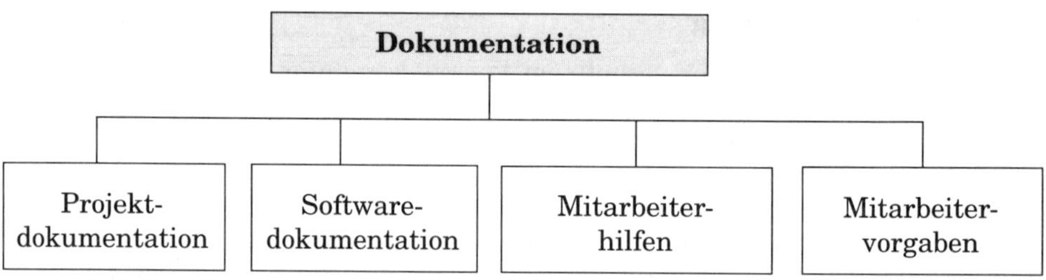

Die Dokumentation muß projektbegleitend mit der Projektorganisation erfolgen. Einen projektabschließenden Arbeitsschritt „Dokumentation" ist eine miserable Arbeitsorganisation.

5.1 Projektdokumentation

Jedes Projekt der Prozessorganisation bedarf der Dokumentation, um damit alle Projektergebnisse zu bewahren, zu sichern und wiedergewinnen zu lassen.

Wesentliche **Inhalte** der Projektdokumentation sind:

- Projektauftrag und -planungsergebnisse
- Inhalte der Projektauslösung
- Durchführung der Projektarbeit
- Ergebnisse der Prozessanalyse
- Gestaltung der Geschäftsprozesse
- Maßnahmen der Prozessicherung.

Diese Dokumentationsaufgaben können mit verschiedenartigen **Techniken** und **Tools** ausgeführt werden:

- Werkzeugprogramme wie Textverarbeitung und Tabellenkalkulation, Projekt- und Grafiksoftware sind hier die vornehmlich eingesetzten Tools.

- In integrierten Standardsoftwaresystemen vorhandene Dokumentationsfunktionen werden benutzt. So kann beispielsweise im SAP-System R/3 mit einem Projekt - IMG, einem Teilgebiet des Implementation Guides (IMG), gearbeitet werden.

- Wird bei der Projektarbeit mit Workgroupsoftware gearbeitet, so werden auch die archivierten Dokumente Teil der Projektarbeit sein.

Die Projektarbeit muß nicht in allen Einzelheiten, jedoch in allen wesentlichen Gegebenheiten dokumentiert sein.

5.2 Softwaredokumentation

Unabhängig davon mit welchen **Softwarearten** bei den neuen Geschäftsprozessen gearbeitet wird,

- selbsterstellte Software,
- Workflow Managementsysteme,
- Funktionsstandardsoftware oder
- integrierte Standardsoftware,

bedarf es für diesen Bereich einer detaillierten und umfassenden Dokumentation.

Zunächst müssen die **Inhalte** der Software sorgfältig dokumentiert vorliegen, gleichgültig ob es sich um ein erworbenes oder ein selbsterstelltes System handelt:

- Softwarestruktur
- Funktionsbeschreibungen
- Algorithmen
- Kontrollstrukturen
- Datenstrukturen
- Masken
- Outputdokumentation
- Schnittstellendefinitionen
- Programmlistings
- Testfälle.

Wird Fremdsoftware eingesetzt und an Unternehmensnotwendigkeiten angepaßt, beispielsweise durch Funktionserweiterungen, Customizing, Softwareeinbindungen usw., so müssen natürlich diese Anpassungen ebenfalls umfassend dokumentiert werden.

Die Softwaredokumentation kann ebenfalls mit unterschiedlichen **Techniken** und **Tools** erfolgen:

- Eine Reihe von Softwareangeboten steht für die Vielzahl der Dokumentationsnotwendigkeiten zur Verfügung, so zum Beispiel Strukturatoren, Flowcharter, Data Dictionary usw.

- Mit Hilfe von **CASE** - Systemen können Softwaresysteme nicht nur erarbeitet, sondern auch dokumentiert werden. CASE ist die Abkürzung für „Computer Aided Software Engineering“, also die computergestütze ingenieursmäßige Softwareausarbeitung.

- In integrierten Standardsoftwaresystemen ist oftmals auch eine Funktion zur Softwaredokumentation und der Anpassungen integriert. So wird beispielsweise im SAP - System R/3 eine Unternehmens-IMG erstellt, die auch alle Anpassungen in einer fünfstufigen, hierarchischen Darstellung ausweist. Die Inhalte können in vielfältiger Weise ergänzt und ausgegeben werden.

Adressaten der Softwaredokumentation sind die Systembetreuer, das Systemmanagement sowie die Mitarbeiter des kontinuierlichen Verbesserungsprozesses.

Diese Dokumentation ist erforderlich für den laufenden Systembetrieb, die Wartung, die erforderlichen Modifikationen und die Weiterentwicklung der Software und somit der Geschäftsprozesse.

5.3 Mitarbeiterhilfen

Die Prozessmitarbeiter brauchen wirksame Hilfen für den Umstieg auf die neue Prozessorganisation und für die tägliche Arbeit bei den Geschäftsprozessen.

Dazu wird üblicherweise für sie ein **Anwender**- oder **Benutzerhandbuch** erstellt. Es sollte alle Informationen enthalten, die ein Prozessmitarbeiter benötigt, um mit der Software problemlos arbeiten und die Geschäftsprozesse fehlerfrei abwickeln zu können.

Benutzer- oder Anwenderhandbücher können beispielsweise folgenden **Inhalt** haben:

- Programmkenndaten
- Geschäftsprozessaufgaben
- Prozessabwicklung
- Ein- und Ausgabedaten
- Anwendungsbeispiele
- Datensicherung.

Das Anwenderhandbuch kann den Mitarbeitern auf Papier und/oder auf dem Bildschirm zur Verfügung gestellt werden.

Wird mit softwarebasierten Geschäftsprozessen gearbeitet, wird also eine integrierte Standardsoftware eingesetzt, so muß die bestehende Handbuchdokumentation an die Änderungen der Software angepaßt werden.

Daneben können den Mitarbeitern insbesondere zur Einführung der neuen Prozessorganisation weitere **Hilfsmittel** die Umstellung erheblich erleichtern:

- Tastaturschablonen zum Ausweis der Tastenbelegungen
- Vorgabe von Standardarbeitsfolgen zur Navigation im System für die Standardbearbeitung der Kerngeschäftsprozesse
- Beispielbearbeitungen von Kerngeschäftsprozessen.

In integrierten Standardsoftwaresystemen wird den Benutzern üblicherweise eine ganze Reihe von weiteren **Arbeitshilfen** zur Verfügung gestellt. Im System R/3 sind das beispielsweise solche Hilfen wie:

- Die R/3 - Dokumentation, die direkt aus WINDOWS aufgerufen werden kann. Mit dem R/3 - eigenen Hypertext kann die Dokumentation vieldimensional gelesen werden.
- Das R/3 - Hilfemenu, mit dem eine ganze Reihe von Benutzerhilfen, wie zum Beispiel die nachstehenden Hilfefunktionen ausgewählt werden können.
- Erweiterte Hilfen, die teilweise interne Informationen und auch Dokumentationshilfen verfügbar machen.

- Die R/3 - Bibliothek ist der zentrale Einstieg in die Onlinehilfe mit solchen Inhalten wie:
  - Einführung in das R/3 - System
  - Demo - System
  - Einführungswerkzeuge
  - Release - Infos
  - R/3 - Services.
- Das R/3 - Glossar, das ein R/3 - spezifisches Begriffslexikon jeweils für eine Funktion darstellt.
- Felderhilfen sind Hilfsinformationen zu den gewünschten Datenfeldern.
- Fehlermeldungshilfen sind Erläuterungen und Hilfen zur Beseitigung der angezeigten Fehler.
- Wertelisten zur Suche von relevanten Daten bei umfangreichen Datenbeständen.
- Matchcodes zur Suche unbekannter Ordnungsbegriffe wie zum Beispiel Kundennummern, Artikelnummern usw.
- Die Hilfe zur Hilfe beinhaltet die Bedienungsanleitung für das Hilfsprogramm.

Die Vielzahl der Benutzerhilfen im R/3 - System sind beispielhaft für ein effizientes Hilfesystem in softwarebasierten Geschäftsprozessen.

5.4 Mitarbeitervorgaben

Die ausgearbeitete Prozessorganisation muß den Mitarbeitern verbindlich vorgegeben werden, damit sie für verschiedene **Zwecke** verfügbar ist:

- Organisationsfestlegung für das Unternehmen
- Arbeitsrechtliche Aufgabenvorgabe an jeden Mitarbeiter
- Sicherung der Abgrenzung der Aufgabenerledigung
- Einarbeitungshilfe für neue Mitarbeiter
- Schulungsunterlagen für die Prozesseinführung
- Grundlage für Revision und Wirtschaftsprüfung
- Basis für Arbeitsplatzbewertungen, Mitarbeiterbeurteilungen, Gehaltsfindungen usw.

Zu dieser Vorgabe werden in der Regel mehrere **Organisationsdokumentationen** benutzt:

- **Organisationsrichtlinien**

  Die auch als Dienstanweisungen oder Arbeitsordnungen bezeichneten Mitarbeitervorgaben enthalten die verbindlichen organisatorischen Vorschriften für die Mitarbeiter.

- **Organisationspläne**

  In Organigrammen oder Organisationsplänen wird der Organisationsaufbau des Unternehmens ausgewiesen. Da die Prozessorganisation üblicherweise auch Änderungen der Aufbauorganisation bedingen, sind die neuen, geänderten Organisationspläne vorzugeben.

- **Funktionendiagrammen**

  In der Matrixdarstellung des Funktionendiagrammes werden Aufgaben und Befugnisse den Stellen zugeordnet und den Mitarbeitern in komprimierter, aber sehr übersichtlicher Form zur Verfügung gestellt.

- **Arbeitsplatzbeschreibungen**

  In die Stellen- oder Arbeitsplatzbeschreibungen sind die durch die neue Prozessorganisation verursachten Änderungen einzuarbeiten und dann verbindlich vorzugeben.

- **Organisations- bzw. EDV-Handbuch**

  Oftmals sind diese Handbücher nur eine Sammlung von Organisationsrichtlinien, Organisationsplänen, Funktionendiagrammen usw. Hier sind dann folglich nur diese Unterlagen auszutauschen. Ansonsten müssen diese Handbücher ebenfalls umgearbeitet werden.

Die Mitarbeitervorgaben müssen zur Prozesseinführung verfügbar sein, damit sie in die Mitarbeiterschulung einbezogen werden können. Häufig sind Teile der Mitarbeitervorgaben sogar unmittelbarer Inhalt der Einführungsschulung.

G. Prozesseinführung

Mit der Einführung der neuen Geschäftsprozesse wird der **Erfolg** oder **Misserfolg** des Prozessorganisationsprojektes offenbar. Dabei ist aber zu beachten, daß auch gute Projektergebnisse durch eine miserable Prozesseinführung zu einem Misserfolg geführt werden können.

Deswegen ist es von projektentscheidender Bedeutung, die neuen Geschäftsprozesse professionell einzuführen und an die Geschäftseinheiten zu übergeben, um das Gesamtprojekt erfolgreich abzuschließen.

Zur Prozesseinführung sind mehrere **Aufgaben** durchzuführen und Entscheidungen zu treffen:

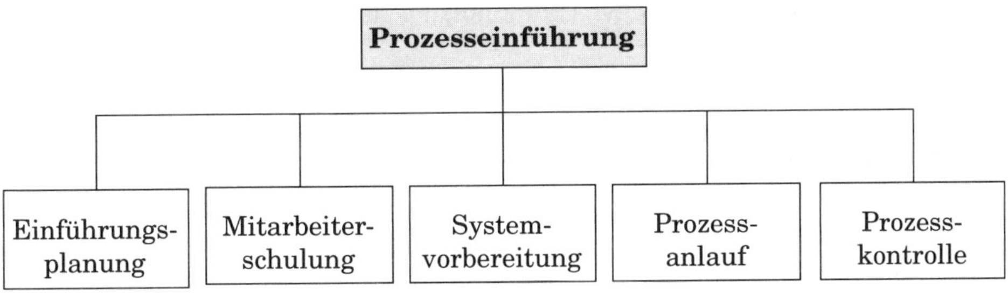

Voraussetzung zur Prozesseinführung ist natürlich, daß das Prozessredesign abgeschlossen wurde und detailliert ausgearbeitet vorliegt, und daß die Aufgaben der Prozessicherung erledigt wurden. Die abschließenden Anpassungen des Geschäftsprozessprototypen müssen erfolgt sein und der Protyp ist in das Produktivsystem überführt:

- Das Softwaresystem erfüllt alle geforderten Funktionen.
- Das System arbeitet fehlerfrei und effizient.
- Alle Forderungen an das Softwaresystem, wie beispielsweise Benutzerfreundlichkeit, werden vom System erfüllt.
- Die Geschäftsprozesse sind im Detail organisiert.
- Die neue Aufbauorganisation ist verabschiedet.
- Alle anderen beschriebenen Aufgaben sind abgeschlossen.

Damit kann die neue Prozessorganisation eingeführt werden.

1. Einführungsplanung

Bevor mit der Einführung begonnen wird, sollten alle Einführungsaufgaben ermittelt und geplant werden. Diese Planung ist zwingend notwendig, denn die

Planinhalte aus der Projektierung sind üblicherweise sowohl inhaltlich als auch terminlich überholt.

Mehrere **Aufgaben** sind bei der Einführungsplanung auszuführen:

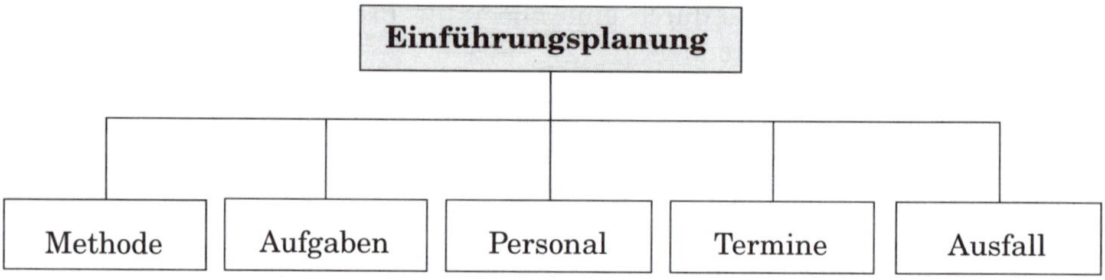

Die Einführungsplanung ist eine Hauptaufgabe und sollte nicht nur beiläufig erfolgen.

1.1 Einführungsmethode

Die Einführung einer neuen Geschäftsprozessorganisation kann mit mehreren Einführungsmethoden erfolgen:

- **Direkteinführung**

  Alle neuen Geschäftsprozesse werden zu einem Stichtag schlagartig umgestellt. Als Stichtag bietet sich das Ende des Geschäftsjahres an. Voraussetzungen für diese Einführungsmethode sind:

  - Ein fundiert organisiertes und „fehlerfreies“ System liegt vor.
  - Die Mitarbeiterschulung ist für alle Bereiche abgeschlossen.
  - Alle erforderlichen Betriebsvereinbarungen sind abgeschlossen.
  - Ein ausgearbeiteter Ausfallplan liegt vor.

  Durch die programminterne Integration vieler Funktionen in Standardprogrammen empfiehlt sich oftmals ihre Direkteinführung.

- **Funktionseinführung**

  Bei dieser Einführungsmethode werden nacheinander die verschiedenen Anwendungen oder Module eingeführt. Bevor jeweils ein neues Modul eingeführt wird, ist sicherzustellen, daß das zuvor eingeführte Modul problemlos produktiv arbeitet.

  Voraussetzungen für eine Funktionseinführung sind:

  - Unabhängigkeit von Anwendungen oder Modulen.

- Schnittstellen vom und zum Altsystem.
- Aufbauorganisatorische Identität von Alt- und Neusystem.

Beispielsweise kann die Einführung von R/3 in folgenden Schritten erfolgen:

(1) Finanzwesen
(2) Controlling
(3) Materialwirtschaft
(4) Produktionsplanung und -steuerung usw.

Der erhebliche Umfang der integrierten Standardsoftwaresysteme empfiehlt die Funktionseinführung.

- **Bereichseinführung**

  In einem organisatorisch isolierten und oft auch geografisch getrennten Bereich, wie beispielsweise in einem Werk oder in einem Tochterunternehmen, wird zunächst die Prozesseinführung vorgenommen. Sind die Ergebnisse positiv, wird die neue Prozessorganisation auf das Gesamtunternehmen übertragen.

  Voraussetzungen für eine Bereichseinführung sind:

  - Die Ergebnisse der Bereichseinführung müssen auf das Gesamtunternehmen übertragbar sein.
  - Der ausgewählte Bereich muß organisatorisch getrennt sein.
  - Im Einführungsbereich darf es nur in geringem Umfang Sonderprozesse und Branchenbesonderheiten geben.

  Für integrierte Standardsoftware wird oftmals die Bereichseinführung gewählt.

Die Entscheidung über die Einführungsmethode sollte fundiert getroffen werden, weil eine falsche Entscheidung weitgehende Folgen haben kann.

1.2 Aufgabenplanung

Die Aufgaben zur Einführung einer neuen Prozessorganisation sind umfassend zu ermitteln und in mehrfacher Weise zu planen:

- Inhalt der Aufgabe
- Mitarbeitereinsatz für die Aufgabe
- Reihenfolge der Aufgabenausführung
- Kosten der Aufgabenerledigung
- Ergebnis der Aufgabendurchführung.

Hauptaufgaben bei der Einführung neuer Geschäftsprozesse sind zum Beispiel:

- Mitarbeiterschulung
- Datenbankimplementierung
- Altdatenübernahme
- Installation des Produktivsystems
- Regelung der Systemadministration
- Umstellung des Berechtigungssystems
- Terminal- bzw. Personalcomputereinrichtung
- Einarbeitung von Anwenderbetreuern
- Information aller von der Umstellung Betroffenen
- Einrichtung einer Einführungshotline.

Auch die Einführungsplanung sollte, wie die Projektarbeit, mit einem Projektsoftwaresystem geplant und gesteuert werden.

1.3 Personalplanung

Die Personalplanung zur Einführung einer neuen Geschäftsprozessorganisation umfaßt mehrere Aufgaben:

- **Prozessmitarbeiter**

  Für die neuen Geschäftsprozesse ist die Besetzung der neuen Arbeitsplätze festzulegen. Dabei sind die

  - Ausbildung,
  - Fortbildung,
  - Erfahrung,
  - Eigenschaften,
  - Fähigkeiten und
  - Fertigkeiten

  der Mitarbeiter zu berücksichtigen. Versetzungen und Freistellungen werden ebenfalls Ergebnis der Personalplanung sein können.

  Diese Personalplanung ist vornehmlich Aufgabe der Fach- und der Personalabteilung unter Einschaltung des Betriebsrates. Die Projektgruppe ist in der Regel nur beratend beteiligt.

- **Prozessmanagement**

  In Abhängigkeit von der gewählten Aufbauorganisation ist das Prozessmanagement zu planen:

  - Center- oder Unitmanager
  - Prozessmanager
  - Caseteamleiter.

Das bisherige Management sollte nicht automatisch in die Prozessorganisation übernommen werden. Die Auswahl des Prozessmanagements ist üblicherweise eine Aufgabe der Geschäftsleitung, die in Abstimmung mit der Projektleitung erfolgen sollte.

- **Systemadministration**

Zur Administration umfangreicher Anwendungssysteme wie integrierte Standardsoftware bedarf es einer Stelle: „Systemadministration". **Aufgaben** dieses Systemmanagements oder dieser Systemadministration sind:

- Sicherung der Systemverfügbarkeit
- Pflege des Berechtigungssystems
- Überwachung des Antwortzeitverhaltens
- Umstellung auf neue Releases
- Benutzerbetreuung, wenn keine Anwenderbetreuer eingesetzt werden
- Trouble Shooting

Da der Systemadministrator für den Systembetrieb eine zentrale Bedeutung hat, ist zumindest ein Stellvertreter vorzusehen und entsprechend zu schulen.

- **Anwenderbetreuung**

Da neue Geschäftsprozesse in aller Regel eine informatikintensive Organisation aufweisen, ist zu prüfen, ob für die Prozessmitarbeiter Informatikunterstützung in Form von Anwenderbetreuern an die Seite gestellt werden kann. Anwenderbetreuer haben mehrere **Aufgaben**:

- Beratung der Prozessmitarbeiter
- Durchführung von zusätzlichen Schulungs- und Trainingsmaßnahmen
- Einarbeitung neuer Mitarbeiter
- Lösung auftretender Probleme
- Erarbeitung von Ergänzungssoftware
- Kontrolle der effizienten Arbeitsdurchführung.

Der Einsatz von Anwenderbetreuern zumindest im ersten Jahr einer Prozesseinführung empfiehlt sich. Dagegen hat sich die Betreuung der Prozessmitarbeiter durch den Systemadministrator in einigen Fällen nicht bewährt.

- **Einführungshilfe**

Für die ersten Wochen der Prozesseinführung sollten die Geschäftsprozesse durch die Mitarbeit der Projektmitarbeiter Hilfestellung bekommen. Diese Lösung bedingt mehrere Vorteile:

- Sicherheitsgefühl für die Prozessmitarbeiter
- Zusätzliche Kapazität für die Prozessabwicklung
- Unmittelbare Hilfestellung für die Prozessmitarbeiter
- Erfahrungserwerb für die Projektmitarbeiter
- Unmittelbare Kontrollmöglichkeit über die Prozessdurchführung.

Damit können Fehlentwicklungen bei der Prozesseinführung sofort erkannt und korrigiert werden.

Die Personalplanung ist natürlich maßgeblich für die Schulung der Mitarbeiter.

1.4 Terminplanung

Die Planung des Einführungstermins des Gesamtprozessytems, der oftmals vorgegeben wird, und die Termine der Einführungsaufgaben sind aufeinander abzustimmen.

Mit einer Projektsoftware wird üblicherweise die Aufgaben- und die Terminplanung integriert durchgeführt. **Eingaben** in ein Projektsoftwaresystem sind:

- Aufgaben
- Aufgabendauer
- Vor- und Nachereignisse der Aufgaben.

Ergebnisse dieser Verarbeitung mit einer Projektsoftware sind dann:

- Früheste und späteste Beginntermine
- Früheste und späteste Endetermine
- Pufferzeiten
- Kritischer Pfad.

Mit der Aufgaben- und Terminplanung kann üblicherweise von diesen Projektsoftwaressystemen auch eine Sachmittel- und Kostenplanung durchgeführt werden.

1.5 Ausfallplanung

Natürlich kann man die Augen zumachen und hoffen, daß es bei der Einführung der neuen Geschäftsprozesse keine großen Probleme gibt. Es empfiehlt sich aber nicht, so vorzugehen, sondern einen Ausfallplan vorzubereiten, damit für den Notfall bereits bedacht ist, was nun veranlaßt und getan werden muß.

Die Ausfallplanung kann verschiedene **Inhalte** haben:

- **Rückfallplan**

  Wird vorgesehen zu den bisherigen Prozessen zurückzukehren, spricht man von einem Rückfallplan. Das ist jedoch nicht in jedem Fall möglich.

- **Reduktionsplan**

  Enthält der Ausfallplan die Lösung, nur noch die wesentlichen Kerngeschäftsprozesse zu betreiben, bis aufgetretene Probleme gelöst sind, wird von einem Reduktionsplan gesprochen.

- **Notsystem**

  Wird ein besonderes Notsystem eingerichtet, so ist das eine aufwendige, aber besonders sichere Lösung, die bisher selten gewählt wurde.

Die Intensität der Ausfallplanung sollte vom Schaden abhängig gemacht werden, der durch ein Mißlingen der Prozesseinführung erwartbar ist.

2. Mitarbeiterschulung

Die Vorbereitung der Prozessmitarbeiter und des Prozessmanagements auf ihre neuen Aufgaben, veränderte Verfahren und Softwarenutzungen bestimmt natürlich wesentlich den Einführungserfolg. Deswegen ist der Mitarbeiterschulung besondere Aufmerksamkeit zu schenken.

Zur Planung der Mitarbeiterschulung empfiehlt sich folgende Vorgehensweise:

(1) **Schulungsteilnehmer**

Es sind die verschiedenen Schulungsgruppen festzulegen und ihre Teilnehmer zu ermitteln.

(2) **Lernziele**

Die verschiedenen Schulungsgruppen haben unterschiedliche Lernziele. Sie sind für jede Schulungsgruppe zu ermitteln.

(3) **Schulungs- und Trainingsinhalte**

In Abhängigkeit von den Lernzielen sind die Schulungs- und Trainingsinhalte festzulegen. Aus ihnen ist die Kursdauer abzuleiten.

Verschiedene Methoden stehen zur Schulung und zum Training der Prozessteilnehmer zur Verfügung. Auf sie wird nachstehend eingegangen.

(4) **Kursplanung**

In Abhängigkeit von folgenden Planungen:

- Schulungsgruppen
- Teilnehmerzahlen
- Angestrebte Ziele
- Schulungs- und Trainingsinhalte

sind die Kurse zu planen. Mit der Kursplanung sind festzulegen:

- Kurse
- Kursteilnehmer
- Kurstermine
- Kursorte.

Dabei ist zu beachten, daß die Schulungs- und Trainingsmaßnahmen unter Berücksichtigung der Arbeitsdurchführung der Mitarbeiter geplant werden müssen.

(5) **Instruktoren**

Für jeden Kurs ist der Einsatz eines oder mehrerer Instruktoren zu planen und mit ihnen abzustimmen. Im Bedarfsfall ist auch zu planen, wie die Instruktoren zu schulen und zu trainieren sind und wie sie das notwendige Knowhow erwerben können.

(6) **Schulungsunterlagen**

Die Ausarbeitung der Schulungsunterlagen ist zu planen und zu sichern:

- Merkblätter
- Aufgabenblätter
- Lösungsblätter.

In der Regel werden die Schulungsunterlagen von den Instruktoren der jeweiligen Kurse ausgearbeitet.

(7) **Einladung**

Die Schulungs- und Trainingsteilnehmer sind zu den Kursen einzuladen, nachdem die Teilnahme mit den Dienstplänen und den Vorgesetzten abgestimmt wurde.

Zur Schulung und zum Training von softwarebasierten Geschäftsprozessen werden verschiedene **Methoden** eingesetzt:

• **Instruktorgesteuertes Training**

In Trainingsveranstaltungen wird hier am Computer den Prozessmitarbeitern die Bedienung, Benutzung und Bearbeitung mit dem Produktivsystem unter Anleitung eines Trainers vermittelt.

Diese Trainingsform ist besonders gekennzeichnet durch folgende **Eigenschaften**:

- Auf Firmenspezifika der durch Customizing oder andere Modifikationen angepaßten Standardsoftware kann besonders eingegangen werden.
- Besonders zwingende Trainingsform durch Anwesenheitserfordernis, Übungsüberwachung durch den Trainer und unmittelbare Aufgabenvorgabe durch den Trainer.

– Teure und erhebliche Arbeitszeit erfordernde Trainingsmethode mit guten Erfolgsergebnissen.

- **Computer Based Training** (CBT)

  Ohne termindefinierte Trainingsveranstaltungen können sich hier die Mitarbeiter mit multimedialen Trainingsprogrammen auf CD-ROM selbst trainieren.

  Wesentliche **Eigenschaften** dieser Methode sind:

  – Veranstaltungs- und trainerunabhängige Schulung zu mitarbeiterbestimmten Zeitpunkten, so daß bei der Arbeitserledigung das Training flexibel berücksichtigt werden kann.
  – Intensivtraining mit multimedialgesteuerter Interaktion am Personalcomputer mit beliebigen Wiederholungsmöglichkeiten durch den Mitarbeiter.
  – Selbstkontrolle durch den Teilnehmer mit entsprechend erforderlicher Trainingsdisziplin.
  – Kostenintensive Trainingseinheiten, jedoch mit relativ geringen Gesamtkosten.

- **Training durch Anwendung**

  „Sich einfach an das System setzen und sehen, wie das gemacht wird“ ist eine weitere häufig benutzte Methode zum Training der Prozessmitarbeiter.

  Durch mehrere **Eigenschaften** ist das Training durch Anwendung gekennzeichnet:

  – Arbeitszeitintensive und oftmals wenig zielgerichtetes Training.
  – Ziele und Aufgaben und oftmals auch Lösungswege müssen vorgegeben werden.
  – Bei fehlendem Basisknowhow ist die Methode nicht einsetzbar. Auch sonst kann sie nur ergänzend zu CBT und trainergesteuertem Training empfohlen werden.

Zur Unterstützung des Mitarbeitertrainings können Lern- und **Übungsdatensysteme** eingesetzt werden, so beispielsweise für R/3:

- IDES (International Demonstration and Education System) der SAP AG
- R/3 - LIVE AG der Siemens Nixdorf Informationssystem AG

Üblicherweise wird mit einem **Schulungs- und Trainingskonzept** gearbeitet, das wohlabgewogen alle drei Trainingsmethoden mit Schulungs- und Workshopphasen kombiniert.

Die Schulung und das Training der Prozessmitarbeiter hat direkt vor dem Prozessanlauf zu erfolgen, damit die Mitarbeiter bei der Prozessumstellung unmittelbar auf das frisch erworbene Wissen und Können zurückgreifen können.

3. Systemvorbereitung

Zur Prozessumstellung sind alle Vorbereitungen für das **Informatiksystem** abzuschließen, so beispielsweise:

- **Systeminstallation**

  Der ausgetestete und abgenommene Prototyp ist als Produktivsystem zu installieren. Dabei sind alle Einstellungen zu übernehmen und das Berechtigungssystem für den Produktivbetrieb einzurichten. Bei R/3 wird mit Hilfe des Transportsystems der Prototyp in das Produktivsystem übertragen.

- **Datenbankimplementierung**

  Das ausgewählte Datenbanksystem ist zu implementieren. Für R/3 kann beispielsweise eine ganze Reihe von Datenbanksystemen eingesetzt werden.

- **Altdatenübernahme**

  Die Übernahme der Altdaten muß nach einem detaillierten Plan erfolgen, da es sich hier um eine Vielzahl von Dateien handelt, für die verschiedene Aufgaben zu erledigen sind:

  - Dateiabgleich im Hinblick auf die Umstellung
  - Erstellung oder Erwerb von Datenkonvertierungsprogrammen
  - Ergänzung von Dateien um zusätzlich erforderliche Daten
  - Änderungsverbot während der Stammdatenumstellung
  - Datenkonvertierung mit Hilfe von Konvertierungsprogrammen
  - Prüfung der übernommenen Dateien auf Fehler und Differenzen einschließlich der Fehlerdokumentation
  - Korrektur der erkannten Dateifehler
  - Datensicherung vor und nach der Umstellung
  - Testat für Buchhaltungsdaten durch den Wirtschaftsprüfer
  - Abnahme der übernommenen Daten durch die Fachabteilungen
  - Durchführung der Aktivierungsläufe
  - Archivierung der nicht übernommenen Datei zur Sicherung.

  Für die Altdatenübernahme steht nur ein sehr kurzer Zeitraum zur Verfügung, da für die Altdatenübernahme die Geschäftsprozesse nur kurzdauernd pausieren können. Deswegen findet die Altdatenübernahme üblicherweise statt in der Zeit von

  - Betriebsferien
  - Ferienzeit zwischen Weihnachten und Neujahr
  - Wochenenden mit Brückentagen.

  Die Altdatenübernahme ist eine der besonders kritischen Aufgaben in der Prozessumstellung.

- **Hardwarevorbereitung**

  Oftmals sind auch im Hardwarebereich einige Umstellungsvorbereitungen durchzuführen:

  - Beschaffung, Installation und Test zusätzlicher Hardware und Hardwarekomponenten
  - Hard- und Softwareergänzungen der Netzwerke wie Leitungsverlegung, Montage der Übergabeeinrichtungen, Netzsoftwareinstallation usw.
  - Einrichtung der zusätzlichen Drucker und Installation der Druckertreiber
  - Installation des Programmes SAPgui beispielsweise bei Einsatz von R/3 auf jedem Personalcomputer.

Sind alle Umstellungvorbereitungen aus der Systemsicht erfolgt, so kann auf die neukonzipierten Geschäftsprozesse umgestiegen werden.

4. Prozessanlauf

Zum definierten Termin erfogt die Umstellung auf die neuen Geschäftsprozesse - der Prozessanlauf.

Alle **Anlaufhilfen** müssen dazu vorbereitet und verfügbar sein:

- Alle Projektmitarbeiter arbeiten vorübergehend als Anlaufhilfen und Kapazitätsverstärkungen in den Fachabteilungen.
- In der Anlaufphase wird sowohl eine Ergebnis- als auch eine Verhaltenskontrolle durchgeführt.
- Bereitstellung aller erforderlichen Sach- und Arbeitsmittel wie Formulare, Druckerbänder, Disketten usw.
- Vorhandensein aller Mitarbeitervorgaben wie Organisationsanweisungen, Arbeitsplatzbeschreibungen, Organigramme usw.
- Verfügbarkeit aller Benutzerhilfen zur Nutzung der Software wie Hilfetexte, Fehlererläuterungen, Glossare usw.
- Zugriff auf die gesamte Systemdokumentation ist sofort möglich.
- Urlaubssperre für alle Beteiligten,
- Bei Bedarf sofort Nachschulung durch Einschaltung der Anwenderbetreuer.

Zu beachten ist, daß die Mitarbeiterleistung erst nach einigen Wochen oder Monaten ihr Maximum erreichen. Mit verschiedenen **Auswirkungen** muß gerechnet werden:

- Minderleistungen, da der Höhepunkt der Lernkurve noch nicht erreicht sein kann

- Erhöhte Fehlerzahl durch die noch vorhandene Unsicherheit bei den Mitarbeitern
- Probleme bei den Geschäftsvorgängen, die vom alten auf den neuen Geschäftsprozess übernommen werden müssen
- Schwierigkeiten bei der Zusammenarbeit mit anderen Mitarbeitern, da personale Veränderungen eingetreten sein können.

Auftretende kleine Fehler und Mängel in den Geschäftsvorgängen werden sofort behoben. Bei Systemfehlern werden Kleinfehler ebenfalls sofort korrigiert. Größere Fehler sollten erst nach dem Prozessanlauf behoben werden. *Koreimann* spricht von einer „Frozen Zone“, da in dieser Phase keine größeren Änderungen durchgeführt werden sollen.

5. Prozesskontrolle

Nach Beendigung der Anlaufphase der neuen Prozessorganisation sind noch zwei Kontrollaufgaben durchzuführen:

- **Einführungskontrolle**

  Mit der Einführungskontrolle wird geprüft, ob in den Geschäftsprozessen gemäß der vorgegebenen Organisation gearbeitet wird. Diese Kontrolle ist folglich der Vergleich zwischen der Soll- und der Istorganisation. Bei Abweichungen sind die Gründe zu ermitteln und vom kontinuierlichen Verbesserungsprozess sind Änderungen vorzunehmen.

- **Zielerreichungskontrolle**

  Bei dieser Prüfung wird untersucht, ob mit den neuen Geschäftsprozessen die angestrebten Ziele erreicht wurden. Diese Kontrolle ist folglich ein Vergleich zwischen den Istergebnissen der neuen Geschäftsprozesse und den Zielvorgaben des Projektauftrages.

  Natürlich gibt es eine Reihe von qualitativen Zielen, die nicht quantitativ ausgewiesen werden können. Deswegen entziehen sie sich aber trotzdem nicht einer Beurteilung.

  Das quantitative **Ergebnis** eines Projektes der Prozessorganisation kann beispielsweise folgenden Inhalt haben:

Zielerreichung			
Merkmal	Ziel	Ist	Abweichung
Kosten (MDM)	3,6	4,0	+ 10,0%
Durchlaufzeit (AT)	2,0	1,5	– 25,0%
Mitarbeiter (Zahl)	12,0	14,5	+ 20,8%
Fehlerquote (%)	0,2	0,2	+– 0,0%
Gesamtergebnis			– 4,8%

Bei ehrgeizigen Zielen kann ein Ergebnis, wie das ausgewiesene, als sehr gut beurteilt werden.

Zum Abschluß des Projektes werden oftmals noch zwei Aufgaben als erforderlich angesehen:

- **Abnahmeprotokoll**

  In dem Abnahmeprotokoll bestätigen die Fachabteilungen die Übernahme der neuen Prozessorganisation. In diesem Protokoll wird weiterhin ausgewiesen, welche abschließenden Arbeiten von der Projektgruppe noch auszuführen sind.

- **Projektbericht**

  Der Projektauftraggeber wird über Verlauf und Ergebnisse des Projektes unterrichtet. Bei Projekten einer Unternehmensberatung wird parallel dazu die Schlußrechnung erstellt.

Mit dem Ende der Einführung der neuen Prozessorganisation beginnt der Prozessbetrieb ohne Hilfe der Projektmitarbeiter und die Tätigkeit des **kontinuierlichen Verbesserungsprozesses**.

Personenverzeichnis

Literaturverzeichnis

AFOS: SAP, Arbeit, Management, Vieweg-Verlag, Braunschweig-Wiesbaden 1996

BAHMANN/WENZEL: SAP Business Workflow zur Steuerung von Geschäftsprozessen, in WENZEL, P.: Geschäftsprozessoptimierung

BECKER/ROSEMANN/SCHÜTTE: Grundsätze ordnungsgemäßer Modellierung, in Wirtschaftsinformatik, 1995, Nr. 5, Seite 435ff.

BECKHARD/HARRIS: Organisation Transitions-Managing complex changing, Addison - Wesley, Reading 1987

BLUM, E.: Betriebsorganisation, Methoden und Techniken, Organisation als Gestaltungsprozess, 3. Auflage, Gabler-Verlag, Wiesbaden 1991

BÖHM/WENGER: Methoden und Techniken der Systementwicklung, vdf-Hochschulverlag, Zürich 1996

BOLL, M.: Prozessorientierte Implementation des SAP-Softwarepaketes R/3, in Wirtschaftsinformatik, 1993, Heft 5, Seite 417ff.

BORGHOFF/SCHLICHTER: Rechnergestützte Gruppenarbeit - Eine Einführung in verteilte Anwendungen, Springer-Verlag, Berlin-Heidelberg-New York 1995

BRÄUNINGER/HASENBECK: Die Abzocker, Econ-Verlag, Düsseldorf 1994

BRENNER/KELLER (Hrsg.): Business Reengineering mit Standardsoftware, Campus Verlag, Frankfurt/M.-New York 1995

BUCK-EMDEN/GALIMOW: Die Client-Server-Technologie des SAP-Systems R/3, 2. Auflage, Addison-Wesley-Verlag, Bonn-Paris-Reading 1995

BULLINGER/WARNECKE (Hrsg.): Neue Organisationsformen im Unternehmen, Springer-Verlag, Berlin-Heidelberg-New York 1996

BUNGERT/HESS: Objektorientierte Geschäftsprozessmodellierung, in Information Management, 1995, Heft 10, Seite 52ff.

CDI (Hrsg.): Praxistrainer SAP R/3 - Grundlagen-Architektur-Anwendungen, Markt und Technik, München 1994

CDI (Hrsg.): SAP R/3 Basissystem-Systemarchitektur-Administratur-Basistechnologie, Markt und Technik, München 1996

CDI (Hrsg.): SAP R/3 Einführung, Markt und Technik, München 1996

CHEN, P.P.: The Entity Relationship Model: Toward a Unified View of Data, in ACM, 1976, Vol. 1, Nr. 1, S. 9ff.

COENENBERG/FISCHER: Prozesskostenrechnung - Strategische Neuorientierung in der Kostenrechnung, in Die Betriebswirtschaft, 1991, Heft 51, Seite 21ff.

CODD, E.F.: Relational Model, in Communication of the ACM, 1970, Vol. 4, S. 377ff.

CROSBY, P. B.: Qualität bringt Gewinn, Springer-Verlag, Berlin-Heidelberg-New York 1986

DAVENPORT, T.H.: Process Innovation - Reengineering Work through Information Technology, Harvard Business School Press, Boston 1993

DERSZTELER, G.: Workflow Management Cycle, in Wirtschaftsinformatik, 1996, Heft 6, Seite 591ff.

DOPPLER/LAUTERBURG: Change Management, 2. Auflage, Campus-Verlag, Frankfurt - New York 1994

ERDL/SCHOENECKER: Geschäftsprozessmanagement, FBO-Fachverlag, München 1992

EVERSHEIM, W. (Hrsg.): Prozessorientierte Unternehmensorganisation, 2. Auflage, Springer-Verlag, Berlin-Heidelberg-New York 1996

FERSTL/MANNMEUSEL: Gestaltung industrieller Geschäftsprozesse, in Wirtschaftsinformatik, 1995, Heft 5, Seite 446ff.

FERSTL/SINZ: Geschäftsprozessmodellierung, in Wirtschaftsinformatik, 1993, Heft 35, Seite 589ff.

FERSTL/SINZ: Grundlagen der Wirtschaftsinformatik - Konzepte, Modelle und Methoden, 2. Auflage, Oldenbourg-Verlag, München 1994

FRITZ/ZUCK: Flexibles Prozessmanagement mit SAP Business Workflow, in SAP Info, 1996, Heft März, s. 63ff.

GAITANIDES, M.: Prozessorganisation, Verlag Franz Vahlen, München 1983

GAITANIDES/SCHOLZ/VROHLINGS/RASTER: Prozessmanagement. Konzepte, Umsetzungen und Erfahrungen des Reengineering, Hanser-Verlag, München-Wien 1994

GATES, B.: Der Weg nach oben, Heyne-Verlag, München 1997

GLÖCKLE, H.: Risikomanagement in DV-Projekten: Einführung von SAP R/3, in INTEGRATA Training News, 1997, Nr. 2, Seite 3ff.

GÖTZER, K. G.: Workflow-Unternehmenserfolg durch effizientere Arbeitsabläufe, Computerwoche-Verlag, München 1995

HABERMANN/LEYMANN: Repository, Oldenbourg-Verlag, München 1993

HAMMER/CHAMPY: Business Reengineering, 5. Auflage, Campus Verlag, Frankfurt/M. - New York 1995

HANSEN, H. R.: Wirtschaftsinformatik, 7. Auflage, Lucius & Lucius, Stuttgart 1996

HEEG, F.-J.: Moderne Arbeitsorganisation, 2. Auflage, Hanser-Verlag, München-Wien 1991

HEEG/MEYER-DOHM (Hrsg.): Methoden der Organisationsgestaltung und Personalentwicklung, Hanser-Verlag, München-Wien 1994

HESS, T.: Entwurf betrieblicher Prozesse, Gabler-Verlag, Wiesbaden 1996

HESS/BRECHT: State of the Art des Business Process Redesign, 2. Auflage, Gabler-Verlag, Wiesbaden 1996

HINZ, M,: Der Unit-Manager als Unternehmer im Unternehmen, in FB/IE, 1997, Heft 1, Seite 10ff.

HOLLAND/LÖBEL: Erfahrungen zur Geschäftsprozessmodellierung mit dem ARIS-Toolset bei einem Versorgungsunternehmen, in Wirtschaftsinformatik, 1997, Heft 2, Seite 187ff.

IDS Prof. Scheer GmbH (Hrsg.): ARIS- Toolset Handbuch, Saarbrücken 1994

IMAI, M.: Kaizen, 7. Auflage, Ullstein-Verlag, Frankfurt-Berlin 1992

JABLONSKI, S.: Workflow Managementsysteme, Thomson Publishing, Bonn 1996

KELLER, G.: Eine einheitliche betriebswirtschaftliche Grundlage für das Business Reengineering, in BRENNER/KELLER

KELLER/MEINHARDT: SAP R/3 - Analyzer, SAP AG, Walldorf 1994

KELLER/POPP: Neue Epoche der Softwarekonfiguration, in SAP Info, 1996, Heft März, Seite 12ff.

KELLER/TEUFEL: Möglichkeiten des SAP Business Navigators, in SAP Info, 1996, Heft März, Seite 36f.

KELLER/TEUFEL: SAP R/3 prozessorientiert anwenden, Addison-Wesley-Verlag, Bonn 1997

KELLER/TEUFEL: Iteratives Prozess-Prototyping: Vernetztes Denken, in SAP Info - Entwicklung und Technologie, 1997, Heft März, Seite 12ff.

KIESER/KUBICEK: Organisation, 3. Auflage, de Gruyter-Verlag, Berlin 1992

KIRSCH, J.: Methodenhandbuch ARIS-Toolset, IDS Prof. Scheer GmbH Saarbrücken 1994

KRALLMANN, H.: Systemanalyse in der Unternehmung, Oldenbourg-Verlag, München 1994

KRICKL, O. C.: Geschäftsprozessmanagement - Prozessorientierte Organisationsgestaltung und Informationstechnologie, Physika-Verlag, Heidelberg 1994

KRICKL, O. C.: Business Redesign. Neugestaltung von Organisationsstrukturen unter besonderer Berücksichtigung der Gestaltungspotentiale von Workflowmanagementsystemen, FBO-Verlag, Wiesbaden 1995

KOREIMANN, D. S.: Grundlagen der Softwareentwicklung, Oldenbourg-Verlag, München 1992

KRUSE, C.: Referenzmodellgestütztes Geschäftsprozessmanagement, Gabler-Verlag, Wiesbaden 1996

MATTHEIS, P.: Prozessorientierte Informations- und Organisationsstrategie, Gabler-Verlag, Wiesbaden 1993

MATZKE, B.: ABAP/4 - Die Programmiersprache des SAP-Systems R/3, Addison-Wesley-Verlag, Bonn-Paris -Reading 1997

MEINHARDT, S.: Geschäftsprozessorientierte Einführung von Standardsoftware am Beispiel des SAP-Systems „R/3“, in Wirtschaftsinformatik, 1995, Heft 5, Seite 487ff.

MEHDORF/TÖPFER (Hrsg:): Besser - Schneller - Schlanker, 2. Auflage, Lucherhand-Verlag, Neuwied 1996

MENDE/ÖSTERLE: Einführung in Prozesse, in BRENNER/KELLER

MERTENS, P. (Hrsg.): Lexikon der Wirtschaftsinformatik, 2. Auflage, Springer-Verlag, Berlin-Heidelberg-New York 1991

MÖNTMANN. H. G.: Bonzen, Banken und Kartelle, Droemersche Verlagsanstalt, München 1995

MOOS/STEINBUCH: Programmierlogik, 3. Auflage, Gehlen-Verlag, Bad Homburg v. d. H. 1989

MÜLLER, B.: Reengineering, B.G.: Teubner-Verlag, Stuttgart 1997

NIPPA/PICOT (HRSG.): Prozessmanagement und Reengineering, Campus Verlag, Frankfurt-New York 1995

OBERWEIS, A.: Modellierung und Ausführung von Workflows mit Petri-Netzen, Teubner-Verlag, Stuttgart-Leipzig 1996

OGGER, G.: Das Kartell der Kassierer, Knauer-Verlag, München 1996

OGGER, G.: König Kunde - angeschmiert und abserviert, Droemersche Verlagsanstalt, München 1997

OLFERT/STEINBUCH: Personalwirtschaft, 7. Auflage, Kiehl-Verlag, Ludwigshafen 1998

ÖSTERLE, H.: Business Engieering - Prozess- und Systementwicklung, Band 1 und 2, 2. Auflage, Springer-Verlag, Berlin-Heidelberg-New York 1995

ÖSTERLE/VOGLER: Praxis des Workflow-Management - Grundlagen-Vorgehen-Beispiele, Vieweg-Verlag, Braunschweig - Wiesbaden 1996

OSTERLOH/FROST: Prozessmanagement als Kernkompetenz, Gabler-Verlag, Wiesbaden 1996

O. V.: Software: „Der Knoten ist geplatzt“, in Spiegel, 1997, Nr. 13, Seite 109ff.

PETERS/WATERMAN: Auf der Suche nach Spitzenleistungen, 4. Auflage, verlag moderne industrie, Landsberg am Lech 1982

PFEIFFER/THILO: Praxishandbuch Qualitätsmanagement, Hanser-Verlag, München-Wien 1996

REFA: Methodenlehre der Betriebsorganisation, Band: Ablauforganisation im Bürobereich, Hanser-Verlag, München 1992

REFA (Hrsg.): Den Erfolg vereinbaren - Führen mit Zielvereinbarungen, Hanser-Verlag, München-Wien 1995

REICHSWALD/HÖFER/WEICHSELBAUMER: Erfolg von Reorganisationsprozessen, Schäffer-Pöschel-Verlag, Stuttgart 1996

REINWALD, B.: Workflow-Management in verteilten Systemen, Teubner Verlag, Stuttgart 1993

SCHEER, A.-W.: Handbuch Informationsmanagement, Gabler-Verlag, Wiesbaden 1993

SCHEER, A.-W.: Prozessorientierte Unternehmensmodellierung, Gabler-Verlag, Wiesbaden 1994

SCHEER, A.-W.: Wirtschaftsinformatik, 6. Auflage, Springer-Verlag, Berlin-Heidelberg-New York 1995

SCHEER/NÜTTGENS/ZIMMERMANN: Rahmenkonzept für ein integriertes Geschäftsprozessmanagement, in Wirtschaftsinformatik, 1995, Nr. 5, Seite 426ff.

SCHILL, A.: Rechnergestützte Gruppenarbeit in verteilten Anwendungen, Prentice Hall Verlag, München 1996

SCHRÖDER, G.: Industriespezifische Geschäftsprozessmodellierung, in SAP Info, 1996, Heft März, Seite 19ff.

SCHWARZE, J.: Systementwicklung, Neue Wirtschaftsbriefe, Herne-Berlin 1995

SERVATIUS, H.: Business Process Reengineering. Von erstarrten Strukturen zu fließenden Prozessen, Pöschel-Verlag, Stuttgart 1994

SEUBERT, M. SAP-Datenmodell, SAP AG, Walldorf 1995

SINZ, E.J.: Das Entity-Relationsship-Modell (ERM) und seine Erweiterungen, in HMD, 1990, Heft 1, S. 9ff.

STEINBUCH, P. A.: Softwareorganisation, 2. Auflage, Verlag Gehlen, Bad Homburg v. d. H. 1986

STEINBUCH, P. A.: Betriebliche Informatik, 6. Auflage, Kiehl-Verlag, Ludwigshafen 1995

STEINBUCH, P. A.: Organisation, 10. Auflage, Kiehl-Verlag, Ludwigshafen 1997

STEINBUCH, P. A.: Prozessorientierte Aufbauorganisation, in REFA-Nachrichten, 1997, Heft 3, Seite 22ff.

STEINBUCH/MOOS: Dialogdatenverarbeitung, iwt-Verlag, Vaterstetten 1984

STEINBUCH/MOOS: EDV - Besser und billiger, Verlagsgesellschaft R. Müller, Köln 1985

STEINWEG, C.: Praxis der Anwendungsentwicklung, Vieweg-Verlag, Braunschweig-Wiesbaden 1995

TEUFEL/SAUTER/MÜHLHERR/BAUKNECHT: Computerunterstützung für die Gruppenarbeit, Addison-Wesley-Verlag, Bonn 1995

TREBESCH, K.: Ursprung und Ansätze der Organisationsentwicklung, in Management Zeitschrift io, 1980, Nr. 49, S. 9ff.

VETTER, M.: Informationssysteme in der Unternehmung, Stuttgart 1990

VOSSEN, G.: Datenmodelle, Datenbanksprachen und Datenbank-Management-Systeme, 2. Auflage, Addison-Wesley, Bonn 1994

VOSSEN/BECKER (Hrsg.): Geschäftsprozessmodellierung und Workflow-Management, International Thomson Publishing, Bonn 1996

WAGNER, M. P.: Groupware und neues Management, Vieweg-Verlag, Wiesbaden 1997

WEISS/KRCMAR: Workflow-Management: Herkunft und Klassifikation, in Wirtschaftsinformatik, 1996, Heft 5, Seite 503ff.

WENZEL, P.: (Hrsg.): Geschäftsprozessoptimierung mit SAP R/3, Vieweg-Verlag, Braunschweig-Wiesbaden 1995

WENZEL, P.: Betriebswirtschaftliche Anwendungen des integrierten Systems R/3, Vieweg-Verlag, Braunschweig-Wiesbaden 1995

WERNTZE; G.: REFA-Methodenlehre - Werkzeuge für das erfolgreiche Reengineering, in Personal, 1996, Heft 10, Seite 522ff.

WERSCH, M.: Workflow-Management. Systemgesteuerte Steuerung von Geschäftsprozessen, Deutscher Universitäts Verlag, Wiesbaden 1995

WIESNER/PENSEL: Workflow-Management, Addison-Wesley-Verlag, Bonn 1997

WILL/HIENGER/STRASSENBURG/HIMMER: R/3 - Administration, Addison-Wesley-Verlag, Bonn 1995

WÜRTH - AKADEMIE (Hrsg.): Tagungsunterlagen zum Würth R/3 - Kongress, Künzelsau 1994

ZANGEMEISTER, C.: Nutzwertanalyse von Projektalternativen, expert verlag, Grafenau 1974

ZENKE, P.: Modellgestützte R/3-Systemkonfiguration für eine Betriebswirtschaft des Wandels, in SAP Info, 1996, Heft März, Seite 6ff.

Übungsteil

Aufgaben/Fälle

1 : Ereignisgesteuertes Prozesskettendiagramm

Erarbeiten Sie für den nachfolgend geschilderten Geschäftsprozess ein Ereignisgesteuertes Prozesskettendiagramm (EPK):

Die eingegangene Lieferantenrechnung wird von der Rechnungskontrolle mit Hilfe der

- Bestellkopie und dem
- Wareneingangsschein

geprüft. Erweist sich die Eingangsrechnung bei der Rechnungsprüfung als fehlerhaft, so wird von der Rechnungskontrolle ein Begleitschreiben erstellt, in welchem der Rechnungsfehler ausgewiesen und dargestellt wird. Begleitschreiben und fehlerhafte Rechnung werden an den Lieferanten zurückgeschickt.

Ist die Eingangsrechnung fehlerfrei, so wird sie von der Buchhaltung mit Hilfe des Softwaresystems PROFBUCH verbucht. Die Konten werden in der Kontendatei fortgeschrieben und der Buchungssatz in der Buchungssatzdatei gespeichert.

2 : Vorgangskettendiagramm (VKD)

Erstellen Sie bitte für den in Aufgabe 1 geschilderten Geschäftsprozess ein Vorgangskettendiagramm (VKD).

3 : Petrinetz

Der in der Aufgabe 1 geschilderte Geschäftsprozess ist in Form eines Petrinetzes darzustellen.

4 : REFA-Arbeitsablaufdiagramm

Erarbeiten Sie für den in der Aufgabe 1 dargestellten Geschäftsprozess einen Funktionsbaum in Form einer Baumstruktur.

5 : Dekompositionsdiagramm

Stellen Sie bitte den Geschäftsprozess, der in den Aufgaben 1 und 4 dargestellt ist, als Organigramm in Form eines Funktionsgliederungsplanes dar.

Berücksichtigen Sie dabei die Gliederung der Rechnungsprüfung in drei Arbeitsgängen.

- Sachliche Prüfung,
- Preisliche Kontrolle und
- Nachrechnung.

Die Rechnungsverbuchung der fehlerhaften Rechnungen umfaßt folgende Arbeitsgänge:

- Belegvorbereitung und
- Rechnungsdatenerfassung.

Die Rücksendung der fehlerhaften Rechnungen umfaßt folgende Arbeitsgänge:

- Erstellte Begleitschreiben sowie
- Rechnungsretournierung.

6 : Funktionsgliederungsplan

Erarbeiten Sie für den in den Aufgaben 1 und 4 ausgewiesenen Geschäftsprozess einen Funktionsgliederungsplan.

7 : Funktionsklassifikation

Erarbeiten Sie für den gleichen Geschäftsprozess wie in der Aufgabe 6 eine Funktionsklassifikation.

8 : Prozessfunktionsmatrix

Für die verschiedenen Reisearten, wie beispielsweise Urlaubsreise, Dienstreise, Wochenendreise, ist eine Prozessfunktionsmatrix auszuarbeiten.

9 : Funktionszuordnungsdiagramm

Erarbeiten Sie für den in Aufgabe 1 geschilderten Geschäftsprozess die Funktionszuordnungsdiagramme.

10 : Entity Relationship Modell (ERM)

Für die Datenrelation zwischen den Objekten

- Rechnung
- Kunde und
- Artikel

ist das Entity-Relationship-Modell (ERM) zu erarbeiten, um damit über die Datenmodellierung für eine Rechnungsdatenbank zu verfügen. Weisen Sie jeweils die minimale und die maximale Relation zwischen den Objekten aus.

11 : Jackson-Diagramm

Erstellen Sie für die Datenrelation zwischen den Objekten Rechnungsschreibung, Rechnung, Kunde, Position und Artikel ein Jackson-Diagramm.

12 : Dataflow-Diagramm (DFD)

Für den Geschäftsprozess der Bearbeitung von Eingangsrechnungen ist gemäß der Darstellung in der Aufgabe 1 ein Dataflow-Diagramm (DFD) zu erstellen.

13 : Datenflußplan (DFP)

Für den Geschäftsprozess der Bearbeitung von Eingangsrechnungen ist gemäß der Darstellung in der Aufgabe 1 ein Datenflußplan (DFP) zu erstellen.

14 : SAP-Informationsflußdiagramm

Wieder ist für den gleichen, in Aufgabe 1 geschilderten Geschäftsprozess der Rechnungsbearbeitung, ein SAP-Informationsflußdiagramm auszuarbeiten.

15 : Normalisierung

Daten müssen in einer Datenbank nicht nur richtig modelliert sein, sondern sie müssen auch in der dritten Normalform (3 NF) vorliegen.

Erarbeiten Sie für die nachstehenden Daten die Modellierung und überführen Sie diese Daten in die dritte Normalform:

RECHNUNG# 18	RECHNUNG# 19	RECHNUNG# 20	RECHNUNG# 21
Fa. Maier & Co D 10147 Berlin Postfach# 28 12 66	Fa. Kosmos AG CH 4000 Basel Postfach# 28 08 69	Fa. Kosmos AG CH 4000 Basel Postfach# 28 08 69	Fa. Rau & Sohn D 10283 Berlin Postfach# 40 40 28
Kunden# 2004	Kunden# 4327	Kunden# 4327	Kunden# 1983
Artikel# 412	Artikel# 218 Artikel# 412	Artikel# 127 Artikel# 218	Artikel# 218 Artikel# 412

16: Entscheidungssystemanalyse

Das in der nachfolgenden Entscheidungstabelle ausgewiesene Entscheidungssystem ist fehlerhaft. Ermitteln Sie die Fehler:

	1	2	3	4	5	6	7	8
B 1	J	N	J	N	J	N	J	N
B 2	J	J	N	N	N	J	N	N
B 3	J	J	J	J	N	N	J	N
A 1	X				X			
A 2		X		X	X			X
A 3			X			X		X
A 4				X			X	

Lösungen

Aufgabe 1

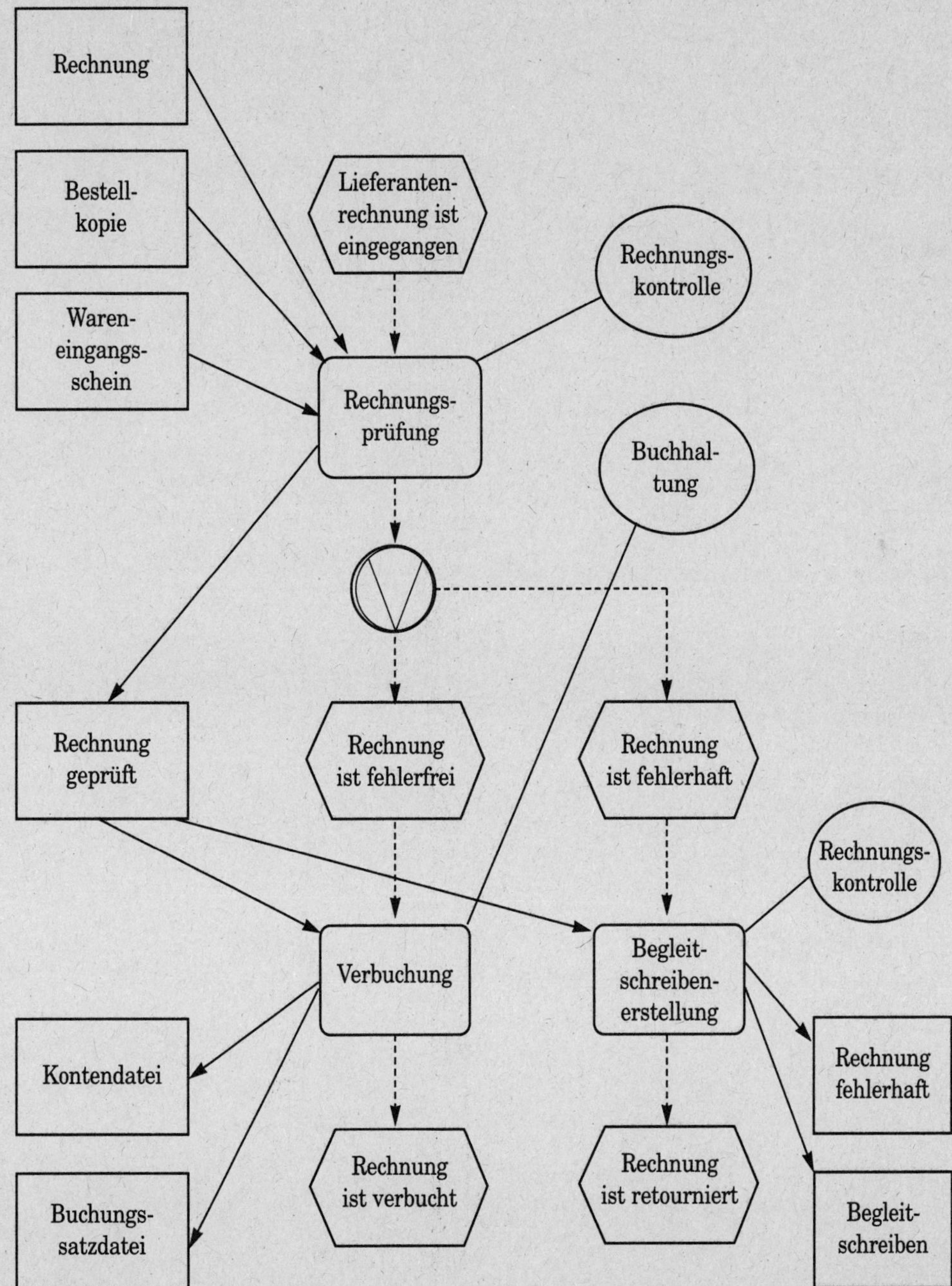
Rechnung
Bestell-
kopie
Waren-
eingangs-
schein
Lieferanten-
rechnung ist
eingegangen
Rechnungs-
kontrolle
Rechnungs-
prüfung
Buchhal-
tung
Rechnung
geprüft
Rechnung
ist fehlerfrei
Rechnung
ist fehlerhaft
Rechnungs-
kontrolle
Verbuchung
Begleit-
schreiben-
erstellung
Kontendatei
Rechnung
fehlerhaft
Buchungs-
satzdatei
Rechnung
ist verbucht
Rechnung
ist retourniert
Begleit-
schreiben

Aufgabe 2

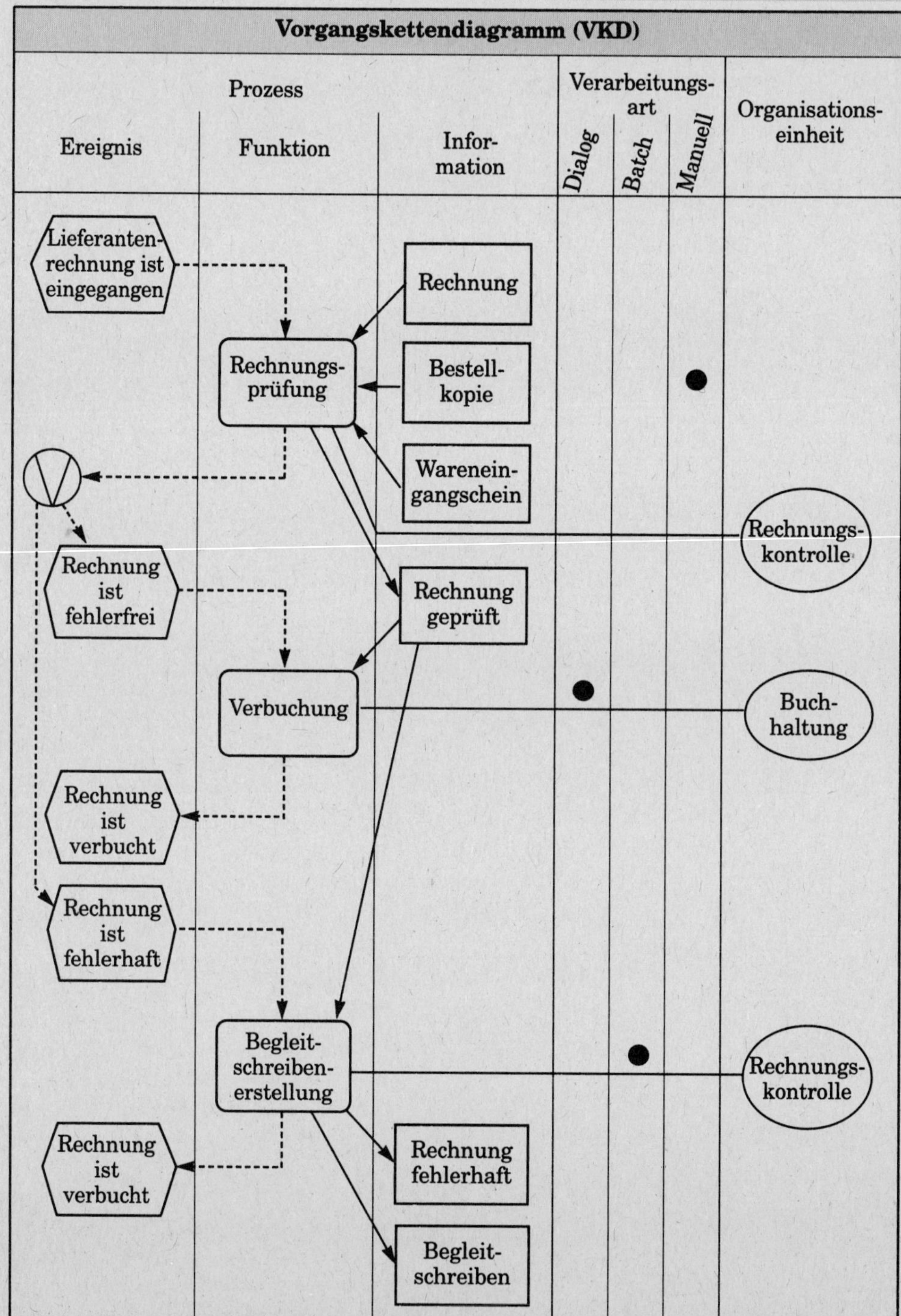
Vorgangskettendiagramm (VKD)
Prozess
Ereignis
Funktion
Information
Verarbeitungsart
Dialog
Batch
Manuell
Organisationseinheit
Lieferantenrechnung ist eingegangen
Rechnung
Rechnungsprüfung
Bestellkopie
Wareneingangschein
Rechnungskontrolle
Rechnung ist fehlerfrei
Rechnung geprüft
Verbuchung
Buchhaltung
Rechnung ist verbucht
Rechnung ist fehlerhaft
Begleitschreibenerstellung
Rechnungskontrolle
Rechnung ist verbucht
Rechnung fehlerhaft
Begleitschreiben

Aufgabe 3

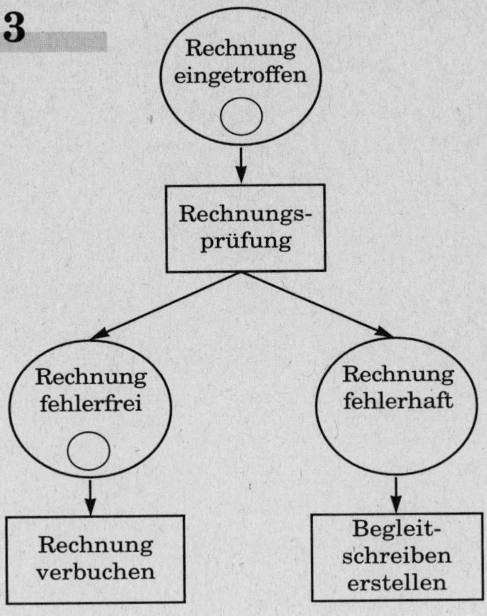

Aufgabe 4

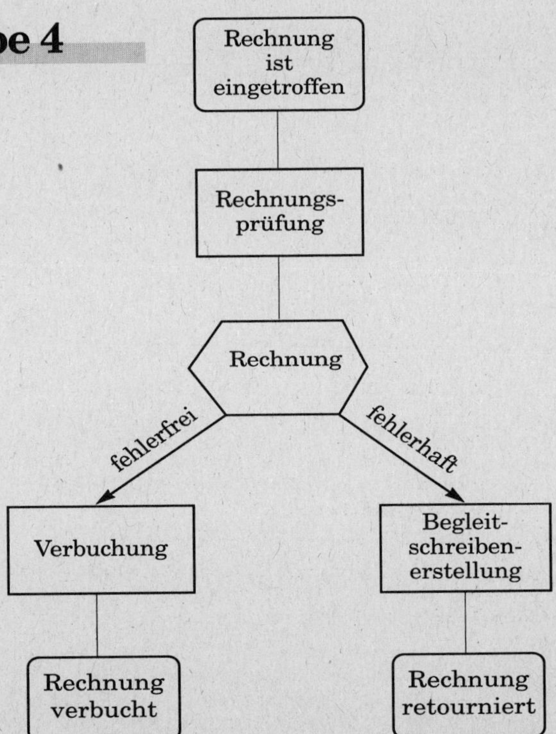

Aufgabe 5

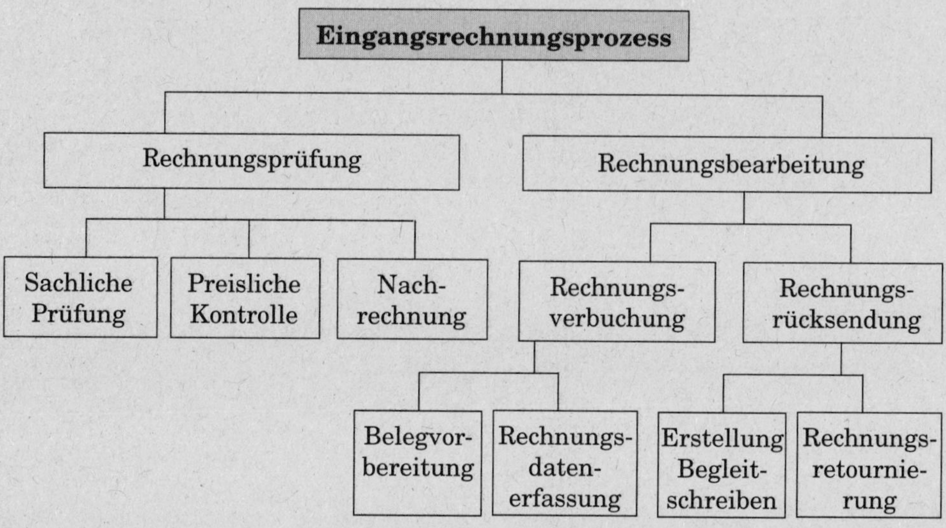

Aufgabe 6

Eingangs-rechnungs-prozess	Rechnungs-prüfung	Sachliche Prüfung	
		Preisliche Kontrolle	
		Nachrechnen	
	Rechnungs-bearbeitung	Rechnungs-verbuchung	Belegvorbereitung
			Rechnungsdaten-erfassung
		Rechnungs-rücksendung	Erstellung Begleitschreiben
			Rechnungs-retournierung

Aufgabe 7

1. Eingangsrechnungsprozess

1.1 Rechnungsprüfung

1.1.1 Sachliche Prüfung
1.1.2 Preisliche Kontrolle
1.1.3 Nachrechnung

1.2 Rechnungsbearbeitung

1.2.1 Rechnungsverbuchung
1.2.1.1 Belegvorbereitung
1.2.1.2 Rechnungsdatenerfassung

1.2.2 Rechnungsrücksendung

1.2.2.1 Erstellung Begleitschreiben
1.2.2.2 Rechnungsretournierung

Aufgabe 8

	Urlaubsreise	Dienstreise	Wochenendreise
Reiseart	Fußwanderung		Fußwanderung
	Regionalflug	Regionalflug	Regionalflug
	Fernflug	Fernflug	
	Bahnfahrt	Bahnfahrt	Bahnfahrt
	Kreuzfahrt		Kreuzfahrt
		Taxinutzung	Taxinutzung
	Bootswanderung		Bootswanderung
		Dienstwagenfahrt	
	Privatautonutzung	Privatautonutzung	Privatautonutzung

Aufgabe 9

1. Rechnungsprüfung

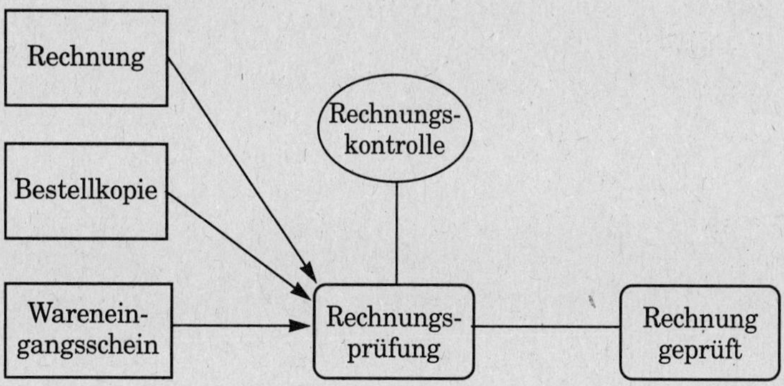

2. Rechnungsverbuchung

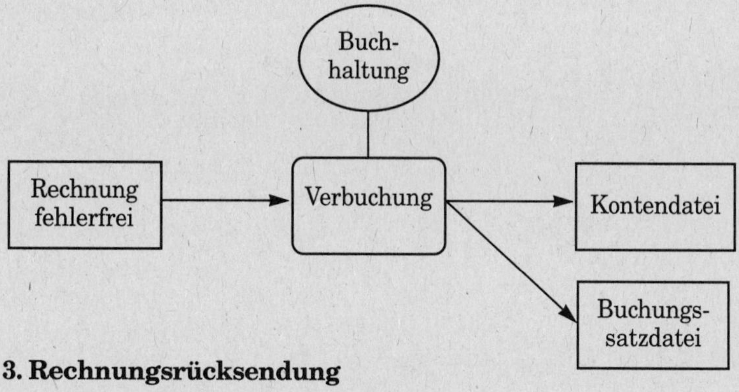

3. Rechnungsrücksendung

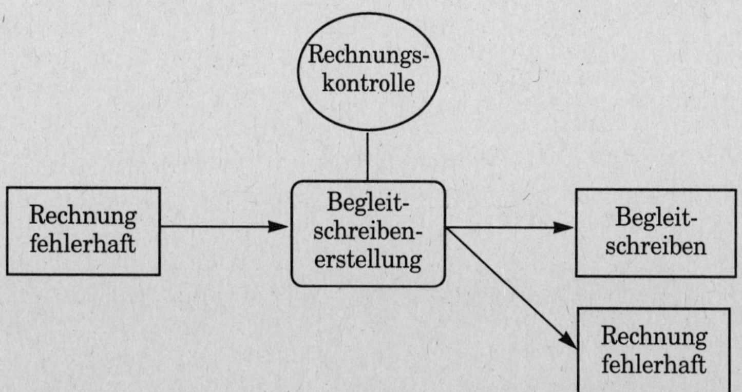

Aufgabe 10

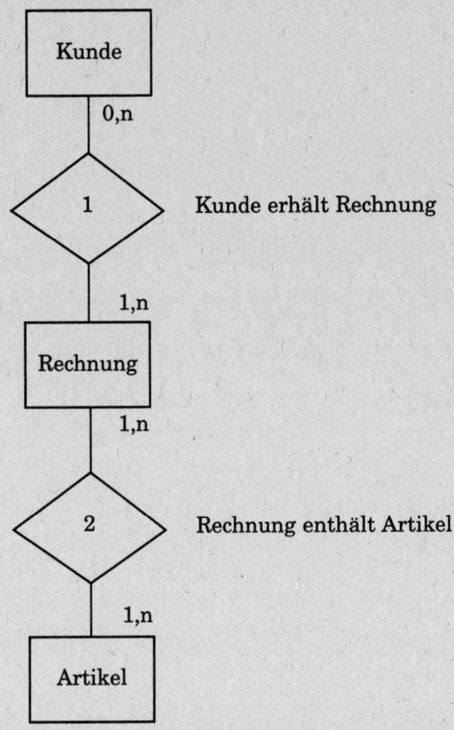

x, y: minimal, maximal

Aufgabe 11

Aufgabe 12

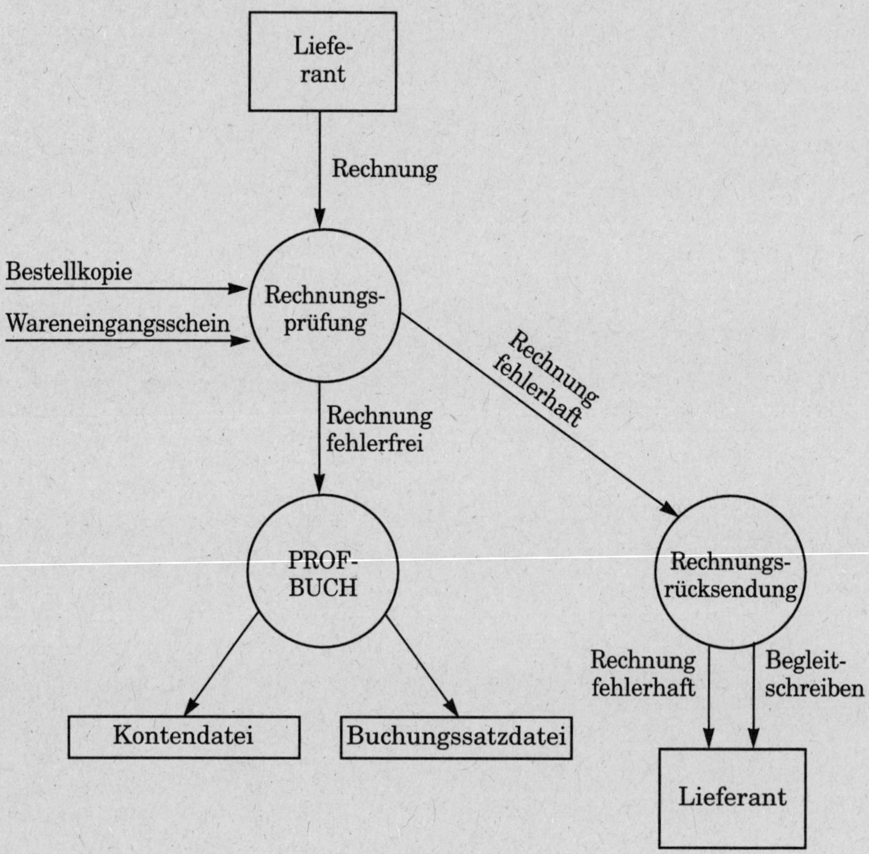
Liefe-
rant
Rechnung
Bestellkopie
Wareneingangsschein
Rechnungs-
prüfung
Rechnung
fehlerhaft
Rechnung
fehlerfrei
PROF-
BUCH
Rechnungs-
rücksendung
Kontendatei
Buchungssatzdatei
Rechnung
fehlerhaft
Begleit-
schreiben
Lieferant

Aufgabe 13

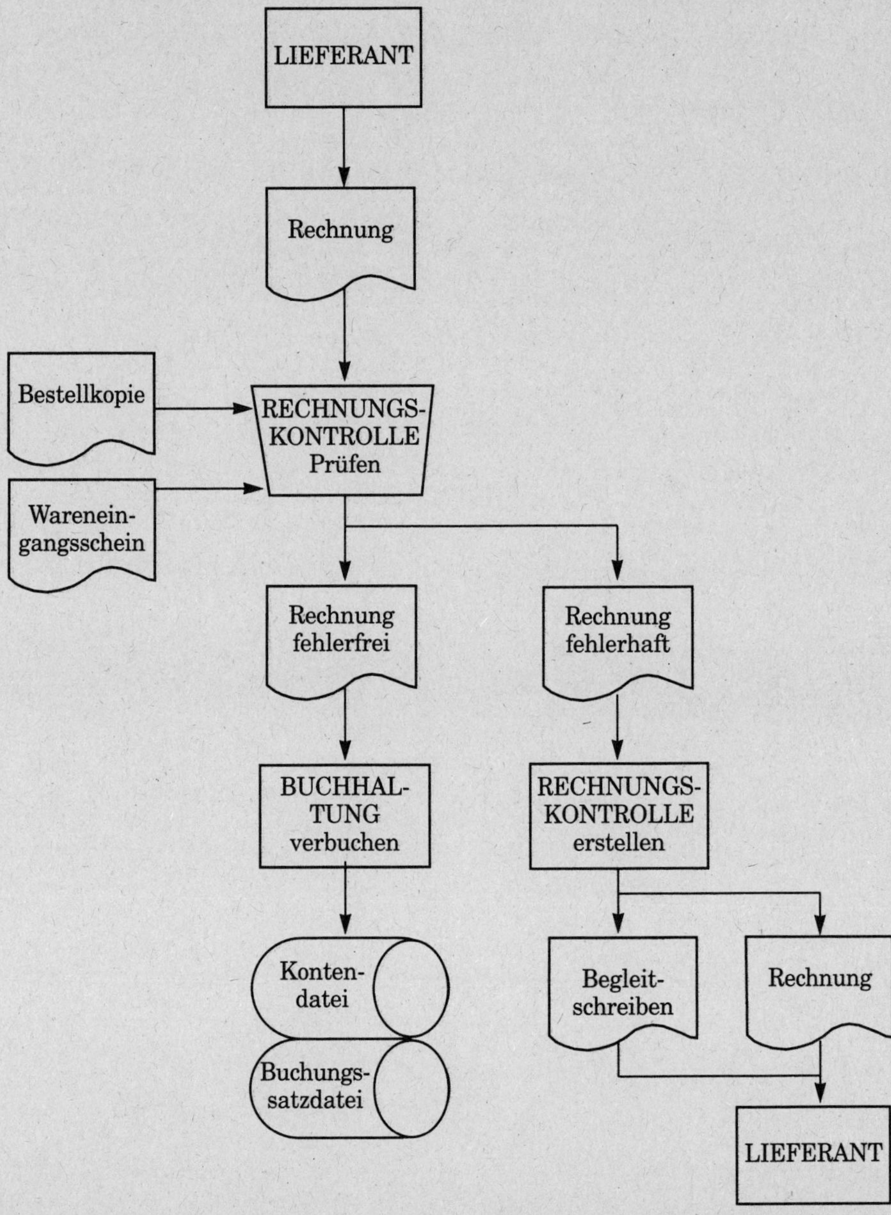
LIEFERANT
Rechnung
Bestellkopie
RECHNUNGS-
KONTROLLE
Prüfen
Wareneingangsschein
Rechnung
fehlerfrei
Rechnung
fehlerhaft
BUCHHAL-
TUNG
verbuchen
RECHNUNGS-
KONTROLLE
erstellen
Konten-
datei
Buchungs-
satzdatei
Begleit-
schreiben
Rechnung
LIEFERANT

Aufgabe 14

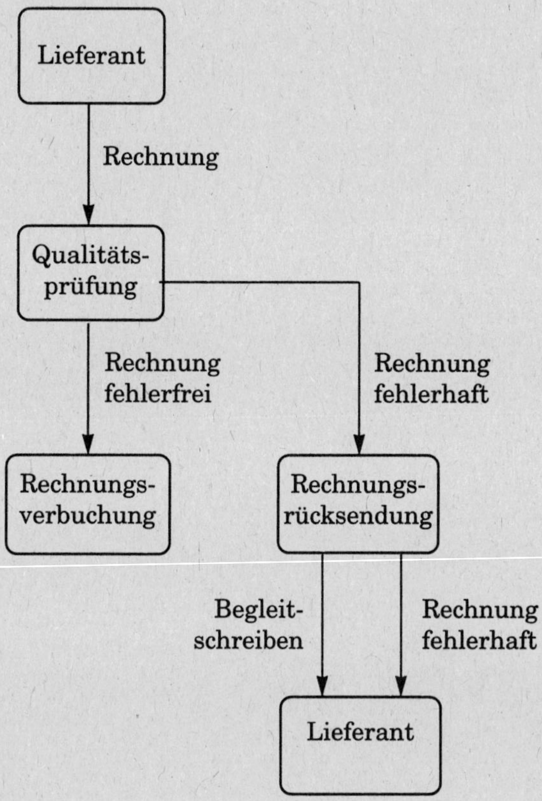
Lieferant
Rechnung
Qualitätsprüfung
Rechnung fehlerfrei
Rechnung fehlerhaft
Rechnungsverbuchung
Rechnungsrücksendung
Begleitschreiben
Rechnung fehlerhaft
Lieferant

Aufgabe 15

KUNDEN			
Kunden#	Kundenname	Postleitzahl	Postfach#
1983	Rau & Sohn	D 10283	40 40 38
2004	Maier & Co	D 10147	28 12 66
3427	Kosmos AG	CH 4000	28 08 69

RECHNUNG	
RECHNUNG#	Kunden#
18	2004
19	3427
20	3427
21	1983

RECHNUNGSPOSITION	
RECHNUNG#	Artikel#
18	412
19	218
19	412
20	127
20	218
21	218
21	412

ANSCHRIFT	
Postleitzahl	Ort
CH 3427	Basel
D 10147	Berlin
D 10283	Berlin

Aufgabe 16

Bei formaler Analyse sind folgende Fehler zu erkennen:

(1) Die Regeln 3 und 7 sind mit JNJ identisch.

(2) Die identischen Regeln 3 und 7 weisen unterschiedliche Aktionen A 3 bzw. A 4 aus.

(3) Die Regel JJN fehlt.

(4) Die Regeln 3: JNJ und 6: NJN weisen identische Aktionen auf. Das ist in diesem Fall unwahrscheinlich!

Stichwortverzeichnis